Dr. Albert L. Reyes

NUNCA
SOLOS

El poder de la familia
para inspirar esperanza

Birmingham, Alabama

Nunca Solos

Iron Stream
Una impresión de Iron Stream Media
100 Missionary Ridge
Birmingham, AL 35242
IronStreamMedia.com

Copyright © 2024 por Albert L. Reyes

Ninguna parte de esta publicación puede reproducirse, almacenarse en un sistema de recuperación ni transmitirse de ninguna forma ni por ningún medio—electrónico, mecánico, fotocopia, grabación u otro—sin el permiso previa por escrito de la editorial.

Número de control de la Biblioteca del Congreso: 2024919017

Iron Stream Media trabaja con sus autores para expresar sus puntos de vista, que pueden no coincidir con los de la editorial.

A menos que se indique lo contrario, las citas bíblicas de esta publicación han sido tomadas de la Reina-Valera 1960. Utilizado con permiso.

Las citas bíblicas marcadas NVI son del Santa Biblia, Nueva ersión Internacional™, NVI™ Copyright © 1999, 2015, 2022 by Biblica, Inc. Used with permission. All rights reserved worldwide. "Nueva Versión Internacional" is a trademark registered in the United States Patent and Trademark Office and in the Instituto Mexicano de la Propiedad Industrial (IMPI) by Biblica, Inc. The "NVI", "Biblica", "International Bible Society" and the Biblica Logo are trademarks registered in the United States Patent and Trademark Office by Biblica, Inc. Used with permission..

Las citas bíblicas marcadas RVA son del Santa Biblia REINA-VALERA ANTIGUA y son de dominio público.

ISBN: 978-1-56309-779-9 (paperback)
ISBN: 978-1-56309-780-5 (ebook)

1 2 3 4 5—29 28 27 26 25

"En una época en la que la familia está bajo ataque violento, *Nunca Solos* le recuerda la verdad sobre el diseño sagrado de Dios para la familia, la humanidad y el florecimiento. Albert L. Reyes construye el caso de la familia desde una cosmovisión bíblica y establece los cimientos esenciales para prosperar. Aunque el asalto a la familia es implacable, siempre hay esperanza. ¡Y le prometo que la encontrará en las páginas de este libro!"

—**Tami Heim**, Presidenta y CEO, Christian Leadership Alliance

"Las familias fieles son fundamentales para el florecimiento de los niños. Aunque esto parezca intuitivo para muchos, otros lo cuestionan. Albert L. Reyes nos muestra cómo los principios bíblicos y las prácticas básicas pueden ofrecer a los niños 'una esperanza y un futuro'".

—**David Emmanuel Goatley**, Presidente, Fuller Theological Seminary

"Desde tiempos inmemoriales, las familias han sido fundacionales para la supervivencia y el florecimiento humano. En este libro, Reyes revisa historias bíblicas para mostrarnos cómo las familias, a pesar de su desorden y disfunción tan comunes, son uno de los instrumentos redentores de Dios donde uno puede descubrir su pleno propósito y alegría".

—**Lisa Trevino Cummins**, Presidenta de Urban Strategies, coautora de *Inheritance: Discovering the Richness of Latino Family & Culture*

"A medida que la sociedad continúa buscando soluciones a los problemas que nos aquejan, el Dr. Reyes redirige nuestro enfoque, y renueva nuestra confianza en el diseño original de Dios: la familia. Basándose en los conocimientos de las Escrituras y en su propia experiencia, narra el impacto y la importancia de esta institución fundacional y la esperanza que brinda a los más vulnerables entre nosotros".

—**Katie J. McCoy**, Directora de Women's Ministry de Texas Baptists, autora de *To Be a Woman: The Confusion Over Female Identity and How Christians Can Respond*

CONTENIDO

Prefacio vii
Introducción: Un futuro sin familia ix
Parte 1 Fundaciones familiares: Una descripción bíblica de la familia 1
   1. El diseño para la humanidad 3
   2. La familia divina: Padre, Hijo y Espíritu 18
   3. La primera familia: Adán, Eva, Caín y Abel 29
   4. La familia prometida: Abraham, la primera generación
      de la promesa 46
   5. La familia prometida: Isaac, Jacob y Esaú 64
   6. La familia redentora: José y sus hermanos 78
   7. La familia liberadora: Moisés y sus madres 88
   8. La familia real: el rey David y Absalón 100
   9. La familia sagrada: Jesús y su familia 114
   10. La familia transformada: el carcelero de Filipos ... 127
   11. La familia floreciente: Loida, Eunice y Timoteo 137
Parte 2 Soluciones familiares: Una receta para familias sanas 149
   12. La familia próspera: participa, prepárate y súperate 155
   13. La familia renovada: reunificación, parentesco
      y acogimiento familiar y adopción 168
   14. La esperanza familiar: pasado, presente y futuro ... 187
Conclusión: Reinicio familiar para el futuro 208
Acerca de Buckner Internacional 211
Agradecimientos 213
Notas 215
Acerca del autor 235

PREFACIO

Este libro es sobre la familia. Este viaje sobre la familia refleja mis profundas raíces familiares, mi gratitud y aprecio por todos los que me han precedido. Mientras que para algunas culturas la "familia" se refiere a una unidad nuclear de padre, madre y unos cuantos hijos, mi concepto de la familia es mucho más amplio e incluye abuelos, padres, suegros, tíos, tías y primos—un panorama de vínculos. Estoy intrigado y naturalmente conectado con el pasado, el presente y el futuro de mi familia. Estas conexiones familiares atraviesan culturas, naciones y fronteras geográficas y enmarcan quién soy hoy y lo que hago. Por lo tanto, deseo reconocer a mi familia y dedicarles este proyecto.

Me doy cuenta de que soy producto de varias familias que han influido mi vida de múltiples maneras. La familia Stevenson en Escocia y México, la familia García en México y Texas, y las familias Guerrero y Villanueva en México, todas contribuyen con una corriente materna biológica y familiar de ascendencia depositada en mí y en mi familia de hoy. Una rica historia de fe y tradición cristiana católica romana fluye hacia mí desde el pasado. Las familias Reyes y Rodríguez de mi padre en México y Texas forman la otra pieza de mi composición ancestral con una rica historia de fe cristiana bautista. Me han dado un lugar al que llamar hogar y una familia a la que pertenecer. Los once hermanos de mi madre y los ocho hermanos de mi padre me proporcionaron setenta y cuatro primos hermanos, y los hijos de mis primos hermanos continúan haciendo crecer nuestro árbol genealógico. Dedico este proyecto literario a ustedes, mi familia.

Mi historia familiar se extiende a través del matrimonio con Belinda R. Alvarado Reyes. Durante los últimos cuarenta y tres años, ha sido una increíble amiga, esposa, erudita, compañera de ministerio y madre de nuestros tres hijos: Joshua, David y Thomas. La familia que he llegado a conocer y amar gracias a mi matrimonio me ha bendecido y aceptado como a un hermano: Rogelio (Rocky) y Michelle y sus hijos adultos, Jacob y Rachel; y Robert y su hija, ShyAnne. Mi difunto suegro, el reverendo Baldemar J. Alvarado, y mi suegra, Elia Olivares Alvarado, me aceptaron como hijo. Las familias Alvarado y Olivares me han bendecido con un lugar al que llamar hogar y una familia a la que pertenecer. Dedico este proyecto literario a ustedes, mi familia.

Las familias de mis hermanos forman un estrecho círculo de pertenencia. Agustín (Gus) L. Reyes, su esposa Leticia y sus hijos adultos: Andrea y su esposo Fabián y sus hijos; Gus II y su esposa Melissa y sus hijos; y Samuel y su esposa, Jennifer Marie, y sus hijos, todos transmiten un profundo sentimiento de alegría. Alfred L. Reyes y sus hijos adultos Ahnna, Caleb y su esposa Rachel, y Seth también llenan mi vida de orgullo y alegría.

Por último, mi madre, Gloria García Reyes, y mi difunto padre, Agustín (Gus) Reyes, sentaron una base sólida de familia y fe sobre la cual construir nuestras vidas. Dedico este proyecto de escritura a ustedes, mis padres. Gracias por enseñarnos a seguir al Señor dondequiera que Él nos guíe.

Albert L. Reyes
otoño 2023

Introducción

UN FUTURO SIN FAMILIA

Dios hace habitar en familia a los desamparados.
—Salmo 68:6

Imagine un futuro sin familia. ¿Cómo sería? Usted nunca asistiría a una reunión familiar. No tendría a nadie a quien invitar a su boda. No tendría un cónyuge con el que comprometer su vida. No tendría hijos, nietos ni bisnietos de los que disfrutar. No se reuniría con ellos en fiestas especiales como Acción de Gracias, Navidad, Pascua, cumpleaños y otras ocasiones especiales.

No tendría nombres que anotar para los parientes más cercanos. No tendría a nadie a quien contactar en caso de una emergencia. No tendría abuelos, padres, hermanos, hermanas, tíos, tías o primos a los que visitar o con los que relacionarse para cualquiera de las experiencias de la vida. Ningún familiar lo visitaría en el hospital ni asistiría a su funeral. No habría nadie que llore su muerte o recuerde todo lo que fue, todo lo que hizo, todo lo que logró. No tendría familia a quien incluir en su testamento ni a quien dejar sus pertenencias. No tendría familiares que actúen como albaceas de su patrimonio.

No tendría necesidad de rastrear su ascendencia. Estaría solo, sin nadie. Su futuro parecería carecer de dirección al no tener raíces familiares. No tendría ni idea de dónde viene ni adónde va. Estaría solo en el centro de su universo. Pocas cosas en la vida pueden ser peores que no tener familia. ¿Qué futuro se puede esperar sin una familia?

Edward Everett Hale, autor, historiador y ministro unitario estadounidense, es conocido sobre todo por su relato "El hombre sin patria", publicado por primera vez en *Atlantic Monthly*, en apoyo a la Unión durante la Guerra Civil. Hale era sobrino nieto de Nathan Hale, héroe de guerra y espía estadounidense durante la Guerra Revolucionaria, ejecutado por los británicos por espionaje. Edward Everett Hale fue el segundo de su promoción de Harvard Divinity School. En 1863, Hale escribió "El hombre sin patria" sobre el teniente del ejército estadounidense Phillip Nolan, que renunció a su país durante un juicio como cómplice de traición y fue sentenciado a pasar el resto de su vida en el mar a bordo de buques de guerra de la marina estadounidense, sin noticias de los Estados Unidos ni el privilegio de pisar suelo patrio durante el resto de su vida. Según los informes, Nolan dijo: "¡Ojalá no volviera a oír hablar de los Estados Unidos!"[1] Nolan se arrepintió de sus actos y fue descrito como un hombre que "echa de menos [a su país] más que a sus amigos o a su familia, más que al arte, la música, el amor o la naturaleza. Sin ella, no es nada".[2] ¿Qué somos sin un país? ¿Qué somos sin una familia? ¿Quiénes somos sin una familia?

En Marcos 2:1–5, el escritor ofrece una esbozo del ministerio de curación de Jesús en la ciudad de Capernaum. La gente se enteró de que Jesús había vuelto y se reunieron alrededor de una casa para oírle predicar. Cuatro hombres llevaron a Jesús a un joven paralítico y, como no había sitio para llegar hasta Jesús, hicieron una abertura en el techo y bajaron el lecho donde el joven estaba tendido. Al ver su fe, Jesús dijo al paralítico: "Hijo, tus pecados te son perdonados".

Leonard Sweet sugiere que el joven paralítico no tenía esperanzas de curación. Varios hombres le dijeron a este joven que no había esperanza, excepto que ellos conocían de un hombre que podía ayudarle.[3] Si el joven paralítico pudiera llegar hasta él, sería su única oportunidad de curarse. Sweet subraya que en el relato no se menciona a la familia ni a los amigos del joven paralítico. En el siglo primero, la responsabilidad de cuidar de un discapacitado recaía habitualmente en la familia. Sweet sugiere que la familia de este joven lo abandonó. Puede que no tuviera hogar. No tenía familia que lo mantuviera y lo cuidara. Parece que tenía amigos que lo apoyaban en lugar de su familia. Jesús parece sanar al joven gracias a la fe de los hombres que le llevaron al paralítico.

Sweet imaginó a Jesús volviéndose hacia el joven y diciéndole la única palabra que el joven nunca pensó que volvería a oír de otro ser humano en su vida desde que fue abandonado—un huérfano. Jesús le dijo: "Hijo, tus pecados te son perdonados". Sweet dijo que el pecado del joven no había causado esta condición, pero no era el momento de discutir teología. Lo que era más importante en ese momento era la necesidad de este hombre de tener una familia, la necesidad de una curación que incluyera un vínculo con su familia que cuidara de él y la necesidad de un lugar al que pertenecer. Para el joven era más importante saber que tenía un padre que lo amaba, lo aceptaba y se preocupaba por su bienestar. Sweet afirma que esta es la única vez que Jesús se refiere a otro hombre como su hijo en todas las escrituras. Ahora el hombre estaba listo para irse a casa. Jesús dijo: "Levántate, toma tu lecho y anda" (Marcos 2:9). En otras palabras, según Sweet, "vuelve con la familia que te abandonó y cuéntales lo que te ha pasado".

La necesidad de familias en el siglo XXI

¿Necesitamos realmente a las familias en el siglo XXI o está anticuada esta forma de organizar sociedades? Algunos investigadores creen que nuestra sociedad estaría mejor sin familia, ya sea familia tradicional o cualquier otro tipo de familia. Varias voces han llegado a esta conclusión. La sociedad del siglo XXI ha introducido una variedad de relaciones familiares que han comenzado a estirar la noción de familia, quizás hasta un punto de ruptura y obsolescencia.

Platón fue una de las primeras voces que abogaron por la desintegración de la unidad familiar. Señaló que "las esposas de nuestros guardianes han de ser comunes y sus hijos han de ser comunes, y ningún padre ha de conocer a su propio hijo, ni ningún hijo a su padre".[4] Platón sostiene además: "En un estado ideal, los hombres y las mujeres no se casarán, pero tendrán la oportunidad de procrear; los niños serán cuidados por enfermeras y se debe evitar que los padres reconozcan a sus hijos".[5] En opinión de Platón, la unidad es la razón de lo común en todo. La unidad se considera el mayor bien para que "no hagan pedazos la ciudad por discrepar sobre 'lo mío' y 'lo no mío' ".[6]

A lo largo de los siglos, otros se han unido al sentir de Platón. Charles Fourier, Karl Marx y Friedrich Engels fueron partidarios de la disolución de la familia tradicional.

> Los socialistas utópicos Charles Fourier y Robert Owen habían precedido a Marx y Engels en su rechazo de las relaciones familiares tradicionales, y muchos izquierdistas del siglo XIX siguieron su ejemplo. . . . Fourier . . . creía que la monogamia era una institución contraria a la naturaleza humana y, por tanto, un impedimento para la felicidad humana. También propuso que los niños se criaran en comunidad, para que la sociedad fuera una sola familia grande y armoniosa, en lugar de estar fracturada en unidades familiares competitivas y pendencieras.[7]

Marx y Engels escribieron sobre la destrucción, disolución y abolición de la familia, sin embargo, Marx tenía esposa y familia y mantuvo esas relaciones después de desarrollar sus puntos de vista sobre la familia. En su esfuerzo por abolir la familia, Marx contradijo sus propias ideas con la existencia y continuación de su propia familia. Aun así, han habido algunos intentos de organizar la sociedad sin familias.

Familias en el siglo XIX

En la primera parte del siglo XIX, cien mil personas formaron comunidades utópicas para crear "la perfección espiritual individual dentro de una sociedad armoniosa".[8] La Comunidad Oneida fue fundada por John Humphrey Noyes en 1848 en Oneida, Nueva York. El Movimiento Perfeccionista surgió de un avivamiento protestante conocido como el Segundo Gran Despertar que apelaba a la segunda venida de Jesucristo. La Comunidad Oneida de Nueva York era una sociedad comunal perfeccionista dedicada a vivir como una sola familia y a compartir propiedad, el trabajo y el amor.[9] Llamaban a su casa de noventa y tres mil pies cuadrados, la Casa Mansión. La comunidad creía que Jesús ya había regresado en el año 70 d. C., lo que les permitía instaurar por sí mismos el reino milenario de Jesús y estar libres de pecado y ser perfectos en este mundo, no sólo en el cielo. Creían en un sistema de amor libre conocido como matrimonio complejo, donde cualquier miembro era libre de tener relaciones sexuales con cualquier otro miembro que consintiera. Se pensaba que todos los hombres estaban unidos en matrimonio divino con todas las mujeres; la posesividad y las relaciones exclusivas estaban mal vistas. Los niños se criaban comunitariamente y no vivían con sus padres.

La Comunidad Oneida dejó de existir debido a los planes de sucesión del liderazgo, las protestas encabezadas por cuarenta y siete clérigos y las acusaciones de estupro. "A finales de junio de 1879, Noyes huyó de la Casa Mansión de la Comunidad Oneida a Canadá, para no regresar nunca a los Estados Unidos. . . . La comunidad pronto abandonó el matrimonio complejo y se separó".[10] A pesar de las preocupaciones filosóficas y relacionales sobre la familia, estos experimentos no lograron sobrevivir ni ofrecer una alternativa viable y no pudieron resistir la prueba del tiempo.

Las familias en el siglo XX

En el siglo XX, el antropólogo estadounidense Melford Spiro cuestionó la idea de la "familia nuclear" como principio universal. Spiro, presidente fundador del Departamento de Antropología de la Universidad de California en San Diego e hijo de inmigrantes judíos procedentes de Europa del Este, trató de plantear una excepción a este principio. Publicó un artículo, "¿Es universal la familia?",[11] en el que cuestionaba el trabajo de G. P. Murdock, profesor de antropología de la Universidad de Yale y de la Universidad de Pittsburgh. Murdock afirmaba que "la familia 'nuclear' también es universal y que normalmente tiene cuatro funciones: sexual, económica, reproductiva y educativa".[12] Spiro argumentaba que la única excepción a este principio era el *kibbutz* israelí, un colectivo agrícola de Israel cuyas características principales son la crianza comunal de los niños, donde la familia tal como la define Murdock no existe. En este contexto, los padres son sustituidos por parejas que tienen hijos pero no se identifican con ellos a efectos de criarlos. Las parejas se casan formalmente por el bien de los niños, ya que los hijos nacidos fuera del matrimonio no tienen derechos según la legislación israelí.[13] Aunque Spiro cuestionó la afirmación de Murdock sobre el principio de impugnación universal de la "familia nuclear", en su vida académica, siguió casado y tuvo dos hijos y varios nietos hasta el momento de su muerte.

La teoría de Spiro no resistió la prueba del tiempo. Lee Cronk, profesor de antropología en la Universidad de Rutgers, llegó a la conclusión de que el intento de alojar juntos a todos los hijos de los miembros del *kibbutz* y criarlos colectivamente no ha dado buenos resultados. La cuestión de la supervisión de los niños por parte de algunas mujeres derivó en favoritismo, convirtiendo al *kibbutz* en un sistema incómodo. Muchos de los que participaron en un *kibbutz* han reconstituido sus familias, y las casas de los niños se han convertido en guarderías.[14] Mientras continuaba la conversación sobre la viabilidad de la familia nuclear, algunos investigadores han llegado a la conclusión de que la abolición de la familia en última instancia afecta las carreras profesionales y a los niños, y provoca conflictos y emociones encontradas en los padres y otros adultos.

Introducción

Familias y la educación

Una escuela episcopal privada de Manhattan, Grace Church School de Noho, publicó una guía de doce páginas en la que sugería una forma alternativa de hablar sobre las familias. La Guía de Lenguaje Inclusivo de Grace recomendaba a los niños el uso de palabras como '"adultos', 'gente', 'familia' o 'tutores' como alternativas a 'mamá', 'papá' y 'padres'", así como utilizar "cuidador" en lugar de "niñera".[15] Este cambio se instituyó para ser más inclusivo con la diversidad de los niños y las estructuras familiares. La guía también incluye directrices sobre diversos temas como el género, las familias, la orientación sexual, la raza y la etnia, la religión y la situación socioeconómica, así como un glosario de términos y definiciones. Las palabras que están desactualizadas se enumeran claramente para indicar el uso correcto para los niños en edad escolar. Algunos de los cambios pueden tener mérito. Sin embargo, las recomendaciones suponen que el lenguaje sin referencia a madres, padres, hermanos, hermanas y otros términos utilizados para describir las relaciones familiares tradicionales e históricas son ahora normales o preferibles.[16]

Esto no es más que un ejemplo de la disposición de la sociedad a dejar de lado a la familia. Pero, ¿dónde quedan los niños y los importantes lazos de pertenencia? Los niños que han sido adoptados tienen un deseo natural de buscar a sus padres biológicos, a pesar de saber que puede haber habido razones terribles por las que el niño fue dado en adopción. Esta es una fuerza impulsora para la mayoría de los padres que entregan a sus hijos en adopción. Los padres biológicos anhelan sentirse completos al crear una nueva familia. Incluso en situaciones extremadamente difíciles, los padres intentan crear el mejor ambiente para sus hijos, aunque no siempre lo consigan.

Familias para niños

Véronique Munoz-Dardé, profesora de filosofía en el Departamento de Filosofía de University College London y profesora adjunta de Mills en la Universidad de California, Berkley, examinó la cuestión de la abolición de la familia. Abordó la cuestión considerando si la existencia de la familia garantiza que los miembros menos favorecidos de la sociedad estén en mejor situación de lo que estarían con la abolición de la familia. Concluyó que "la ausencia de una completa protección legal individualizada con la familia deja a los sujetos más vulnerables expuestos a abuso, coerción y/o pobreza". Sostiene que la familia debería sustituir a las instituciones políticas que proporcionan un cuidado imparcial a un niño con el afecto y el cuidado genuino de la familia, reduciendo así la vulnerabilidad de los más desfavorecidos.[17] Aunque el trabajo de la profesora Munoz-Dardé parece haber resuelto la cuestión de la propuesta de Murdock de que la familia es un principio universal, el esfuerzo por disolver la familia nuclear continúa hoy en día.

Si los niños, tal vez las personas más vulnerables de la sociedad, corren el riesgo de sufrir abuso, abandono y negligencia por costumbre, ¿cómo garantiza este sistema el florecimiento de las sociedades en el futuro? Si las familias sanas que proporcionan amor y preocupación genuinos a sus hijos no son el núcleo de la sociedad, ¿cómo va a configurar esto nuestro futuro?

Los niños en el siglo I

Un rabino judío del siglo primero tuvo un encuentro con niños que quedó consagrado en los escritos sagrados de todos los tiempos. Mateo, el escritor del Evangelio, ofrece un asiento de primera fila para este fascinante intercambio. "Llevaron unos niños a Jesús para que les impusiera las manos y orara por ellos, pero los discípulos reprendían a quienes los llevaban. Jesús dijo: 'Dejen que los niños vengan a mí; no se lo impidan, porque el reino de los cielos es de quienes son como ellos'. Después de poner las manos sobre ellos, se fue de allí." (Mateo 19:13–15 NVI).

Jesús iba camino a Jerusalén, saliendo de Galilea por última vez, encaminándose hacia la cruz donde entregaría su vida. Sin embargo, no estaba demasiado ocupado para pasar tiempo con los niños. Sus discípulos pensaron que este no era un buen uso de su tiempo, ya que los niños no eran considerados importantes en el siglo primero y la agenda de Jesús no permitiría una distracción como esta. Jesús se dirigió a los niños, a sus padres y a sus discípulos en el contexto de haber enseñado sobre el matrimonio y el divorcio (19:1–12). Jesús no habló desfavorablemente del matrimonio; sólo matizó las condiciones en las que el divorcio es aceptable. Aprovechó la ocasión para bendecir a los niños poniéndoles las manos sobre la cabeza. Cumplió los deseos de sus padres y demostró que los niños pueden servir de modelo a sus discípulos y a cualquiera que desee entrar en el Reino de los cielos.

Qué esperar de este libro

El objetivo de este libro es demostrar cómo la familia sigue siendo una base fundacional de las sociedades humanas. La familia es la unidad sociológica establecida desde el principio de la humanidad como estructura organizadora de la vida humana y del florecimiento de las sociedades.

Estas historias son más descriptivas que prescriptivas. La mayoría de las familias que analizaremos necesitaban redención y sanación. Todas las familias son desordenadas, disfuncionales hasta cierto punto y llenas de problemas, incluso las de la Biblia. En lugar de pasar por alto los problemas familiares, mi revisión de estas historias familiares las pone bajo una luz constructiva y creativa, centrándose en las soluciones más que en los problemas. Estas familias nos enseñan mucho sobre lo que puede ser una familia. En la segunda parte, ofrezco recetas para familias sanas. El capítulo 12 narra la historia de las mejores prácticas en Buckner Internacional tras casi ciento cincuenta años de servicio a niños y familias vulnerables y cómo la alteración de nuestras mejores prácticas con una sola pregunta cambió todo un campo de servicio. El capítulo 13 relata la asombrosa historia de la transición de niños de instituciones a familias en un esfuerzo de colaboración internacional. Es Dios quien hace a los desamparados habitar en familias.

En los siguientes capítulos de este libro, leerá acerca de familias disfuncionales cuyas vidas se entrecruzan con la narración de la obra redentora de Dios en la humanidad. El patrón general de la misión de Dios en el mundo es redimir para sí todas las cosas, incluidas las familias. La mayoría de las familias que exploraremos en la Biblia están quebrantadas y necesitan redención. Exploraremos la obra redentora de Dios en el contexto del fracaso, la fragilidad y la debilidad humana. A través del testimonio de las Escrituras, exploraremos cómo Dios lleva a cabo su plan redentor a través de las familias. Lo sigue haciendo hoy en día.

Parte 1

Fundaciones Familiares

Una descripción bíblica de la familia

Capítulo 1

EL DISEÑO PARA LA HUMANIDAD

La alternativa al buen diseño es siempre un mal diseño.
No hay tal cosa como ningún diseño.

—Adam Judge, *The Little Black Book of Design*

La vida sin una familia no parece práctica ni deseable; sin embargo, la vida con familia puede ser un desafío relacional. Incluso las familias sanas tienen desafíos. Las familias funcionan mejor cuando funcionan de acuerdo a su diseño. Todos los diseños empiezan con una pregunta a que responder o un problema que resolver. El Diseñador de la familia tenía un diseño en mente cuando eligió la unidad familiar como principio organizador de la humanidad.

El autor Adam Judge tiene razón. No hay tal cosa como ningún diseño. Ilustremos este principio con algunos ejemplos. Compré mi primera computadora personal mientras cursaba los seminarios de doctorado del programa de Doctorado de Ministerio en Misiología del Seminario Teológico Bautista Suroeste en la década de 1990. Elaboraba con regularidad trabajos de investigación de veinte a cincuenta páginas para mantenerme al día con las tareas y necesitaba hacer la audaz transición de una máquina de escribir a una computadora. La capacidad de corregir un párrafo sin tener que volver a escribir una página fue una gran innovación que me brindó el procesador de textos de mi computadora Macintosh. Aprecié la variedad de fuentes proporcionadas.

Incluso la creación de fuentes incorpora un diseño y una función específicos. ¿Se ha preguntado alguna vez dónde se originó la bella tipografía de su computadora? En un momento de la evolución de las máquinas de escribir a las computadoras, no se esperaba que los tipos ofrecieran ninguna variación con respecto a las letras estándar. Hoy en día, la variedad de fuentes y tamaños es una característica estándar en todas las computadoras. El mérito es de Steve Jobs, que introdujo un hermoso diseño tipográfico como característica estándar en la computadora Mac, lo que hizo que se convirtiera en la norma en todas las computadoras. Hoy en día, encontrará una plétora de opciones en el diseño y la forma de las letras entre las que elegir. Pero, ¿de dónde surgió esta idea en la vida de Steve Jobs?

Steve Jobs declaró en un discurso de graduación en la Universidad de Stanford, que se fijó en la magnífica caligrafía que había por todas partes en el Reed College, donde estudió. "En consecuencia, tomó una clase de caligrafía y aprendió el lenguaje tipográfico". Esta conciencia y afición por la caligrafía impulsaron su pasión por el diseño del Macintosh. La pregunta que empezó a plantearse fue: "¿Qué pasaría si las computadoras pudieran tener una composición tipográfica tan bonita como la que tenemos en el papel?"[1] La respuesta a su pregunta dio lugar a una proliferación de opciones en la mayoría de los programas informáticos. El diseño comenzó con una pregunta, un problema que resolver. La cuestión del diseño parece fundacional para cualquier cosa que sea estéticamente agradable y, en algunos casos, tarda mucho tiempo en materializarse.

Diseñanar jardines

Los mejores diseños requieren visión, tiempo, energía e inversión para su desarrollo y mantenimiento. Los jardines de Versalles son un ejemplo de un diseño que tardó cuarenta años en desarrollarse. En 1661, Luis XIV de Francia encargó a André Le Nôtre la restauración de los amplios jardines de Versalles. Junto con Le

Nôtre, el rey reclutó a los mejores ingenieros, arquitectos y artistas, entre ellos Jean-Baptiste Colbert y Charles Le Brun. El propio rey se encargó de revisar todas las obras hasta el más mínimo detalle.

> El arquitecto Jules Hardouin-Mansart, nombrado Primer Arquitecto del rey y Superintendente de Edificios, construyó el Orangery y simplificó los contornos del parque, en particular modificando o abriendo algunas arboledas. . . . Para mantener el diseño, era necesario replantar el jardín aproximadamente cada 100 años. Luis XVI lo hizo al principio de su reinado, y la siguiente operación se llevó a cabo durante el reinado de Napoleón III.[2]

El diseño de este increíble proyecto requirió visión, tiempo y esfuerzo para hacerlo realidad. Si el diseño que afecta una computadora y un jardín empieza con una pregunta y se transforma en una visión que puede hacerse realidad con habilidad, recursos y tiempo, ¿qué puede decirse del diseño de toda una comunidad formada por familias?

"Una visión necesita un visionario".[3] Todo diseño necesita un diseñador que responda a una pregunta o resuelva un problema. Lo mismo ocurrió con la comunidad de Seaside, que no era más que un sueño que empezó con un hombre. Robert Davis nació en Birmingham, Alabama, y "heredó la propiedad familiar de su abuelo J. S. Smolian en 1978" en Seaside, Florida.[4] Smolian compró ochenta acres de terreno en Seaside en 1946 con la intención de construir un campamento para sus empleados. El plan nunca se materializó, pero Smolian conservó el terreno y llevaba allí a su familia todos los veranos. Davis se puso a trabajar de inmediato para hacer realidad el sueño de su abuelo. "Décadas más tarde, Seaside ofrece un próspero centro urbano con tiendas y restaurantes, todo ello a poca distancia de casas, cabañas y oficinas. Con más de 300 viviendas, la comunidad también ofrece una abundante variedad de restaurantes, tiendas y galerías".[5] Seaside ha sido nombrada la "Mejor Playa del Mundo" para familias por la revista *Travel + Leisure* y ha sido incluida entre las "Diez Mejores Ciudades Costeras de Florida" por *USA Today*. Seaside también fue el principal lugar de rodaje de la película clásica *The Truman Show*, protagonizada por Jim Carrey.

"Por diseño, Seaside no tiene céspedes delanteros privados, y en los patios sólo se utilizan plantas nativas, sin césped. Este plan hace que el paisaje sea respetuoso con el medio ambiente, sin herbicidas ni pesticidas, sin sistemas de riego subterráneos y sin cortadoras de césped intrusivas". Es una comunidad singularmente natural y ambientalmente segura.[6] Un visionario es alguien con la determinación para hacer avanzar una idea más allá de su infancia, más allá de una visión de lo que es posible. Davis fue ese visionario cuyo impulso creó la primera ciudad Nuevo Urbanismo del mundo.

El diseño de Dios para la humanidad

Si personas como Steve Jobs, el rey Luis XIV y Robert Davis desarrollaron una visión para una computadora, un jardín palaciego y una comunidad, respectivamente, ¿quién fue el visionario para la humanidad? En la tradición judeocristiana, percibimos a Dios como el creador y fuente de todas las cosas creadas y conocidas. Por tanto, el concepto de diseño y orden es intrínseco al carácter de Dios. La creación, el orden y el diseño, apuntan a Dios como fuente de lo que está por venir en la creación de la humanidad y la tierra. Es apropiado que busquemos el origen del diseño para la humanidad en Dios creador y diseñador. ¿Cuál fue el diseño para la humanidad? ¿Cómo se organizaría la humanidad para lograr una sostenibilidad y una prosperidad capaces de producir civilizaciones florecientes? Puesto que no hay tal cosa como ningún diseño, ¿cuál es el diseño para la humanidad? ¿Quién es el diseñador?

Miro a las Sagradas Escrituras, que reflejan una cosmovisión judeocristiana, para descubrir tanto al diseñador como el diseño de la familia. Un estudio de la Biblia sobre el tema de la familia produjo resultados muy interesantes. Todas las referencias a la familia en la Biblia pueden agruparse en cinco categorías generales que hablan de un diseño para la humanidad. Las referencias bíblicas a la familia sugieren categorías como la humanidad organizada por familias, la humanidad abastecida de recursos a través de familias, la humanidad redimida en familias, las sociedades humanas construidas a través de familias y la búsqueda del propósito de la vida a través de familias. Las familias están formadas por individuos y, sin embargo, los individuos encuentran su identidad en el contexto de una familia. En la mayoría de los casos, el texto bíblico define al individuo como miembro de una familia. Las familias forman individuos que aprenden, crecen y se desarrollan hasta convertirse en adultos maduros y productivos en el mejor de los casos. Los individuos se definen por su familia de origen y no están destinados a existir y vivir solos. Este proceso surge como función de las relaciones dentro de la familia entre el padre, la madre, el hijo, la hija, la familia extensa y las relaciones sociales de cada comunidad.

Organizar por familias

La Biblia presenta a la familia como la unidad organizativa básica de la humanidad. Una muestra de estas referencias bíblicas muestra un patrón de organización de toda una nación por familias. En Génesis, Dios llama a Abram para que abandone la casa paterna y se marche a un nuevo país. Dios promete bendecir a todos los pueblos de la tierra a través de la familia de Abram (Génesis 12:1-9). Esta misma promesa se transmite a Jacob en un sueño en el que describe a sus descendientes como el polvo de la tierra que será bendecida por Dios (28:14). Durante el Año del Jubileo, se ordenó a todos los israelitas que regresaran a la tierra de su propia familia y a su clan para celebrar la cancelación de las deudas (Levítico 25:10). El registro del censo en el libro de Números relata la historia de Moisés guiando al pueblo de Israel a través del desierto e indica la organización por familias. "E hicieron los hijos de Israel conforme a todas las cosas que Jehová mandó a Moisés; así acamparon por sus banderas, y así marcharon cada uno por sus familias, según las casas de sus padres" (Números 2:34). El apóstol Pablo enmarca la familia de Dios como personas llamadas por el nombre de Dios en el cielo y en la tierra (Efesios 3:14–15). Una y otra vez la Biblia hace referencia a pueblos, clanes y tribus establecidos en familias como una unidad organizativa.

Las personas organizadas en familias, clanes y tribus han definido y reconocido estas agrupaciones según los principios culturales y contextuales. Históricamente, nos organizamos en familias nucleares y familias extensas que incluyen abuelos, tías y tíos, primos, parientes lejanos y relaciones adicionales a través del matrimonio. En algunos casos, las tradiciones religiosas incluyen padrinos y otras estructuras sociales que definen estas relaciones organizativas. Encontramos numerosos lugares en las Sagradas Escrituras donde el escritor tiene cuidado de documentar el linaje y familia de Caín, desde Adán a Noé, las primeras naciones, Esaú, Jacob, las familias y tribus en el Éxodo, las familias asignadas en la Tierra Prometida, las familias de Adán a Abraham, los hijos de la nación de Israel, los hijos del rey David y el linaje real de su familia, los clanes y tribus de Judá, y las tribus que se reúnen para hacer rey a David, por nombrar algunos. Por supuesto, esta tradición se traslada al Nuevo Testamento con la genealogía de Jesús.[7] El pueblo de Dios se organizaba por familias, y se abastecía de recursos también a través de las familias.

Abastecer recursos a través de familias

El registro bíblico también hace referencia a individuos y grupos de personas que reciben tanto provisión como protección a través de las familias. Este fue el plan de Dios para bendecir a la primera familia y a los primeros hermanos, Caín y Abel. Caín salió de la provisión y protección de Dios cuando mató a su hermano. Incluso después del primer asesinato del primer hermano a manos de su hermano, Dios todavía encontró la manera de bendecir a las generaciones siguientes. Caín pasó de agricultor a constructor de ciudades. Set, el tercer hijo de Adán y Eva, fue el portador de la bendición que Dios pretendía para la familia. Se dirá mucho más de esta familia en el capítulo 3.

El diseño de Dios para la provisión y protección en las familias está presente incluso cuando surge la rivalidad entre hermanos. Cuando a los hermanos de José les llegó la tentación de matarlo, Judá dijo a sus hermanos: "Venid y vendámosle a los ismaelitas, y no sea nuestra mano sobre él; porque él es nuestro hermano, nuestra propia carne" (Génesis 37:27). Aunque vender a José a los esclavistas fue una cosa terrible que hacer a su hermano, no llegaron a quitarle la vida. Años más tarde, José les dijo a los hermanos que lo habían vendido de esclavo, que esa era la manera que Dios tenía de preservarlos y salvarles la vida (45:5). Cuando Nehemías encabezó la tarea de reconstruir los muros de Jerusalén, encomendó a sus seguidores a "pelead por vuestros hermanos, por vuestros hijos y por vuestras hijas, por vuestras mujeres y por vuestras casas" (Nehemías 4:14). Había un sentido de protección dentro de la unidad familiar y de la comunidad en general.

La provisión era otra de las ventajas de vivir en familia. Esta idea también se menciona en el Nuevo Testamento. Pablo recuerda a los creyentes en las iglesias de la región de Galacia que "hagamos bien a todos, y mayormente a los de la familia de la fe" (Gálatas 6:10). Pablo instruye al pastor Timoteo a cuidar de las viudas y a los nietos de cuidar de su propia familia para retribuir a sus padres como un acto agradable a Dios. Advierte que si alguno "no provee para los suyos, y mayormente para los de su casa, ha negado la fe y es peor que un incrédulo" (1 Timoteo 5:8). A lo largo del testimonio de las Sagradas Escrituras, la organización de la humanidad y la protección y provisión de los individuos se encuentra en las familias. La obra de Dios de redimir a las personas se realiza a menudo a través de las familias.

Redimir a través de las familias

Una de las historias de redención más sorprendentes del Antiguo Testamento es la historia de Rut. La suegra de Rut, Noemí, estaba casada con Elimelec, quien se trasladó al país de Moab debido a una hambruna en Belén. Tuvieron dos hijos, Mahlón y Quelión, que se casaron con mujeres moabitas, una llamada Orfa y la otra Rut. Después de un período de diez años, Elimelec y sus dos hijos murieron, dejando a Noemí viuda con sus dos nueras. Noemí animó a sus nueras a regresar a sus familias de origen. Orfa regresó con su familia, pero Rut decidió quedarse con Noemí.

Las dos mujeres viajaron a Belén. Un hombre de Belén llamado Booz era pariente del difunto marido de Noemí, Elimelec. Boaz adquirió la tierra que le pertenecía a Noemí, la suegra de Rut. Compró la tierra para conservar el nombre del difunto esposo de Rut, Mahlón, y según la tradición también adquirió los derechos para casarse con Rut. Booz se casó con Rut, quien le dio un hijo llamado Obed, que fue el padre de Isaí, el padre del rey David en la familia de Fares. Jesús el Redentor descendió de la familia del rey David. Es a través de esta familia que Dios realiza su obra de redención mediante el nacimiento, la vida, el ministerio, la muerte y la resurrección de Jesús (Rut 4:13–22).

Construir a través de las familias

La principal forma en que las sociedades han construido aldeas, pueblos y ciudades ha sido mediante el crecimiento y el desarrollo de las familias. Cuando las tropas babilónicas se acercaron a las puertas de la ciudad de Jerusalén, el pueblo de Israel supo que su futuro estaba en peligro. El rey Nabucodonosor capturó la ciudad y llevó a muchos nobles y líderes de la ciudad al cautiverio. El profeta Jeremías, dirigiéndose a los cautivos, escribió quizás las palabras más importantes de su libro.

> Así dice el Señor de los Ejércitos, el Dios de Israel, a todos los que envié al exilio de Jerusalén a Babilonia: "Construyan casas y habítenlas; planten huertos y coman de su fruto. Cásense y tengan hijos e hijas. También casen a sus hijos e hijas para que a su vez

ellos les den nietos. Multiplíquense allá y no disminuyan. Además, busquen el bienestar de la ciudad adonde los he deportado y pidan al Señor por ella, porque el bienestar de ustedes depende del bienestar de la ciudad". (Jeremías 29:4-7 NVI)

Incluso en un ambiente hostil y en cautiverio bajo la mano de sus enemigos, el pueblo de Dios recibió instrucciones de construir la ciudad, buscando la paz y la prosperidad de la ciudad pero viviendo una vida normal, multiplicándose en número y estableciéndose. El diseño de la familia se demuestra aquí como una estrategia fundamental para habitar y hacer crecer una ciudad hasta alcanzar la paz y la prosperidad, para preservar y mantener la importancia de la identidad y la historia, así como la contribución única de cada comunidad en la historia global. Las familias tienen como objetivo crear familias adicionales y construir comunidades que continúen contribuyendo a la humanidad y continúen el ciclo puesto en marcha por el Creador. La familia es el medio para la prosperidad humana y el propósito en esta vida.

Encontrar un propósito a través de las familias

¿Cuál es el propósito de la vida para cada individuo, de cada ser humano del planeta? ¿Existe un diseño con propósito en la creación de familias que se relacione con el propósito de la vida? Cuando el rey David, el segundo rey de Israel, envejeció, nombró a su hijo Salomón rey de Israel. También reunió a todos los líderes de Israel, y a los sacerdotes y a los levitas para asignarles tareas y deberes específicos. A veinticuatro mil levitas se les asignó la supervisión del templo; seis mil se designaron como funcionarios y jueces. Cuatro mil se designaron como porteros, y otros cuatro mil se designaron como líderes de adoración y alabanza con instrumentos musicales. Las familias de Gersón, Coat, Merari y sus descendientes fueron contadas como una sola familia con una sola asignación (1 Crónicas 23:1-11).

Mientras el rey David desarrollaba los planes para el templo, reflexionó sobre las instrucciones que Dios le dio de no construir el templo, sino de dejar esa tarea a su hijo Salomón. David dijo lo siguiente acerca de su asignación al pueblo de Israel:

> Pero Jehová el Dios de Israel me eligió de toda la casa de mi padre, para que perpetuamente fuese rey sobre Israel; porque a Judá escogió por caudillo, y de la casa de Judá a la familia de mi padre; y de entre los hijos de mi padre se agradó de mí para ponerme por rey sobre todo Israel. Y de entre todos mis hijos (porque Jehová me ha dado muchos hijos), eligió a mi hijo Salomón para que se siente en el trono del reino de Jehová sobre Israel. (1 Crónicas 28:4–5)

Parece haber un patrón en el Antiguo Testamento de asignaciones dadas a las familias para tareas importantes en la obra de Dios en el mundo. Lo mismo es cierto para los individuos de las familias. Dios dota a los individuos con habilidades para una misión de vida específica. Los individuos son específicamente aptos para una misión de vida dentro del contexto de su familia o clan. Una vida vivida con una misión específica diseñada por Dios se alinea con su plan redentor global en la historia humana.

Cimientos fundacionales

La Biblia está llena de ejemplos de familias que constituyen los cimientos fundacionales de la sociedad humana. En los capítulos 2 a 10 de este libro se examinan más de cerca las familias de la Biblia, incluso en su disfunción y desorden, para explorar el lugar de las familias en la sociedad humana. Sin embargo, en este punto es útil considerar fuentes no bíblicas, no religiosas, y profesionales no teólogos que llegan a conclusiones similares sobre la familia reflejada en la Biblia.

El "Daily Article" de Jim Denison incluyó un comentario sobre el ensayo de David Brooks publicado en el *Atlantic Monthly* en enero de 2020, "La familia nuclear fue un error". Denison resumió el punto de Brooks de que nuestra cultura tiene hambre de una familia auténtica. Denison concluyó que Brooks hizo un buen trabajo identificando el problema del colapso de la familia nuclear, pero también señala la oportunidad disponible para la familia de Dios de proporcionar una solución a través de iglesias locales dispuestas a acoger a las personas en una comunidad amorosa.[8] Mientras que la crítica y la decepción de Brooks hacia la familia nuclear acentúan un problema social, sigue señalando la necesidad de una familia; una especie de familia forjada. Muchos otros eruditos e investigadores no religiosos han llegado a la misma conclusión sobre la necesidad de las familias en la sociedad como unidad fundacional y organizativa.

El Departamento de Infancia, Escuelas y Familias de Londres publicó un artículo en el que concluía que "las familias fuertes son la base de nuestra sociedad. Las familias dan a los niños el amor y la seguridad que necesitan para crecer y explorar el mundo, así como la orientación moral y la aspiración de aprovechar al máximo sus talentos y ser buenos ciudadanos".[9] Al contribuir a un plan estratégico para Family Service America, los investigadores Sviridoff y Ryan "adoptaron la idea de que una sociedad sana se construye sobre familias y comunidades fuertes y no sólo sobre las familias".[10] Estos investigadores seculares coinciden en que las familias son cruciales para el florecimiento humano. Otro investigador introdujo el concepto de familia como un elemento esencial para vincular a los individuos con la comunidad en general. Laird afirmó: "La familia . . . proporciona el contexto principal para el crecimiento y el desarrollo individual y actúa como mediador entre el individuo y la sociedad. . . . La familia nuclear o intergeneracional ocupó el centro del escenario en los diversos modelos, lo que encaja con el énfasis de la sociedad en definir a la familia en términos biológicos en lugar de términos sociales".[11] Las familias son vistas como una estructura esencial e innegable para los individuos en las comunidades.

Numerosos ejemplos de investigaciones seculares publicadas señalan la naturaleza indispensable de una familia sana para el mayor bien de las comunidades y las sociedades. Varios libros no religiosos afirman lo mismo. Suzanne Dixon escribió *The Roman Family*, publicado por Johns Hopkins University Press en 1992. Su libro se centró en la naturaleza histórica de la cultura romana del siglo primero. Ella señala que la palabra latina *familia* se usaba en la antigua Roma y concluyó: "Sean cuales sean las variaciones que pueda haber en la constitución y descripción de la familia, se trata de una institución humana universal, y los romanos eran humanos. No cabe duda de que tenían familias y consideraban que la familia era un elemento central para sus vidas personales y para la sociedad."[12] El concepto de familia no es una invención reciente, más bien, tenemos evidencia de que esta estructura social existía en el primer siglo. Dixon afirma además: "La percepción de la familia como refugio es descrita a menudo por los historiadores de los siglos XVII y XIX como un desarrollo moderno; por lo tanto, es importante señalar que las mismas actitudes parecen haber existido en la época romana, a veces expresadas en términos sorprendentemente similares a los modernos."[13]

Otros autores no religiosos han afirmado la premisa de Dixon de la necesidad incuestionable de familias, pero también han comentado los intentos de eliminar la necesidad de las familias. Stevan Harrell, en *Human Families*, concluyó: "Los intentos de sustituir a la familia han fracasado, y se han reafirmado los cimientos básicos del vínculo de pareja semipermanente y de los lazos entre padres e hijos. Por lo tanto, hay pocas razones para pensar que en el futuro jamás veamos la desaparición de la familia".[14] Cada vez son más las publicaciones no religiosas que señalan a la familia como estructura base fundacional para el florecimiento de las sociedades.

Las agencias gubernamentales han llegado a la misma conclusión. Un informe publicado por la Comisión Interamericana de Derechos Humanos sobre los derechos del niño, concluyó que "la familia es el elemento natural y fundamental de la sociedad y tiene derecho a la protección de la sociedad y del Estado". De hecho, "el artículo VI de la Declaración Americana [de los Derechos y Deberes del Hombre] expresa esa noción en términos similares: 'Toda persona tiene derecho a establecer una familia, el elemento básico de la sociedad, y a recibir protección por ello'".[15]

The Atlantic hizo eco del sentimiento internacional en su artículo, "La Familia Nuclear Sigue Siendo Indispensable". El artículo afirma: "Resulta que la relación entre las familias nucleares y las comunidades grandes es más simbiótica que sustitutiva. Los estudios aún no demuestran que las comunidades grandes estén enteramente equipadas para asumir el papel único de los dos padres de un niño."[16] El artículo continúa enumerando los efectos positivos del matrimonio estable y de las familias nucleares estables, así como el efecto positivo de estas familias en los vecindarios, pueblos y ciudades como lugares florecientes cuando son sostenidos por muchos hogares casados. El sociólogo de Harvard, Robert Sampson, es citado en este artículo diciendo: "La estructura familiar es uno de los predictores más fuertes, si no el más fuerte, de las variaciones de la violencia urbana entre las ciudades de los Estados Unidos".[17] Wilcox y Boyd afirman: "Sin duda, la familia nuclear aislada y desligada de todo apoyo social simplemente no es viable para la mayoría de las personas. Las parejas casadas que crían hijos, así como otras formas de familias, tienen más probabilidades de prosperar cuando están integradas en redes sólidas de amigos, familia, comunidad y congregaciones religiosas".[18] Esencialmente, los autores, los investigadores y los expertos en servicios sociales coinciden en la naturaleza fundacional y el impacto de las familias sanas para el florecimiento de las comunidades y sociedades como principio universal.

El poder positivo de una familia

Gran parte de la literatura sobre la eficacia de la familia nuclear está escrita desde una perspectiva estadounidense, pero también tiene un atractivo universal. Kurt Jefferson, Decano de Estudios de Posgrado de la Universidad Spalding, publicó "The American Family: The Stabilizing Factor in a Changing Society" (La familia americana: el factor estabilizante en una sociedad cambiante), y comentó sobre la viabilidad y la universalidad de la familia nuclear. Dijo: "La familia ha sido ampliamente percibida como la unidad organizativa fundacional para la mayoría de las sociedades. El hecho de que la familia a menudo se dé por sentada en la mayoría de las descripciones históricas de la sociedad nos permite darnos cuenta de que el concepto de familia se ha mantenido bastante estable durante siglos tanto en las civilizaciones no occidentales como en las occidentales".[19]

Oxford University Press publicó *The Family in Christian Social and Political Thought* (La familia en el pensamiento social y político cristiano) de Brent Waters. En este volumen, examina las raíces históricas y las implicaciones contemporáneas de la desaparición virtual de la familia en el tardío pensamiento liberal cristiano social y político. Afirma la enseñanza de Jesús contra la familia y la indiferencia de Pablo hacia el matrimonio y la familia, así como los códigos domésticos del Nuevo Testamento en el contexto del énfasis grecorromano en la familia como célula social fundamental.

Sin embargo, Jesús no prohibió el matrimonio ni condenó los lazos familiares. De hecho, elogió el matrimonio al prohibir el divorcio. Enseñó que los lazos familiares sólo se condenan cuando impiden la lealtad incondicional al reino de Dios.[20] Waters concluye que, aunque la estructura de la familia ha cambiado con el tiempo, existen algunos hilos continuos que pueden informar la deliberación actual. Afirma: "Cuando se ignora o se descarta el orden normativo de las afinidades familiares, entonces otras instituciones se distorsionan al intentar llenar el vacío asumiendo roles para los que no están preparados para desempeñar. Una escuela, por ejemplo, no es apta para asumir la responsabilidad primaria de la crianza de los hijos."[21]

En general, la literatura sobre la familia indica que la unidad familiar es fundamental para la sociedad humana y parece haber superado los esfuerzos de cambiarla por un sustituto. La familia parece haber resistido la prueba del tiempo. El diseño de la familia continúa perdurando incluso en sus formas cambiantes.

La noción de diseño para todas las cosas nos ayuda a pensar en un cambio efectivo para la humanidad a través de las familias. La Biblia sirve como un registro escrito de cómo las familias constituyen la base fundacional y organizativa de las sociedades humanas. Incluso fuentes no religiosas coinciden en que las familias representan la mejor estructura para el florecimiento de las sociedades humanas. Aunque ha habido intentos de deconstruir y sustituir a la familia, ninguno de ellos ha tenido éxito. La familia sigue siendo la base fundacional de la sociedad humana, incluso con sus desafíos e imperfecciones.

La familia es el plan del Diseñador para la humanidad. ¿Qué ejemplos de familia tenemos en la literatura sagrada para ayudarnos a entender cómo funcionan las familias? Debemos mirar más allá de nosotros mismos para encontrar las respuestas a estas preguntas.

Preguntas para reflexionar

1. ¿Cuál es su reacción ante la idea de que existe un diseño para las familias?
2. ¿Cuál es el propósito de las familias hoy en día?
3. ¿Cree que necesitamos a las familias para el florecimiento de la humanidad?
4. ¿Cómo promueve su iglesia la unidad familiar a través de su programación?
5. ¿A dónde acuden las familias en busca de ayuda en su comunidad?
6. ¿Cómo concibe el concepto de familia en el núcleo de la identidad de Dios?

Capítulo 2

LA FAMILIA DIVINA

Padre, Hijo y Espíritu

La familia, que tiene su origen en el amor del hombre y la mujer, deriva en última instancia del ministerio de Dios.

—Papa Juan Pablo II

Cuando Dios, el creador, formó al primer hombre y a la primera mujer, decidió organizar a la humanidad en forma de familia. ¿Existen precedentes de la familia antes de la creación?

Para comprender el origen y el significado de la familia, debemos comenzar con la identidad de Dios, el diseñador de la familia. Antes de que existiera la primera familia humana, existía la familia divina, por lo que debemos sumergirnos en el misterio de Dios para aprender sobre la familia. El enfoque en la familia divina es un misterio, algo difícil o imposible de entender o explicar. El Papa Juan Pablo II tenía toda la razón. Es posible que este viaje no traiga una comprensión completa de Dios como trino, pero conducirá a una comprensión del concepto, incluso si nuestra comprensión es limitada. Hay muchas cosas en la vida que no entendemos, pero las aceptamos como un hecho, una verdad y una realidad. Aunque podemos entender cómo el sol sabe cuándo y dónde salir, la luna sabe cuándo esconderse y las nubes saben cómo reunirse para producir lluvia, nos resulta difícil saber por qué. La Biblia es un buen lugar para buscar respuestas a estas preguntas, para buscar ideas y sacar conclusiones de lo que este antiguo texto nos dice acerca de Dios el Padre, Dios el Hijo, Dios el Espíritu y cómo se relacionan. La tradición cristiana se refiere a este Dios de tres personas como la Trinidad. Este capítulo examinará el texto bíblico para guiarnos en la exploración de Dios como tres personas en una y cómo esto se relaciona con las familias humanas.

La familia antes que la humanidad

La primera referencia conocida a la familia precede a la humanidad porque la tradición judeocristiana sostiene la existencia de Dios antes del primer ser humano. La primera referencia a una pluralidad de individuos o seres en la literatura humana se encuentra en el primer libro de la Biblia, en Génesis 1:26–27: "Entonces dijo Dios: 'Hagamos al hombre a nuestra imagen, conforme a nuestra semejanza; y señoree en los peces del mar, en las aves de los cielo, en las bestias, en toda la tierra y en todo los animal que se arrastra sobre la tierra'. Y creó Dios al hombre a su imagen, a imagen de Dios lo creó; varón y hembra los creó".

¿De dónde surgió la idea de familia? De esta referencia se destacan algunos principios que describen la creación de la humanidad. Dios tiene una voz. Él habló para que la creación existiera. ¿Qué tipo de voz tiene el poder de hacer que algo exista? Es la voz de Dios, una voz sobrenatural, sus propias palabras haciendo que algo llegue a existir. Cuando Dios habló de crear a los primeros seres humanos, se identificó en plural con "Hagamos". Sabemos por la voz de Dios que hubo más de una entidad o individuo presente para la acción de la creación. El Dios plural dijo que la creación debía llevar una imagen y semejanza que reflejara una identidad plural cuando Dios se refirió a "nuestra imagen, nuestra semejanza". Tanto hombres como mujeres llevaban la imagen y semejanza de Dios, un ser sobrenatural plural. Sabemos por este texto que Dios es la fuente principal de la vida humana. Él es el origen. Esta es la primera referencia a Dios como un ser plural en el Antiguo Testamento.

El pueblo de Israel que siguió a Dios fuera de Egipto y en el desierto durante cuarenta años se impacientó por seguir a un Dios que no podían ver. Sus captores egipcios tenían dioses que ellos podían ver: Amón-Ra, el dios oculto; Mut, la diosa madre; Osiris, el dios de los muertos; Anubis, el embalsamador divino; y Ra, el dios del sol y el resplandor. Sin embargo, los israelitas no tenían forma de ver a Dios. A pesar de ver la forma en que Dios obró para liberar a los israelitas de la esclavitud a través de las plagas (Éxodo 7–11), la división del Mar Rojo (13–14), la provisión de alimentos en el desierto y el agua de una roca (16–17), exigieron ver a Dios.

Moisés subió al monte para recibir la Ley de Dios. La gente esperaba abajo y se impacientaba. Perdieron la pista de Moisés y le pidieron a Aarón, otro líder, que formará un dios con la imagen de un becerro para que fuera delante de ellos en su viaje a la Tierra Prometida. La gente quería un dios que pudieran ver. Aarón les ordenó que contribuyeran con el oro que tenían y con el oro formó un ídolo.

El pueblo de Israel se reunió en el desierto y violó claramente la primera Ley de Dios: no tener otros dioses delante de él. Cuando Moisés regresó de la montaña con dos tablas y la Ley de Dios escrita en ellas, se enojó mucho y destruyó las tablas, quemó el becerro de oro, lo molió hasta convertirlo en polvo, mezcló el polvo con agua e hizo que los israelitas lo bebieran (Éxodo 32). Después de que Moisés señaló el pecado del pueblo, se ofreció a regresar a la montaña para expiar sus pecados. El pueblo de Israel continuó rebelándose contra Dios y toda una generación de esclavos no pudo cruzar a la Tierra Prometida a causa de su pecado. Este modo de vivir continuó durante cientos de años hasta que Dios proporcionó un salvador en su Hijo.

Referencia del Nuevo Testamento a la familia trinitaria

¿Qué dice el Nuevo Testamento acerca de Dios en plural? Una referencia única a un Dios plural en la creación se encuentra en la carta del apóstol Pablo a la iglesia de Colosas. En su referencia a Jesús, Pablo escribe:

> Él es la imagen del Dios invisible, el primogénito de toda la creación. Porque en él fueron creadas todas las cosas, las que hay en los cielos y las que hay en la tierra, visibles e invisibles; sean tronos, sean dominios, sean principados, sean potestades; todo fue creado por medio de él y para él. Y él es antes de todas las cosas, y todas las cosas en él subsisten; y él es la cabeza del cuerpo, que es la iglesia, él que es el principio, el primogénito de entre los muertos, para que en todo tenga la preeminencia; por cuanto agradó al Padre que en él habitase toda plenitud, y por medio de él reconciliar consigo todas las cosas, así las que están en la tierra como las que están en los cielos, haciendo la paz mediante la sangre de su cruz. (Colosenses 1:15–20)

La mayoría de los comentaristas afirman que este pasaje de las Escrituras es un fragmento de un himno usado por la iglesia primitiva, especialmente en Asia Menor.[1] David Garland sugiere que este fragmento de himno, una pieza de poesía majestuosa, debe haber sido leído como parte de la experiencia de adoración en la iglesia primitiva.[2] Barker sostiene que este himno poético fue la respuesta del apóstol Pablo a la enseñanza herética en la iglesia de Colosas.[3] Incluso en la predicación contemporánea, los predicadores usan un poema, una canción o un himno como parte integrada del sermón.

Este pasaje de las Escrituras señala a la Trinidad en el momento de la creación y establece a Jesucristo, un rabino judío del primer siglo, como la imagen visible del Dios invisible. El Dios del Antiguo Testamento era invisible, pero Dios en el Nuevo Testamento se hizo visible en la persona de Jesucristo, el Hijo de Dios. Melick informa que la palabra para imagen es *eikon* en griego del Nuevo Testamento, *ícono* en español.[4] Un ícono lleva la imagen de algo para que uno tenga una idea de lo que es ese algo. Sin embargo, Garland sostiene que el ícono en la carta de Pablo a los Colosenses indica a Jesús como la representación exacta de Dios. Él argumenta que aunque todos los seres humanos están hechos a imagen de Dios, señalando el relato de Génesis, Jesús es la única "imagen satisfactoria de Dios".[5] McKnight está de acuerdo con Garland al decir que aunque todos los seres humanos son un ícono de Dios, Jesús es el único verdadero ícono de Dios.[6] Beale llama a la referencia de Pablo a Jesús una "imagen de Jesús", una representación exacta de Dios en forma humana, y ve a Jesús como el agente de la creación.[7] En otras palabras, el Dios plural en el Nuevo Testamento identifica a Jesús como uno de sus miembros. Es un agente activo en la creación. Melick dice que Dios es el arquitecto de la creación, mientras que Jesús es el ejecutor que da existencia a la creación.[8]

En el pasaje anterior, Pablo sostiene que todas las cosas en la creación son hechas por, en, y para Jesucristo. También postula a Jesús como el que mantiene unida a toda la creación. Él no sólo es el creador, sino también el sustentador de todo lo que conocemos como creación. David Hay afirma que el himno ofrece sus afirmaciones más directas sobre la relación entre Jesucristo el Hijo y Dios el Padre.[9] Jesucristo, el Hijo de Dios y Dios el Padre forman las dos primeras personas del Dios plural según el registro de Génesis y Colosenses. Dios el Padre es otra persona en esta familia divina, y hay una más para que sean tres en uno, la Trinidad.

La familia trinitaria

¿Cómo describimos a este Dios plural como tres en uno, como la Trinidad? Comencemos con Jesús, un miembro del Dios plural, y consideremos su referencia a Dios como Padre. Cuando Jesús enseñó a sus discípulos a orar, dijo oren así: "Padre nuestro que estás en los cielos, santificado sea tu nombre. Venga tu reino. Hágase tu voluntad, como en el cielo, así también en la tierra" (Mateo 6:9–10). Toda la oración es a Dios, y es el Padre que está en el cielo que perdona, guía y libera. Jesús modeló la referencia a Dios como Padre cuando estaba en la cruz entre dos ladrones. "Jesús dijo: Padre, perdónalos porque no saben lo que hacen" (Lucas 23:34).

El Evangelio de Juan tiene varias referencias a Dios como Padre desde la perspectiva de Jesús. Cuando el pueblo judío confrontó a Jesús acerca de su enseñanza y su referencia a Dios como Padre, Jesús les dijo: "Ninguno puede venir a mí, si el Padre que me envió no le trajere; y yo lo resucitaré en el día postrero" (Juan 6:44). Jesús estaba describiendo una relación íntima de padre e hijo con Dios el Padre. También dijo: "Así que, todo el que escucha al Padre y aprende de él, viene a mí. No que alguno haya visto al Padre, sino aquel que vino de Dios" (Juan 6:45–46). No hay duda de que Jesús fue claro en el punto de que Dios no sólo es un padre sino *su* Padre.

Este es el mismo Dios el Padre presente en la creación, la fuente y el origen de la vida humana. Él es un Padre amoroso y celestial. En el bautismo de Jesús, el evangelio de Mateo registra una voz que descendió del cielo diciendo: "Este es mi Hijo amado, en que tengo complacencia" (Mateo 3:17). Podemos ver claramente el amor del Padre por el Hijo. Este tipo de amor también se ve en las familias humanas, pero no se limita a padres e hijos. El amor familiar existe entre madre e hijos, padres e hijas, padre y madre, hermanas y hermanos.

Otra relación que Jesús usó fue la metáfora de un pastor y sus ovejas. Jesús dijo: "Yo soy el buen pastor; el buen pastor su vida da por las ovejas. . . . Yo soy el buen pastor; y conozco mis ovejas, y las mías me conocen, así como el Padre me conoce, y yo conozco al Padre; y pongo mi vida por las ovejas" (Juan 10:11, 14–15). Dios el Padre superó el problema fundamental del pecado humano al enviar a Jesús, su Hijo, al mundo para vivir una vida sin pecado y convertirse en un sacrificio aceptable para las personas que amaba. "Porque de tal manera amó Dios al mundo, que ha dado a su Hijo unigénito, para que todo aquel que en él cree, no se pierda, mas tenga vida eterna" (3:16 RVA). Dios envió una copia viviente de sí mismo en la persona de Jesús, nacido en un pesebre. Jesús usó la metáfora del pastor y las ovejas para enseñar a sus oyentes lo que significa ser un buen pastor en contraste con un jornalero o un ladrón. En lugar de aprovecharse de las ovejas, el buen pastor las protege y está dispuesto a morir por ellas.

Dios es representado como el pastor de su rebaño en muchas ocasiones en numerosos pasajes del Antiguo Testamento, y se hace referencia al pueblo de Israel como las ovejas de su pasto.[10] El uso de pastor y ovejas en relación con el pueblo de Israel es una metáfora muy conocida de líderes, divinos y humanos, como Moisés (Éxodo 3:1), David (2 Samuel 5:2) y Dios (Salmo 23).[11] Jesús continuó esta línea de pensamiento durante la Fiesta de la Dedicación en Jerusalén, en la zona del templo caminando en la Columnata de Salomón. Los líderes judíos desafiaron a Jesús a admitir si él era el Mesías, el enviado de Dios. Jesús respondió diciendo: "Mis ovejas oyen mi voz, y yo las conozco, y me siguen, y yo les doy vida eterna; y no perecerán jamás, ni nadie las arrebatará de mi mano. Mi Padre que me las dio, es mayor que todos, y nadie las puede arrebatar de la mano de mi Padre. Yo y el Padre uno somos" (Juan 10:27–30). Jesús claramente se vio a sí mismo relacionado con Dios el Padre, y en este caso, sostuvo que eran la misma persona.

Tercer miembro de la familia trinitaria

¿Qué pasa con el tercer miembro de esta familia, el Espíritu Santo? El Espíritu de Dios estuvo presente en la creación como el tercer agente en el principio. El registro de Génesis dice: "En el principio creó Dios los cielos y la tierra. Y la tierra estaba desordenada y vacía, y las tinieblas estaban sobre la faz del abismo, y el Espíritu de Dios se movía sobre la faz de las aguas" (Génesis 1:1–2). Este pasaje es el preludio, estableciendo el contexto para la obra creativa que Dios hizo en el principio.

El rey David estaba consciente del Espíritu de Dios cuando dijo: "No me eches de delante de ti, Y no quites de mí tu santo

Espíritu", en su confesión a Dios por sus pecados (Salmo 51:11). El rey David confesó la omnipresencia del Espíritu de Dios cuando dijo:

> ¿A dónde me iré de tu Espíritu? ¿Y a dónde huiré de tu presencia? Si subiera a los cielos, allí estás tú; y si en el Seol hiciere mi estrado, he aquí, allí tú estás. Si tomare las alas del alba y habitare en el extremo del mar, aun allí me guiará tu mano, y me asirá tu diestra. (Salmo 139:7–10)

El rey David estaba consciente de la presencia del Espíritu de Dios sin importar a dónde fuera.

El Espíritu Santo fue un agente activo en el nacimiento de Jesús. El Evangelio de Mateo registra que María concibió por medio del Espíritu Santo (Mateo 1:18). Dios le habló a José, el padre terrenal de Jesús, en un sueño para explicarle cómo su prometida esposa, María, quedó embarazada. "La virgen concebirá y dará a luz un hijo y lo llamarán Emanuel (que significa "Dios con nosotros)". (1:23). El Espíritu Santo de Dios también estuvo presente en el bautismo de Jesús al comienzo de su ministerio (3:16). Jesús también fue guiado por el Espíritu al desierto para un tiempo de tentación (4:1). Jesús prometió a sus discípulos la venida del Consolador, otro nombre para el Espíritu Santo, como alguien que vendría en su ausencia. La misión del Espíritu Santo era enseñar y recordar a los discípulos de Jesús todo lo que él les enseñó (Juan 14:25–27). El Dr. Lucas registra la presencia del Espíritu Santo en la primera iglesia, recordándoles que "Juan bautizó con agua, pero dentro de pocos días ustedes serán bautizados con el Espíritu Santo". (Hechos 1:5). El Espíritu Santo fue la presencia de Jesús en forma espiritual para guiar y empoderar a los discípulos (2:38).

El Espíritu Santo es la tercera persona del Dios plural. Encontramos a Dios el Padre, Dios el Hijo y Dios el Espíritu como el Dios trino, tres personas en una, la Trinidad. Esta es la familia divina con relaciones interactivas, roles únicos y complementarios, actuando en unidad como uno solo. El sentido fundamental de comunidad se encuentra en Dios mismo, en la Trinidad. La familia trinitaria es la noción esencial y el génesis de la familia humana. Aquí empezó la familia.

La familia trinitaria

¿Cuáles son las implicaciones de las relaciones trinitarias para las familias de hoy? La Trinidad es una familia de tres personas: Dios el Padre, Dios el Hijo y Dios el Espíritu. Esta verdad, claramente demostrada en las escrituras, es, por un lado, extremadamente difícil de comprender, pero, por otro lado, es muy clara. Es simplicidad en complejidad. Mientras que la Trinidad puede no parecerse a las familias humanas con un padre, una madre e hijos, sin embargo forman una familia de una manera divina.

El Dios de la Trinidad, compuesta de tres personas se relaciona entre sí como tres personas en una danza. George Cladis usó la metáfora de una danza para describir la relación de trabajo de la Trinidad como equipo de colaboración. Cita a Juan de Damasco, un teólogo griego del siglo VII, y su uso de la palabra *perichoresis* para describir la Trinidad. Cladis informa que *perichoresis* significa literalmente "danza en círculo". *Choris* en griego antiguo se refería a una danza circular realizada en banquetes y ocasiones festivas. La forma verbal, *choreuo*, significa bailar en círculo, lo que incluía el canto. La palabra inglesa *chorus* es una derivación de esta palabra. Cladis señaló el prefijo *peri*, que significa (en griego) "derredor" o "todo alrededor", enfatizando la circularidad de la danza sagrada imaginada por Juan. Cladis sostiene que una imagen pericorética de la Trinidad es la de las tres personas de Dios en constante movimiento en un círculo que implica intimidad, igualdad, unidad con distinción, y amor.[12] La descripción que Cladis usó de Juan de Damasco es útil cuando pensamos en las familias y relaciones humanas. Cladis también citó a la teóloga Shirley Guthrie, quien se refiere a la Trinidad haciendo una coreografía como si fuera un ballet. Ella se refiere a la danza circular de Dios con un sentido de alegría, libertad, canto, intimidad, armonía y unidad en una comunidad de personas.[13]

Entendemos de la misma manera la intimidad, la igualdad, la unidad con distinción y el amor en las familias humanas. También experimentamos alegría, libertad, canto, intimidad, armonía, unidad y comunidad en las familias. La Trinidad, tal como la revela Dios en las escrituras, nos señala las relaciones en la familia divina y nos ayuda a entender quiénes somos y cómo podemos relacionarnos en las familias humanas. Erickson apoya la enseñanza de Tertuliano, un padre de la iglesia primitiva, quien dijo: "La doctrina de la Trinidad debe ser revelada divinamente, no construida humanamente". No nos aferramos a esta creencia porque es evidente o lógicamente convincente. Sostenemos que es la verdad porque Dios ha revelado que así es él. Alguien dijo una vez: "Si intentas explicarlo, perderás la cabeza. Pero trata de negarlo y perderás tu alma".[14]

Principios para la esperanza familiar

El plan de comunidad para las familias humanas proviene de la naturaleza de Dios como Dios Trino. Este plan representa su propia revelación a la humanidad y su plan para las familias humanas. Hay varias implicaciones de la familia divina para las familias humanas. Los miembros de una familia humana están conectados relacionalmente. El ADN presente en las familias biológicas nos conecta científicamente. Las familias, por elección propia, a través de la adopción o de acogimiento familiar, han elegido estar emparentadas. Hay un sentido de amor, compromiso y unidad en las familias que también se ve en la Trinidad. Los miembros de una familia pueden experimentar amor extraordinario a través de lazos fuertes, lealtad y compromiso. Lo ideal es que cada miembro de la familia tenga un papel que desempeñar como padre, madre, hijo o hija. Idealmente, los miembros de la familia trabajan juntos para el beneficio de los demás y en muchos casos para un sentido de misión como familia. Hay un sentido de pertenencia. Un padre y una madre dicen: "Este es nuestro hijo" o "Esta es nuestra hija". Hay un sentimiento de identidad familiar.

En el caso de su familia, tienen una historia, un pasado, un legado, un ADN particular corriendo por su sangre y un sentido de misión de vida. Ve a los miembros de su familia. Están uno frente al otro. Comparten la danza de la vida—buena, mala, correcta, incorrecta—juntos como familia. Se pertenecen el uno al otro. Son devotos el uno del otro. Se protegen unos a otros. Se sacrifican el uno por el otro. Trabajan por el bien de cada miembro de la familia. Celebran juntos. Lloran juntos. Viven la vida juntos. Pueden herir, dañar, ayudar, asistir, ofender, confesar, perdonar, servir, honrar, apreciar y reconciliar las relaciones familiares según el modelo de Dios el Padre, Dios el Hijo y Dios el Espíritu santo. Ustedes son una familia así como Dios en la Trinidad es familia. Ver a su familia desde una perspectiva trinitaria ayuda a ver a sus propias familias con una perspectiva nueva y fresca.

La Trinidad, la familia divina, proporciona un modelo para las familias humanas como su precedente. Sabemos ser familias buenas, sanas y fuertes a partir del ejemplo de Dios el Padre, Dios el Hijo y Dios el Espíritu tal como está registrado en las escrituras. ¿Cómo se desarrolla este alto ideal en la primera familia humana?

Preguntas para reflexionar

1. ¿Cuál es su reacción ante la familia divina? ¿De qué manera piensa en la Trinidad como familia?
2. ¿Cómo influye la Trinidad en su comprensión de las familias hoy?
3. ¿Qué podemos aprender de la familia divina que tenga relación con su familia?
4. ¿En qué se parecen o difieren las relaciones de la familia divina de las familias humanas?
5. ¿Qué cualidades de la familia divina desea para su familia?

Capítulo 3

LA PRIMERA FAMILIA

Adán, Eva, Caín y Abel

> Tú no eliges a tu familia. Son un regalo de Dios para ti, como tú eres para ellos.
>
> —Desmond Tutu

Adán y Eva son la primera pareja en la historia de la humanidad, de acuerdo con la tradición de fe judeocristiana y el registro de las Sagradas Escrituras. También son la primera pareja que tuvo hijos: Caín y Abel. Son la primera familia humana, los primeros padres. ¿Cómo reflejarían a la familia divina?

La primera familia se convierte en una imagen viva de Dios en las relaciones entre unos y otros. Tenemos mucho que aprender de cómo se formó la familia. Podemos aprender lecciones del nacimiento y la vida de los dos primeros hijos nacidos en la primera familia. Tenemos mucho que aprender de esta primera familia que puede aplicarse a nuestras familias de hoy. Tenemos mucho que aprender de la fuente de la verdad y el conocimiento sobre estos temas.

Dietrich Bonhoeffer escribió: "La humanidad ya no vive en el principio—ha perdido el principio. Ahora se encuentra en el medio, sin conocer el final ni el principio, pero sabiendo que está en el medio y debe avanzar hacia el final. Ve que su vida está determinada por estas dos facetas, de las cuales sólo sabe que no las conoce".[1] Bonhoeffer sugiere que, puesto que no tenemos experiencia del principio ni del final, no tenemos ningún observador externo del que podamos depender, aparte de lo que se nos revela en un lenguaje y términos que podemos entender. A esto lo llama el lenguaje del medio. Para nosotros es el testimonio de la Biblia en Génesis.

En Génesis 1, aprendemos que Dios creó un hombre y una mujer a su propia imagen. Dios los bendijo y les dio la tarea de ser fructíferos y aumentar en número, de poblar la tierra y de administrarla como mayordomos a cargo (Génesis 1:26–31). Más allá de estas instrucciones iniciales, Génesis 2 proporciona información adicional sobre las condiciones bajo las cuales Adán y Eva vivirían en el jardín del Edén, en el este. El Edén incluía árboles, un río con cuatro cabeceras, un jardín, vientos, oro, resina aromática y ónix. Adán y Eva debían administrar el jardín y se les prohibió comer del Árbol del Conocimiento del Bien y del Mal, con la consecuencia de muerte si rompían ese reglamento. El final del capítulo 2 describe la creación de Eva como una ayuda adecuada para Adán. Dios puso a Adán en un sueño profundo, luego tomó una costilla de su costado y formó a Eva. Cuando Adán vio a Eva, dijo: "Esto es ahora hueso de mis huesos y carne de mi carne. Se llamará "mujer", porque del hombre fue sacada" (2:23). El autor del Génesis terminó este capítulo diciendo: "Por eso dejará el hombre a su padre y a su madre, se unirá a su mujer, y los dos llegarán a ser uno solo. En ese tiempo el hombre y la mujer estaban desnudos, pero no se avergonzaban". (2:24–25).

En Génesis 3, la historia de la primera familia y su elegante comienzo da un giro para peor con la desobediencia a la única regla de Dios: no comer del Árbol del Conocimiento del Bien y del Mal. La serpiente tentó a Eva cuestionando las instrucciones de Dios. Ella comió del fruto del árbol y lo compartió con Adán. Como resultado, fueron desterrados del jardín del Edén para trabajar y labrar la tierra con duro trabajo y sudor y para procrear a través del parto doloroso.

Génesis 4 podría titularse "La vida fuera del Jardín del Edén". Este es el contexto para la historia de la primera familia.[2] Su historia comienza a desarrollarse en un entorno menos que perfecto. El pecado ha entrado en la historia y comienza una tendencia hacia un alejamiento del diseño de Dios para la humanidad, y las consecuencias que siguen incluyen la rebelión. Este capítulo registra los primeros hijos nacidos de Adán y Eva. La primera familia comienza a multiplicarse, a encontrar su vocación, a dedicarse a la adoración presentando ofrendas a Dios del fruto de su trabajo y a experimentar el primer homicidio registrado en la historia de la humanidad.

La primera familia se multiplica

El registro bíblico dice que Adán *conoció* a Eva. La palabra hebrea traducida "conoció" es *yādā*, que significa una relación sexual, conocerse plenamente con respecto a la reproducción.[3] La cohabitación es un medio para lograr un fin—un conocimiento más profundo, más íntimo del otro y una relación única. Al dar a luz a Caín, Eva dice: "He adquirido un hombre de Jehová".[4] La palabra que usó es *qānâ*, indicando que Eva ha creado un hombre con la ayuda del Señor. La exclamación de Eva refleja su fe y dependencia del Señor y la veracidad de la palabra de Dios para ella.[5] Adán volvió a tener relaciones sexuales con Eva, y ella dio a luz a Abel, el segundo hijo.

Más adelante en esta historia, Adán volvió a acostarse con Eva y ella dio a luz a otro hijo, Set (Génesis 4:25). El capítulo 5 registra que Adán y Eva tuvieron hijos e hijas adicionales (v. 4). Caín se acostó con su esposa, y ella dio a luz un hijo, Enoc (4:17). Enoc tuvo hijos, y la historia de la multiplicación de los humanos continúa de esta manera (4:18). Generaciones de seres humanos han nacido a través de los medios reproductivos de las relaciones sexuales, al igual que los hijos de la primera pareja de la primera familia. Dios asignó tareas específicas a Adán y Eva para cuidar de la creación y servir como administradores del mundo, lo que sería necesario para sostener a estas familias en crecimiento. Este trabajo incluiría el cuidado y la preocupación por la tierra, por los animales, el cultivo de las cosechas, la producción de alimentos y administradores de todo lo que Dios proveyó.

La primera familia trabaja

Caín, el primer hijo, es un labrador de la tierra—un agricultor como su padre, Adán. Caín encontró su trabajo como siervo de la tierra. Abel, en cambio, encuentra trabajo como guardián de los rebaños: un pastor.[6] Abel fue seguido en su vocación por personas como Jacob (Génesis 30:36), José (37:2), Moisés (Éxodo 3:1), y David (1 Samuel 16:11; 17:34). Más adelante en la historia, Caín pasa de trabajar como agricultor a ser un constructor de ciudades.[7] El trabajo era parte de la experiencia de vida de la primera familia. El acto de trabajar es un regalo de Dios, una tarea asignada a cumplir como parte del cumplimiento del propósito de vida. Las condiciones de trabajo son maldición debido a la caída del hombre, pero no el trabajo en sí. El trabajo era aceptado y esperado de cada hijo. Parece que a cada hijo se le dio la libertad de explorar y adoptar diferentes formas de trabajar y pasión por el trabajo. El trabajo es una actividad honorable que produce una recompensa y resulta en un sentido de satisfacción. La adoración y la acción de gracias por los frutos de su trabajo acompañarían naturalmente al trabajo.

La primera familia rinde adoración

A medida que la primera familia creció y se multiplicó, los miembros de la familia comenzaron a expresar sus opciones vocacionales con el rendimiento de la tierra y del ganado. Los patrones de adoración y acción de gracias se convirtieron en parte de la vida familiar. No es sorprendente entrar en una escena de adoración como la siguiente parte lógica de la historia. La primera familia demostró su reconocimiento de Dios como creador y sustentador de vida para esta familia y buscó adorarlo y darle gracias. Lo sorprendente es la forma en que termina la experiencia de adoración. Aunque no hay mención de un altar donde se hacen sacrificios y ofrendas de adoración a Dios, los dos hermanos practican la adoración y la acción de gracias al traer ofrendas al Señor como un acto de adoración.

Cada hermano trajo una *minḥâ* apropiada a su ocupación. Una *minḥâ* podría referirse a cualquier ofrenda de grano, pero los animales también podrían ser incluidos como tributo para asegurar la buena voluntad. También podría consistir en harina o grano selecta, cereal, al que se podía añadir aceite e incienso para formar panes, obleas o bocados horneados. Los primeros frutos habrían sido los primeros granos en madurar cada temporada y debían ser traídos al Señor como ofrenda.[8] Caín trajo "del fruto de la tierra una ofrenda" y Abel trajo "los primogénitos de sus ovejas, de lo más gordo de ellas" (Génesis 4:3–4).

El Señor miró con favor la ofrenda de Abel pero no respondió de la misma manera con Caín. Caín reaccionó con ira "y decayó su semblante" (v. 5). El texto dice que Caín "se enfureció". Este tipo de ira suele ser un preludio de actos homicidas.[9] Algunos comentaristas sugieren que Caín cometió un error al seleccionar su ofrenda. Aunque la ofrenda de Caín fue una expresión de su vocación, no trajo ni primogénitos ni primeros frutos.[10] La Ley del Señor insistía en que todas las primicias debían ofrecerse en sacrificio o ser redimidas. Los primogénitos por derecho pertenecen a Dios, así que todo primogénito humano tenía que ser redimido. En todos los sacrificios de animales, la grasa se quemaba porque también pertenecía al Señor, siendo considerada como la parte más selecta del animal.[11] La mayoría de los comentaristas coinciden en que la calidad de la ofrenda estaba en el centro del problema del rechazo del regalo de Caín.[12] El enfoque aquí está en la intención y la actitud del dador. Lo que estaba en juego era la integridad del regalo.[13] El regalo de

Caín era más común, mientras que el de Abel era de la mejor calidad.[14] La primera escena de esta experiencia de adoración es decepcionante y sorprendente. Sin embargo, la conversación que sigue es aún más intrigante e inesperada.

Dios proporciona una salida

Dios notó la ira y el semblante decaído de Caín, sin embargo es un desafío identificar el enfoque de la ira de Caín. ¿Está enojado con Dios, o con Abel o consigo mismo?[15] Dios le pregunta a Caín: "¿Por qué te has ensañado y por qué ha decaído tu semblante?" (Génesis 4:6.) Un comentarista afirma que un semblante decaído indicaba depresión en lugar de ira. La depresión es la ira vuelta hacia adentro. El Señor está atento a Caín y notó sus expresiones faciales y su postura corporal. Esto indica una preocupación por cómo Caín estaba respondiendo al rechazo de su ofrenda. Dios comenzó a ofrecer "consejo paternal a Caín como una salida antes de que sea demasiado tarde".[16]

El texto no menciona a Adán ni a Eva en esta conversación. Aunque pueden haber estado presentes, no hay indicación de que estuvieran involucrados en esta conversación crucial entre Caín y Dios. No somos conscientes de la formación e instrucción que Adán y Eva pueden haber dado a Caín en cuanto a las maneras apropiadas de presentar una ofrenda al Señor. Es Dios quien involucra a Caín como a un hijo. Dios asume el papel de padre que involucra a Caín en este punto bajo de su vida. Dios está presente y disponible como un padre celestial.

Dios no sólo se involucra sino que interviene una vez que la respuesta de Caín a la corrección es evidente. Le preguntó a Caín: "Si bien hicieres, ¿no serás enaltecido?" (v. 7). La Nueva Biblia Estándar Americana (1995) registra esta pregunta de este modo: "Si haces el bien, ¿no se levantará tu semblante?" Von Rad sugiere que esta frase podría traducirse como "Si haces el bien, te levanta, puedes levantar libremente tu cara".[17] Hamilton, otro comentarista, sugiere esta interpretación de la oración: "El que ahora inclina su cabeza será capaz de mantener la cabeza en alto".[18] Hamilton añade un contraste a las decisiones correctas al agregar: "Mira, si te has comportado bien, estarás tranquilo. Pero si no lo has hecho, el pecado estará acechando a tu puerta."[19]

El pecado ahora se personifica como un actor en la historia. El texto dice: "el pecado está a la puerta; con todo esto, a ti será su deseo, y tú te enseñorearás de él." (Génesis 4:7). La palabra acadia para pecado aquí es *rabiṣu*, que significa varios funcionarios, incluidos los demonios, especialmente aquellos que guardan las entradas de los edificios.[20] El rabino Ben Yashar sugiere traducir el versículo 7 como "¿No es así? Si haces el bien, ahí está el honor debido al primogénito. Si no haces el bien, el pecado se agacha sobre el primogénito". Yashar sugiere que Caín, el primogénito, tiene responsabilidades especiales, especialmente en la adoración. Si las lleva a cabo, disfrutará de los privilegios asociados con su primacía.[21] Dios está diciendo que los demonios están acechando a tu puerta, listos para abalanzarse sobre ti si no dominas este momento. La escena central de esta historia depende de este momento, de esta oportunidad de reconsiderar, de ordenar los pensamientos, de recuperar la compostura. La reacción de Caín ante la desaprobación de Dios es primordial sobre la calidad de su ofrenda. Lo que más importa en este punto es el manejo de las emociones, sentimientos y pensamientos de Caín. Puede cambiar su trayectoria si quiere.

Homicidio en la primera familia

Caín parece ignorar la salida así como las recomendaciones proporcionadas por Dios y se mueve a su manera para resolver las emociones que sintió en ese momento. En lugar de dominar al acechador a la puerta, Caín lo invita a entrar y se somete a la tentación de resolver el conflicto de una manera pecaminosa. El pecado domina a Caín. Caín empeora las cosas. Caín invita a Abel al campo. Mientras están en el campo, Caín ataca a su hermano

Abel y lo mata (Génesis 4:8). Wenham sugiere que la invitación de Caín a Abel para salir al campo fue un esfuerzo por salir del alcance de ayuda y es una prueba de premeditación. En hebreo, las palabras para "atacó" son *wayyāqom qayin*, que significan violencia despiadada por personas privadas. Caín no pudo contener su resentimiento y amargura, y mata al único chivo expiatorio disponible: su hermano Abel.[22]

Honestamente, mi corazón está roto mientras escribo estas palabras. ¿Cómo podría un acto de adoración al único Dios verdadero terminar en el asesinato de un hermano? ¿Dónde se equivoca tanto la primera familia? Esta historia es un recordatorio impactante de que el corazón de cada ser humano es vulnerable al pecado. Si no se domina, tiene el poder de llevarnos a cometer el acto más inimaginable: el homicidio.

Dios investiga un homicidio en la primera familia

Dios prosigue el asunto con Caín a través del interrogatorio, el procesamiento, la acusación, el castigo, la promesa y la redención. A Dios le preocupan los pecados que cometemos unos contra otros, en las familias y en la sociedad en general.[23] Incluso en nuestro pecado y rebelión, Dios, como padre, nos busca fielmente e implacablemente con gracia y misericordia. Su primera pregunta a Caín es: "¿Dónde está tu hermano Abel?" Esta pregunta hace eco a la pregunta que Dios le hizo a Adán cuando mordió la fruta en el jardín del Edén. Dios le preguntó a Adán: "¿Dónde estás?" Obviamente, Dios sabía dónde estaba Adán del mismo modo que sabía dónde estaba Abel. La pregunta de Dios es retórica, diseñada para invitar a Caín a reconocer su responsabilidad hacia su hermano y llamar la atención sobre la relación fraternal.[24]

Caín responde con una descarada mentira. Él dice: "No sé", y sigue esta mentira con una pregunta: "¿Soy yo acaso guarda de mi hermano?" (v. 9). La pregunta de Caín podría entenderse como "¿Soy yo acaso el pastor del pastor?"[25] La palabra para "guardián" es šōmēr, lo que sugiere un término legal para una persona a la que se le ha confiado la custodia y el cuidado de un objeto. En este versículo, el uso de šōmēr puede implicar responsabilidad legal de Caín por Abel. La frase "cuidar" significa no sólo preservar y sostener, sino controlar, regular y ejercer autoridad. La pregunta de Caín parece ser evasiva e indiferente a la responsabilidad de su hermano, que ahora está muerto.[26] Wenham señala que la ley bíblica exigía que un hermano fuera el primero en ayudar, pero Caín parece endurecerse ante esta idea.[27]

Enjuiciamiento y castigo

Dios pasa del interrogatorio al procesamiento. Le preguntó a Caín: "¿Qué has hecho?" (Génesis 4:10). Dios escucha la sangre de Abel clamar desde la tierra. Estas tres palabras plasmadas en una pregunta penetrante representan "toda una teología cuyos principios informan gran parte del derecho penal y cultural de Israel. La vida está en la sangre, por lo que la sangre derramada es la más contaminante de todas las sustancias".[28] La palabra para clamar es sā aq, describiendo con frecuencia el grito de los oprimidos, los sobrecargados, y los agotados israelitas en Egipto o el afligido extranjero, la viuda, o huérfano, así como los gemidos de la víctima inocente que es brutalizada y acosada.[29] La palabra también puede transmitir el grito de hombres sin comida, esperando morir, o el grito de una mujer siendo violada, y la súplica a Dios de las víctimas de la injusticia.[30]

El derrame de sangre es un asunto grave. Según la tradición del Antiguo Testamento, la sangre y la vida pertenecen solo a Dios. Cuando un hombre comete homicidio, ataca el derecho de posesión de Dios. Como tal, la sangre enterrada clama al Señor de la vida.[31] No debemos perder de vista esta verdad. La imagen de Dios, la *imago Dei*, está arraigada en la vida de todo ser humano y proporciona implicaciones para la justicia interpersonal y social.[32] La forma en que nos tratamos unos a otros es importante para Dios.

Cada persona está hecha a la imagen de Dios, es conocida por Dios, incluso el número de cabellos de nuestra cabeza (Mateo 10:30) y es importante para Dios y, por implicación, debe ser de importancia para nosotros. La conversación pasa del procesamiento al castigo. Caín es culpable de homicidio y es indiferente hacia su hermano, Abel.

Dios cambia el tema al castigo. Dios emite una maldición sobre la vocación de Caín, que le impide volver a cultivar la tierra. Caín se convertirá en un inquieto vagabundo por la tierra, sin hogar ni familia—solo. El impacto más profundo de este castigo es el destierro de Caín de su familia. Se rompen todas las relaciones con su familia. Su relación con Dios también se rompe.[33] Como resultado de la desobediencia de Caín, el juicio de Dios tiene graves consecuencias. Caín pierde todo sentido de pertenencia e identificación con una comunidad. Queda desarraigado y desvinculado.[34]

De hecho, la sentencia es tan dura que Caín se opone con agravio. Caín dijo: "Grande es mi castigo para ser soportado" (Génesis 4:13). Caín se opone con cuatro cuestiones: sólo obtendrá escasos resultados de su trabajo, ahora está oculto de la faz de Dios, está destinado a vivir como un nómada y es vulnerable a cualquier agresor que desee hacerle daño. Irónicamente, el hombre que mató a su hermano teme ahora que otro lo mate a él.[35] Parece que el alejamiento de Dios conduce al miedo a los demás.

Otra ironía es que esta historia comenzó con un esfuerzo por acercarse a Dios y termina con una separación de Dios a causa del pecado, el orgullo, la desobediencia y la rebelión.[36] En la rebelión de Caín y la objeción a su castigo, Dios sigue escuchando, sigue flexible, sigue receptivo. Incluso en el juicio y el castigo, Dios interpone gracia y cuidado amoroso. Añadió una promesa de protección a Caín. Dios dijo: "Ciertamente cualquiera que matare a Caín, siete veces será castigado" (Génesis 4:15). Caín no tiene la última palabra en este asunto; la tiene Dios. Él provee protección para Caín.[37] El Señor selló la promesa con una "marca" en Caín para que nadie que lo encontrara lo matara. Si bien no sabemos qué tipo de marca se colocó sobre Caín, los comentaristas sugieren que la marca podría ser una señal del poder de Dios, un símbolo de asociación o un signo de cognición por parte del observador.[38] Después de esta promesa, Caín salió del Edén hacia la tierra de Nod, al este del Edén, para comenzar el resto de su vida. Pero la historia no termina ahí.

Dios redime a la primera familia

Lo que ha ido terriblemente mal no está más allá de la mano redentora de Dios en la historia humana. Caín es expulsado porque violó la ley de Dios. Está destinado a vivir una vida de alienación, pero no sin propósito. Aunque es expulsado, Dios decide bendecirlo también.[39] En su nueva vida, al este del Edén y al oeste de Nod, Caín encuentra una esposa, se acuesta con ella y tienen hijos. Una pregunta común y a menudo no resuelta en esta historia es dónde podría haber encontrado esposa Caín, el primogénito de la primera pareja. Jim Denison luchó con esta pregunta y sugirió que es muy posible que Caín se casó con su hermana.[40] Sin embargo, estas posibilidades generan más preguntas sobre el incesto. Un autor sugiere que las mutaciones genéticas no eran preocupaciones comunes al principio y no estaban prohibidas hasta que se desarrolló la ley mosaica dos mil quinientos años después, estableciendo claramente que el matrimonio entre parientes no estaba permitido.[41]

La nueva misión de Caín en la vida fue convertirse en constructor de ciudades. Enoc, su primogénito, encontró esposa y tuvo a Irad, que tuvo a Mehujael, que tuvo a Metusael, que tuvo a Lamec. Lamec tuvo tres hijos: Jabal vivía en tiendas y trabajaba con ganado; Jubal era músico que tocaba varios instrumentos; y Tubal-Caín era herrero, que trabajaba el bronce y el hierro. Adán y Eva tuvieron un tercer hijo, Set, al reflexionar sobre la pérdida de Abel, y Set engendró a Enós durante una época en la que los hombres comenzaron a invocar el nombre del Señor (Génesis 4:17–26). Algunos comentaristas sugieren que la construcción de la ciudad de

Caín fue un prototipo primitivo de las ciudades de refugio, ya que el homicidio se castigaba con la muerte.[42] Sailhamer sugiere que la parte final de la historia de Caín y sus descendientes constituye el tema del perdón y la redención.[43] Lo que fue destinado para daño se convirtió en un vehículo para el bien y para limitar la violencia y el daño en el mundo a través de la familia y los descendientes de Caín.

Principios para la esperanza familiar

La historia de la primera familia genera varios principios clave para vivir y aplicar a las familias de hoy en día. Estos principios pueden ser aplicados personalmente en nuestra relación con Dios. Los principios también son aplicables a nuestras relaciones interpersonales entre nosotros y los demás. Aquí están algunos a considerar:

El trabajo es bueno. El trabajo de Caín como agricultor y el de Abel como pastor eran igualmente honorables. Todo trabajo es un regalo de Dios, lo que significa que todo trabajo es honorable y bueno. Otra palabra para *trabajo* es *vocación*, de la palabra latina *vocare*, que significa "llamar". Algunas personas se refieren a su trabajo como un llamado. Hay un sentido en el que Dios nos llama a una relación personal con él que incluye la confesión del pecado, la admisión de que necesitamos un salvador y un compromiso de fe de confianza en su provisión de gracia para nosotros a través de la vida de su hijo, Jesucristo. Esta relación de fe redime todo lo que Dios quiso para cada uno de nosotros y puede expresarse en el trabajo que estamos llamados a realizar.

No estoy limitando este llamado a un llamado al ministerio vocacional reservado para ministros y pastores, sino a una vocación de vida conectada al propósito redentor de Dios en la historia humana. Así es como el apóstol Pablo expresó un llamado a trabajar: "Porque por gracia ustedes han sido salvados mediante la fe. Esto no procede de ustedes, sino que es el regalo de Dios y no por obras, para que nadie se jacte. Porque somos hechura de Dios, creados en Cristo Jesús para buenas obras, las cuales Dios dispuso de antemano a fin de que las pongamos en práctica." (Efesios 2:8–10 NVI). Dios planeó de antemano el trabajo que estamos llamados a hacer. El trabajo es una bendición cuando nos damos cuenta de que nuestro trabajo se conecta con la obra redentora de Dios en la historia humana. Esto significa que nuestro trabajo es importante para Dios. Cuando trabajamos con esta perspectiva, buscamos y encontramos a Dios en nuestro trabajo, lo que nos permite sentirnos alentados y entusiasmados en su presencia, incluso en los días malos.

Dios nos involucra diariamente. Incluso hoy en día, Dios sigue comprometiéndose e interviniendo cuando respondemos a su instrucción, leyes y mandamientos de manera negativa y rebelde. De la misma manera que Dios involucró a Caín, él nos habla a través de su Espíritu para incitarnos, recordarnos y empujarnos a responder mejor, a comportarnos mejor, y seguir un camino mejor. Él es bueno, un buen padre que nos persigue cuando nos extraviamos.

Dios proporciona una salida. Había una salida si Caín hubiera hecho una pausa, contado hasta diez, reconsiderado, reflexionado y permitido que el consejo y la sabiduría de Dios penetraran hondo. ¿Cuántas veces entabla Dios una conversación con nosotros en estos momentos clave, al borde del conflicto y el desastre familiar? En un vuelo, conocí a otro pasajero de viaje. Le hablé de mi trabajo. Parecía escuchar atentamente mi historia. Después del vuelo, me entregó un papelito. Lo guardé en mi bolsillo para leerlo más tarde. Cuando llegué al hotel, empecé a ponerme cómodo y a prepararme para los asuntos del día siguiente. Saqué del bolsillo de mi camisa el papelito que me había dado el joven y leí estas palabras: "1 Pedro 5:8". Este versículo dice: "Sed sobrios y velad; porque vuestro adversario el diablo, como león rugiente, anda alrededor buscando a quien devorar". Nunca volví a ver a este joven, ni recuerdo su cara, pero nunca he olvidado la nota que me dio. Sentí como si tratara de advertirme, a pesar de que fuéramos desconocidos. Me tomé muy a pecho su mensaje y lo reconocí como un mensajero de Dios.

Dios alienta el dominio sobre nuestras emociones. Satanás y sus demonios están enfocados en destruir lo que fue hecho para el bien, incluso en la adoración. El orgullo, la envidia, los celos, la ira y la rabia son venenos que invaden nuestras relaciones familiares y pueden terminar en un desastre si no se dominan. Estas emociones y acciones humanas desgarran el tejido de la comunidad en las relaciones más íntimas. El apóstol Pablo escribió estas palabras a los cristianos en la iglesia de Éfeso animándolos a despojarse de estas acciones, como quitarse las vestiduras exteriores y reemplazarlas con las vestiduras de la nueva vida en Cristo: "Abandonen toda amargura, ira y enojo, gritos y calumnias, y toda forma de malicia. Más bien, sean bondadosos y compasivos unos con otros, y perdónense mutuamente, así como Dios los perdonó a ustedes en Cristo" (Efesios 4:31-32). La decisión de deshacernos de estas emociones y acciones que resultan en pecado es un acto de la voluntad. Es una elección que debemos hacer a diario, y a veces momento a momento. No tomar las decisiones correctas en estos puntos de inflexión podría llevarnos a una pendiente resbaladiza de pecado y consecuencias impensables. Incluso en nuestro pecado, Dios continúa persiguiéndonos.

Somos responsables los unos de los otros. Esta es la fibra de las relaciones en comunidad. No recuerdo cuándo comprendí que era responsable de mis dos hermanos y ellos se hicieron responsables de mí. Esto es algo que nuestros padres constantemente nos comunicaban, enseñaban y esperaban de nosotros. La pregunta "¿Dónde está tu hermano?" resuena en mi mente a pesar de que mis hermanos y yo tengamos cincuenta y sesenta años, tengamos nuestras propias familias y vivamos en ciudades diferentes. Les llamo con regularidad, a veces semanalmente y al menos una vez al mes. A mi madre, que ahora es viuda, le llamo semanalmente, a veces más de una vez por semana. Nos mantenemos en contacto. No puedo imaginar otra forma de vivir. También llamo a mis cuñados y a mi suegra, aunque no con tanta frecuencia. ¿Por qué? Porque me siento responsable.

Soy responsable. Ellos son mi familia. No puedo entender que unos hermanos no se hablen desde hace meses o años. Esto no computa con mi forma de entender lo que significa ser familia.

Nombramos a nuestro hijo menor Thomas Rafael Reyes en honor a un colega de ministerio que ha impactado la mayor parte de mi vida adulta y ministerio, el Dr. Thom Wolf. Le llamamos cariñosamente hermano Thom o doctor Thom. A lo largo de los años, hemos tenido ocasiones de relacionar a nuestro Tommy con el hermano Thom en nuestra casa. El hermano Thom tomó muy en serio nuestra decisión de ponerle su nombre a Tommy. Cuando Tommy tenía unos tres años, le hizo a mi esposa, Belinda, una pregunta intrigante después de que el hermano Thom se marchará de nuestra casa en San Antonio tras una breve visita. Preguntó: "Mami, ¿el hermano Thom me pertenece?" Ella respondió: "Sí, él te pertenece y tú le perteneces a él". Esto pareció satisfacer su mente inquisitiva.

La verdad es que estamos en relaciones unos con otros en comunidad y nos pertenecemos unos a otros. Somos responsables los unos de los otros. Esta es la esencia de la familia y las relaciones familiares. Esta puede ser una pista sobre el significado de la conversación entre Dios y Caín sobre el asesinato de Abel. Dios continuó la conversación con Caín para hacerle comprender la gravedad de sus acciones y para inculcarle su responsabilidad hacia su hermano.

La gracia de Dios abunda. En el momento de este trágico homicidio en la primera familia, no podía imaginar un solo resultado bueno. Un comentarista afirma que el final de esta historia constituye el perdón de Dios para Caín, aunque no sin consecuencias. La gracia aparece en el primer lugar del texto del Antiguo Testamento, en lugar de retrasarse o asignarse únicamente al Nuevo Testamento.[44] La primera familia humana es destrozada por lo mismo que la expulsó del jardín del Edén: el pecado. El pecado, nuestra elección de rebelarnos contra el carácter de Dios, la ley de Dios, las normas de vida que nos ha dado, crea consecuencias de la peor magnitud, incluso el homicidio. El pecado, la desobediencia y la rebelión no pueden subestimarse en lo que se refiere a familias sanas y eficaces. Amenaza el núcleo de nuestra existencia. Envenena y mata nuestras relaciones. Es un león agazapado a la puerta de cada familia, listo para abalanzarse, matar, robar y destruir todo lo que Dios ha destinado para el bien. Sin embargo, el don de la gracia de Dios ayuda a redimir a las familias incluso cuando suceden cosas terribles. La gracia de Dios proporciona perdón, restauración, reconciliación y un camino a seguir en las relaciones familiares, incluso cuando las consecuencias son permanentes. El don de Dios de una familia está destinado a bendecir, no a maldecir. El plan de Dios es que vivamos en armonía en familias.

Las familias son para la comunidad. Las familias se crean para la comunidad y las relaciones, para siempre. Cómo nos relacionamos unos con otros importa. Cómo nos tratamos importa. Importa cómo nos vemos unos a otros. Importa cómo nos entendemos y vivimos un sentido de pertenencia y responsabilidad por el bienestar de cada persona. Este es el diseño de Dios para las familias. Pero incluso cuando fallamos y saboteamos nuestra propia existencia como familia, el brazo redentor de Dios no es tan corto que no puede llegar a nuestro desorden y traer un mensaje de esperanza y redención. El profeta Isaías dijo: "La mano del Señor no es corta para salvar, ni es sordo su oído para oír" (Isaías 59:1).

Resumen

Si su familia está pasando por una lucha, un problema, un conflicto mayor, apele al Señor y ponga el asunto en sus manos. Ore por sabiduría, por ayuda, por resolución. Ore para que un milagro invada a su familia. Ore por "fortaleza para hoy y esperanza brillante para mañana".[45] Sepa esto: su brazo no es tan corto que no pueda alcanzarle e intervenir. Su oído está más atento al clamor de su corazón de lo que se imagina. Él está escuchando y responderá. Él nunca duerme. Siempre está velando por los suyos, como debería hacerlo un buen padre. Usted no eligió a su familia. Dios lo hizo. Él eligió a su familia con una razón y con un propósito. Confíe en que él tomará lo que estaba destinado al mal y ore para que lo convierta en bien—para usted, para los demás, para su nombre, su voluntad y su reino. Mi aliento para usted y su familia se basa en las promesas de Dios. Él siempre cumple sus promesas. Exploremos cómo cumple sus promesas con la familia prometida.

Preguntas para reflexionar

1. ¿De qué manera le sorprende que el primer homicidio en la historia de la humanidad comenzó como un servicio de adoración?
2. ¿Cómo se conecta la adoración con las relaciones familiares?
3. ¿Cómo sabemos que Caín tuvo una salida para evitar matar a su hermano Abel?
4. ¿Cómo se ve la gracia de Dios en la vida de Caín?
5. ¿Cómo sabemos que Dios puede llevar a cabo su propósito a través de nosotros, incluso cuando pecamos?

Capítulo 4

LA FAMILIA PROMETIDA

Abraham, la primera generación de la promesa

> Mantengamos firmes la esperanza que profesamos,
> porque fiel es el que hizo la promesa.
> —Hebreos 10:23

¿Alguna vez ha hecho una promesa y luego ha hecho todo lo posible por cumplirla? Las promesas parecen sagradas, como un voto. Es el acto de dar su palabra de que hará algo y luego hacerlo. Dios también hace promesas y las cumple. Hizo muchas promesas a un hombre llamado Abram y a su familia.

La familia prometida comienza con el llamado de Abram en Génesis 12. Algunos dicen que Génesis 12 podría ser el primer capítulo de la Biblia con los once capítulos anteriores como introducción.[1] Antes del llamado de Abram, el escritor del Génesis relata la historia de Noé y sus hijos: Sem, Cam y Jafet en Génesis 5 y el diluvio en Génesis 6 al 9. En Génesis 10, aparece una lista de la tabla de naciones de las familias de Sem, Cam y Jafet. En Génesis 11, se desarrolla la historia de la Torre de Babel, donde los habitantes de la tierra compartían una misma lengua en la llanura de Sinar, en el actual Irak. La visión del pueblo que se estableció allí está registrada como "Vamos, edifiquémonos una ciudad y una torre, cuya cúspide llegue al cielo; y hagámonos un nombre, por si fuéremos esparcidos sobre la faz de toda la tierra" (Génesis 11:4). Dios tenía otros planes para confundir su lengua y dispersar a la gente por toda la faz de la tierra. La historia de la familia prometida y el llamado de Abram es un regalo para la gente de la tierra en medio del fuerte juicio de la humanidad en Babel.[2] Entre las personas dispersas por toda la tierra estaba Taré, el padre de Abram. Taré tomó a su hijo Abram, a Sarai, esposa de Abram, y a su nieto Lot, hijo de Harán, y partió de Ur de los caldeos para ir a Canaán, pero se estableció allí en Harán.

Una avalancha de bendiciones

El llamado de Abram es uno de los acontecimientos migratorios más significativos de la historia de la humanidad.[3] A través de esta migración humana surge el propósito y el plan de Dios para su pueblo. Se necesitaba una tierra para una nación de personas que hicieran rectitud y justicia.[4] Dios prometió hacer nacer una nación de un hombre e introdujo su plan de redención para el mundo entero a través de Abram.[5] El llamado de Abram incluye la promesa de una bendición si Abram obedece. Un comentarista se refiere a la promesa como "una avalancha de bendiciones", que incluía tierra, una nación de la descendencia de Abram y recursos inimaginables. El camino de la vida y la bendición que una vez estuvo marcado por el Árbol del Conocimiento del Bien y del Mal, y luego por el arca de Noé, ahora está marcado por la identificación con Abram y su descendencia.[6] La bendición promete un plan de redención para las naciones dispersas y se extiende a todo el mundo.[7]

En esta época de la historia humana, la organización social de las personas existía en forma de tribus, que eran las mayores unidades de organización social. Una tribu estaba formada por clanes en los que el parentesco y la geografía servían para identificar a un grupo de personas. El clan desempeñaba un papel intermedio entre la tribu y la familia nuclear. La familia era el hogar del padre, la unidad más pequeña y más importante para un individuo. El padre era el jefe sobre las esposas y las hijas solteras, y gobernaba el comportamiento individual con implicaciones para toda la familia. Dios llamó a Abram a cortar lazos con la unidad social más importante de su vida, su familia. La orden exigía que Abram abandonara su hogar en el norte de Mesopotamia.[8] El llamado de Abram comenzó con un mandato respaldado por varias promesas de Dios que superaban el requisito de la obediencia.[9] La respuesta de Abram fue la obediencia al mandato de Dios de abandonar su país natal e ir a un lugar que Dios le mostraría. Aunque un mandato sería motivo suficiente para obedecer, las promesas que Dios le hizo a Abram proporcionaron numerosas motivaciones para seguir las instrucciones de Dios de trasladarse a una tierra desconocida hasta ese momento.

La promesa de la tierra. La primera promesa es una promesa de tierra. Dios le dijo a Abram: "Deja tu tierra, tus parientes y la casa de tu padre, y vete a la tierra que te mostraré" (Génesis 12:1). La única hoja de ruta que tenía Abram era este mandato de obedecer. No se especificaba la tierra, no se especificaba la dirección, y todo lo que Abram tenía era una palabra del Señor en forma de un mandato que debía obedecer.[10] Abram es llamado a dejar el pasado y confiar a Dios el futuro. Irse es un acto de lealtad y voluntad de actuar y obedecer un mandato con la promesa de una tierra en el futuro.

La promesa de una nación. La segunda promesa es la promesa de un nuevo pueblo. Dios dijo a Abram: "Haré de ti una nación grande, y te bendeciré" (Génesis 12:2). La promesa de Dios depende de que se abra o cierre el vientre de Sarai, la esposa de Abram. Lo que parece imposible para Abram es posible para Dios. La promesa implica un pueblo vigoroso y distinguido. El cambio a una "gran" nación implica una tierra, una nación, un estatus, una estabilidad, un gobierno y un territorio donde esta promesa se manifestará.[11] Esta promesa incluye un pueblo que será bendecido con riquezas, ganado robusto, metales preciosos, oro, plata, mano de obra humana, esclavos y extranjeros.[12] La bendición en términos humanos también significa bienestar, larga vida, paz, buena cosecha e hijos.[13] La bendición llevará consigo aumento material, fecundidad física e innumerable descendientes.[14] Dios cumplirá esta promesa como la segunda entrega de la avalancha de bendiciones. Sólo Dios es la fuente de toda buena fortuna. Lo que los seculares modernos llaman buena suerte, los testigos del Antiguo Testamento lo llaman bendición.[15]

La promesa de un gran nombre. Dios promete a Abram: "haré famoso tu nombre" (v. 2). Esta promesa contrasta con la visión del pueblo reunido en Sinar de construir la Torre de Babel y hacerse un gran nombre. El poder para hacerlo está en las manos de Dios, no en el esfuerzo humano. A lo largo de las generaciones, la influencia de Abram ha impactado el judaísmo, el cristianismo y el islam como religiones mundiales.[16] Hay un propósito y una misión en ser bendecidos en la siguiente promesa.

La promesa de ser una bendición. Dios le dijo a Abram: "y serás una bendición" (Génesis 12:2). Abram se convertirá en la personificación de la bendición de Dios. Él será la fuente de toda bendición para las familias humanas.[17] El Señor es el dispensador de la bendición,[18] y Abram se convirtió en receptáculo y transmisor de la bendición de Dios.[19] La bendición es inmutable y es capaz de bendecir y maldecir. El impacto de la bendición a través de Abram no se limita al propio bien de Abram, sino que se extiende también a otras personas, incluso más allá de la familia y la descendencia de Abram.

La promesa de bendición y maldición. Dios le dijo a Abram: "Bendeciré a los que te bendigan, y maldeciré a los que te maldigan" (v. 3). Esta promesa es como las dos caras de una misma moneda. El propósito general de Dios es bendecir a Abram y bendecir a otros a través de él. La amenaza de una maldición frustra cualquier esfuerzo por deshacer la intención de Dios de bendecir a las naciones y familias de la tierra.

La promesa de bendecir a las naciones. Dios dijo a Abram: "¡por medio de ti serán bendecidas todas las familias de la tierra!" (v. 3). La avalancha de bendición tiene como objetivo toda la tierra y todos sus habitantes de cada tribu, lengua y nación. El gran final de la avalancha de bendiciones es que todos los clanes, pueblos y familias de la tierra serán bendecidos a través de Abram.[20] Los apóstoles Pedro y Pablo hacen eco de esta promesa en el Nuevo Testamento.[21] La parte final de la bendición prometida a Abram expresa el plan de redención de Dios para toda la humanidad.

Respaldando las promesas

Abram hizo lo que el Señor le ordenó, y Lot se fue con él. Abram y su esposa Sarai partieron con todas sus pertenencias hacia Canaán. Se detuvo en Siquem y construyó allí un altar al Señor. Hizo lo mismo en Betel y luego partió hacia el desierto del Neguev. Como había una hambruna en el Neguev, Abram viajó a Egipto. El faraón de Egipto expresó interés por Sarai. Abram le dijo a Sarai que dijera que él era su hermano por temor a su vida. El faraón llevó a Sarai a su palacio por su impresionante belleza. Luego sufrió una enfermedad y se enteró que Sarai era en realidad la esposa de Abram. El faraón llamó a Abram para enfrentarse a él y lo despidió con ovejas, ganado, asnos, sirvientes y camellos (Génesis 12:4–20). Abram y Lot se separaron. Lot decidió trasladarse cerca de Sodoma y Gomorra, mientras que Abram se estableció en la tierra de Canaán. Lot se convirtió en cautivo de los reyes en conflicto en Sodoma y Gomorra y fue rescatado por Abram. A raíz de estos acontecimientos, Abram empezó a preguntarse por las promesas de Dios.

Incluso con la abrumadora avalancha de promesas de Dios, Abram se enfrenta a la realidad de su avanzada edad y de su esposa estéril. Abram, que en ese momento no tiene hijos, se pregunta si Dios pretende que las bendiciones lleguen a través de Eliezer, el siervo de Abram. Todas las tiendas que rodeaban la tienda de

Abram resonaban con los gritos y ruidos de los hijos de los demás hombres de su campamento.[22] Las voces de los niños servían de telón de fondo a las promesas de un niño por venir. Morir sin hijos y no dejar ningún descendiente en la tierra es un destino de extrema tristeza. Por lo tanto, la seguridad de la presencia de Dios, en vista de la falta de hijos de Abram, traía muy poca esperanza y alegría.[23]

Dios responde a las preocupaciones de Abram enviando "la palabra del Señor . . . a Abram en una visión" (15:1). Esta frase indica una revelación profética.[24] Una visión de este tipo se produciría normalmente por la noche.[25] El Señor dijo a Abram: "No tengas miedo, Abram. Yo soy tu escudo y muy grande será tu recompensa" (Génesis 15:1). La exhortación a no temer indica un mensaje de salvación y pretende animar y consolar a un hombre que no tiene hijos.[26] Dios salvará y le dará un hijo. La idea de que Dios es un escudo es una metáfora militar. Dios es un escudo para las personas fieles.[27] Abram tendrá la protección de Dios en todas las cosas.[28] Dios le recuerda a Abram que es su benefactor y que cumplirá sus promesas.[29]

La respuesta de Abram da paso a la primera vez que Abram habla con Dios en su experiencia del llamado. En anteriores encuentros con Dios, Abram se limitaba a escuchar y obedecer. Ahora habla y plantea preguntas: ¿Qué me puedes dar de estas promesas sin un hijo? ¿Será Eliezer, mi siervo, quien herede mis bienes? Abram aborda el tema central de Génesis 15: la tardanza de Dios en cumplir sus promesas. Hay una demora y una necesidad de esperar con esperanza.[30] La respuesta del Señor es rápida y directa. Responde a Abram y le dice que Eliezer no será su heredero y que un hijo de su propio cuerpo será su heredero.

Entonces Dios invitó a Abram a salir de su tienda para ver una imagen en el cielo. Le dijo: "Mira hacia el cielo y cuenta las estrellas, a ver si puedes." (v. 5). La palabra "mira" traducida significa "mirada larga". Se necesitará una larga mirada para captar y contar el número de estrellas que hay en el cielo. Aún así, será imposible contarlas.³¹ Luego dijo a Abram: "¡Así de numerosa será tu descendencia!" (v. 5). La respuesta de Dios a Abram implica un período de espera. Abram tendrá que esperar una promesa divina que ya está y que aún no está en realidad. En otras palabras, la promesa divina de Dios asegura que la promesa se cumplirá y, en ese sentido, ya existe aunque no se haya cumplido cronológicamente. Un comentarista dijo: "La fe [es] esperar que Dios 'cumpla' sus promesas". Ante la imposibilidad de un embarazo de una esposa envejecida, Dios informa a Abram de que sucederá.³² Abram no sólo será padre de un hijo, sino también padre de una multitud de descendientes, tantos que no podrá contarlos.³³ Abram debe confiar en que Dios cumplirá su promesa en lugar de hacer lo que pueda para obtener la promesa de Dios.

Se trata de la aceptación confiada de una promesa divina como un acto de fe.³⁴ Un comentarista dijo: "Es en situaciones de crisis cuando la fe o la falta de ella se revela".³⁵ Abram respondió con preguntas adicionales y la petición de más pruebas. El Señor hizo un pacto con Abram y le prometió a él y a sus descendientes la tierra entre el río Nilo y el río Éufrates, habitada por diez tribus.

Esperando las promesas

En Génesis 16, encontramos que diez años resultaron demasiado tiempo para que Sarai esperara la promesa de Dios. Ella decidió traer sus propios recursos y tomar medidas para ayudar a Dios a cumplir su promesa a Abram.³⁶ Sarai era propietaria de una esclava egipcia llamada Agar, cuyo nombre significa "huir" en árabe.³⁷ Se supone que Agar fue un regalo del faraón a Sarai cuando estaba en su palacio. Dado que era un regalo del faraón, Agar habría sido de una belleza y capacidad superiores para servir como persona de talento.³⁸ La acción de Sarai se centra en persuadir a Abram de que lleve a Agar a su tienda para mantener relaciones sexuales y producir un heredero, puesto que a su edad ya no tenía esperanzas de ser madre.³⁹ Sarai se enfrenta a la realidad de que durante los últimos diez años sus órganos reproductores no han funcionado.[40] Un comentarista sugirió que la acción de Sarai estaba a la altura del intento de Eva de ser como Dios: un intento de eludir el plan de bendición de Dios a favor de asegurar su propia bendición. Desafortunadamente, el plan de Sarai no contó con la aprobación de Dios.[41]

Aun así, la acción de Sarai era algo común en su época. No había mayor dolor para una mujer israelita u oriental que la falta de hijos. Von Rad informa que las costumbres legales generalizadas en aquella época incluían que la esposa llevara al matrimonio su propia doncella personal, que no estaba disponible para su marido como concubina de la misma manera que lo estaban sus propias esclavas. Si ella entregaba su sirvienta personal a su marido, en caso de no tener hijos, el hijo nacido de la sirvienta se consideraba hijo de la esposa. El esclavo nacía "sobre las rodillas de la esposa", de modo que el niño procedía simbólicamente del vientre de la propia esposa. Von Rad concluye que, desde una perspectiva legal y moral, la propuesta de Sarai era totalmente conforme a la costumbre.[42] De hecho, según los antiguos contratos matrimoniales asirios, si en los dos años posteriores al matrimonio la esposa no ha producido descendencia para el marido, sólo ella puede comprar una sirvienta y, aún más tarde, después de procurarle de algún modo un infante, puede vender a su sirvienta cuando le plazca.[43]

Una explicación rabínica para las acciones de Sarai era que la esterilidad después de un período de diez años era motivo de divorcio según la costumbre del Antiguo Oriente Cercano.[44] De la misma manera que Abram entregó a Sarai al faraón, ahora Sarai entrega a Agar a Abram. El donante Abram se convierte en Abram el receptor y Sarai el peón, se convierte en Sarai la iniciadora. Agar no tiene elección. Es tomada y luego entregada. Ella se convierte en un instrumento en esta narración familiar.[45] Incluso si esta práctica era normativa en la época de Sarai, ¿era prudente? ¿Necesitaba realmente Dios su ayuda para cumplir su promesa a Abram? ¿O eligió

Sarai no confiar en Dios y creerle y tomarle la palabra? ¿Se le acabó el tiempo para cumplir las promesas de Dios y se precipitó a actuar?

Esquemas en lugar de promesas

Sarai elaboró un esquema para evitar la promesa divina con una solución humana, dando Agar a Abram para que engendrara un heredero.[46] Mientras Sarai es anciana y estéril, Agar es joven y fértil, y concibió un hijo. El plan de Sarai genera consecuencias imprevistas. El primer problema es que Agar desprecia a Sarai.[47] Despreciar a alguien era considerar a alguien a la ligera. El estatus de Sarai fue rebajado en la estima de Agar.[48] Sarai naturalmente sintió esta disposición en su sirvienta, se enojó increíblemente con los resultados de su propio plan,[49] y culpó a Abram por la situación. Sarai apeló al Señor para arreglar el asunto. Sarai le dijo a Abram: "¡Tú tienes la culpa de esta injusticia! Yo puse a mi esclava en tus brazos y ahora que se ve embarazada me mira con desprecio. ¡Que el Señor determine quién tiene la culpa, si tú o yo!" (Génesis 16:5). No hay ningún indicio en el registro bíblico de que Abram tuviera algún interés en Agar.[50] Abram respondió enviando a Agar de regreso con su ama y le dijo: "Tu esclava está en tus manos; haz con ella lo que bien te parezca" (v. 6 NVI).

Las emociones de Sarai se apoderaron de ella y dieron lugar en un duro trato hacia Agar. El texto indica que Sarai impuso un castigo severo y humillante a Agar hasta el punto de que Agar decidió huir.[51] Dods sugiere que Sarai no reconoció que Agar era una mujer con esperanzas y sentimientos, una vida propia. Como tal, Sarai optó cometer un agravio contra ella.[52]

Este cambio en la historia sitúa la procreación en lugar del compañerismo como el propósito central del matrimonio, lo que tiene consecuencias negativas.[53] La segunda consecuencia de este esquema es que una esclava fugitiva se llevó al desierto al único hijo concebido y percibido como heredero de Abram, una acción justificada por parte de Agar dado el duro trato que experimentó.[54]

Sarai se aprovechó de su poder sobre Agar, una mujer extranjera, y complicó su problema de esterilidad.[55] La consecuencia final y más duradera es que Ismael, el hijo de Agar, se convirtió en rival y amenaza para Sarai e Isaac, el hijo prometido.[56] Dods afirma que "poco pensaba [Sarai] cuando persuadió a Abram para que tomara a Agar que estaba originando una rivalidad que ha corrido con la más viva animosidad a través de todas las épocas y que océanos de sangre no han apagado". Queda claro que de un solo hombre surgieron dos religiones mundiales: el cristianismo y el islam, su rival.[57] Como agua en cascada, la aparente solución de un problema da comienzo a otro problema y, a su vez, a otro.[58] El precio de elegir no esperar en Dios, no creer en sus promesas e insertar las propias acciones en los planes de Dios trajo consecuencias devastadoras. Sin embargo, hay esperanza incluso en las circunstancias más difíciles de la vida y en algunos de los lugares más inesperados.

Esperanza en el desierto

Agar huyó hacia el único lugar que conocía como su hogar: Egipto. Se abrió camino por el desierto hacia la frontera egipcia[59] y se detuvo en un conocido oasis entre Cades y Bered, para reflexionar sobre su situación.[60] El pozo se encuentra cerca de Cades-Barnea, en el desierto de Zin, al suroeste del mar Muerto. Pieters plantea las preguntas que Agar pudo haber considerado en el pozo: "¿Adónde voy ahora? ¿Quién querría una esclava fugitiva? ¿Quién cuidaría de una esclava fugitiva y embarazada?"[61] En este pozo, el ángel del Señor se aparece a Agar y le pregunta: "¿De dónde vienes tú y adónde vas?" (Génesis 16:8). Agar responde sinceramente diciendo: "Huyo de delante de Sarai mi señora" (v. 8). El ángel del Señor le dio a Agar instrucciones específicas: "Vuélvete a tu señora y ponte sumisa bajo su mano. . . . Multiplicaré tanto tu descendencia, que no podrá ser contada a causa de la multitud" (vv. 9–10). El ángel también dijo: "He aquí que has concebido, y darás a luz un hijo, y llamarás su nombre Ismael, porque Jehová ha oído tu aflicción. Y él será hombre fiero; su mano será contra todos, y la mano de todos contra él, y delante de todos sus hermanos habitará" (vv. 11–12).

Agar obedeció al ángel y llamó a su hijo Ismael, que significa "Dios ha oído".[62] También dio un nombre a Dios, que salió a su encuentro en el pozo y habló a través de un ángel. Llamó a Dios "el Dios que me ve" y llamó al pozo "Beer Lahai Roi", el pozo del Dios que me ve. Agar confesó: "Ahora he visto a Aquel que me ve" (vv. 13–14).

Este encuentro parece haber sido una experiencia impactante. Sin embargo, Pieters sugiere que Agar, que vivía en el campamento de Abram, muy probablemente oyó a Abram hablar de Dios y de la fe en él.[63] El ángel del Señor proporcionó una palabra oportuna a una persona muy orgullosa y la animó a hacer lo correcto.[64] La fugitiva Agar dio muestras de un encuentro con Dios a través del arrepentimiento y su acuerdo de obedecer y regresar con Sarai para someterse a ella.[65] Incluso al borde del desierto, una esclava fugitiva embarazada, alejada de la única familia que conocía, encontró esperanza y propósito para su vida y, lo más importante, una relación con Dios. Abram tenía ochenta y seis años cuando nació Ismael. ¿Cómo seguirá desarrollándose la historia de esta familia a medida que Ismael crezca en este singular entorno familiar?

Elegido para un pacto

Trece años más tarde, cuando Ismael era un adolescente, Dios se apareció de nuevo a Abram y le habló. Durante los últimos trece años, Abram no había recibido ninguna palabra, ninguna comunicación directa, ni ningún tipo de mensaje de Dios. Se quedó en un estado de suspenso e incertidumbre sobre el futuro.[66] Esta vez Dios ordenó a Abram "anda delante de mí y sé perfecto". Dios habló a Abram y le confirmó su pacto de engrandecer a su familia. Le dijo: "Y te multiplicaré en gran manera" (Génesis 17:1–2). En esta ocasión, el compromiso de Dios con Abram incluyó un encuentro de adoración, un pacto confirmado, un cambio de nombre para

Abram y el desarrollo de una familia prometida. El nombre que Dios usó para sí mismo en este intercambio con Abram fue El Shaddai. La Septuaginta traduce el significado de este nombre como "Dios Todopoderoso"; sin embargo, traducciones más recientes sugieren que este nombre también podría significar "Dios sabe todo".[67] Tal vez Abram necesitaba saber que Dios sabe todo lo que hay que saber sobre sus circunstancias.

Al oír la voz de Dios, la promesa de un pacto y los requisitos de obediencia, Abram cayó boca abajo, el tipo de comportamiento que se demuestra ante un superior.[68] Dios estableció su pacto con Abram. Hasta ahora, la palabra *pacto* significaba que Dios hacía una promesa unilateral sin ninguna exigencia por parte del receptor. Aquí, por primera vez, Dios impone requisitos a Abram para que se cumpla el pacto, marcando una verdadera asociación entre Dios y el hombre.[69] El pacto incluía numerosos descendientes, una relación permanente de los descendientes de Abram con Dios como pueblo propio de Dios, y toda la tierra de Canaán para una posesión eterna.[70] La parte del pacto que corresponde a Abram incluye el acto de "andar delante de mí" y "ser perfecto". Abram debe seguir el mandato de Dios en completa obediencia como respuesta correcta al pacto de Dios, que incluye la observancia del sábado, la abstinencia de comer sangre y la circuncisión.[71] Este es un momento especial que se convierte en un memorial del pacto de Dios con Abram.

Para conmemorar el pacto, Dios cambió el nombre de Abram por el de Abraham. *Abraham* significa "padre de muchas naciones", lo que indica que la bendición de Dios se canalizará a través de Abraham a toda la humanidad.[72] Es la primera vez en las Escrituras que se cambia el nombre de una persona.[73] Pero aún más significativo es el énfasis en Abraham como instrumento elegido para el propósito de Dios. En tres ocasiones, Dios utiliza el sufijo pronominal *ka* por *tú* en la promesa del pacto dirigida a Abraham. Dios dice: "Y te ... haré naciones de ti ... saldrán ti." Abraham es claramente el hombre que Dios ha elegido para este pacto.[74] Sarai, en su vejez, iba a ser la persona a través de la cual se demostraría que sólo Dios podía cumplir su promesa del pacto.[75] También se cambió el nombre de Sarai. Dios ordenó a Abraham que ya no se refiriera a su esposa como Sarai, sino que a partir de ahora ella se llamaría Sara, la madre de las naciones. De su vientre saldrían reyes de pueblos (Génesis 17:15–16). Dios inició el pacto con Abraham, lo mantiene y lo lleva a cumplimiento.

En tres ocasiones (vv. 7, 13, 19), Dios dice que el pacto tiene un plazo eterno.[76] Aun así, Abraham, después de oír que Sara le daría un hijo a los noventa años y le pondría por nombre Isaac (vv. 19–22), todavía se esforzaba por creer lo que estaba oyendo. Volvió a caer boca abajo, se rió y se dijo: "¿A hombre de cien años ha de nacer hijo? ¿Y Sara, ya de noventa años ha de concebir?" (v. 17). Sus pensamientos se dirigieron hacia Ismael, el hijo que ya tenía. Abraham pidió a Dios, en ese increíble momento, que permitiera a Ismael vivir bajo la bendición de Dios. Dios accedió, pero rápidamente desvió la atención de Abraham hacia el hijo prometido, Isaac.

El nombramiento de Isaac es otra conmemoración del pacto de Dios con Abraham. Dods observó que tanto la incredulidad como la risa se mezclan en esta historia. "Son los que esperan cosas tan incongruentes y tan imposibles para la naturaleza sin ayuda, que sonríen incluso mientras creen, los que un día encontrarán sus esperanzas cumplidas y sus corazones rebosando de alegre risa". Dods llegó a la conclusión de que si nuestros corazones se fijan sólo en lo que puede lograrse por nosotros mismos, ninguna gran alegría podrá ser nuestra. Sin embargo, si enmarcamos nuestra esperanza de acuerdo con la promesa de Dios, un día podremos decir: "Dios me ha hecho reír".[77] La fe se convierte en la firme persuasión de que estas cosas son así, y tal entusiasmo proporciona una medida de independencia y puede ser visto por un mundo incrédulo como locura.[78] Abraham y Sara encontraron una gran alegría en su futuro incluso a su edad.

LA FAMILIA PROMETIDA

Transición a Beerseba, tierra de los filisteos

La siguiente escena de la familia prometida, en Génesis 18, incluye una visita de tres hombres al campamento de Abraham cerca de Mamre. El Señor habló a Abraham mientras Sara escuchaba y dijo que Sara daría a luz un hijo en un año. Sarah se rió y se preguntó cómo sería posible. El Señor planteó esta pregunta: "¿Hay para Dios alguna cosa difícil?" (Génesis 18:14).

Tras la promesa de Dios de dar un hijo a Abraham a través de Sara, Abraham se enteró de los planes del Señor de destruir Sodoma y Gomorra. Abraham suplicó al Señor que perdonara a las ciudades si podía encontrar diez personas justas. Lamentablemente, Abraham no pudo encontrar a diez ciudadanos que vivieran una vida justa. Tanto Sodoma como Gomorra y todos sus ciudadanos fueron destruidos por el fuego debido a su vida malvada.

En Génesis 20, Abraham se trasladó a la región del Neguev entre Cades y la tierra de Shur. Abraham volvió a presentar a Sara como su hermana y no como su esposa por miedo a la muerte a manos del rey Abimelec, coleccionista de mujeres hermosas. Abimelec llamó a Sara a su habitación. El Señor se le apareció en sueños, advirtiéndole que Sara era la esposa de Abraham. A la mañana siguiente, Abraham fue convocado y confrontado por Abimelec, quien envió a Abraham y a Sara de regreso con ovejas, esclavos y siclos, por temor a la ira de Dios sobre ellos.

En Génesis 21, Isaac nace de Sara en su vejez, como Dios había prometido. Agar, la sierva de Sara, e Ismael son despedidos de la tienda de Abraham.

Principios para la esperanza familiar

Existen numerosos principios que las familias modernas pueden aplicar a partir de la experiencia de la familia prometida. La familia prometida comenzó con el llamado de Abram a abandonar su hogar, a seguir a Dios y a obedecerle sin cuestionar mientras se construía una nueva nación. Los principios de las vidas de Abram, Sarai, Agar e Ismael son verdades fundacionales que las familias de hoy pueden utilizar para encontrar esperanza.

El Dios de lo imposible. Puede que esté enfrentando situaciones imposibles en su familia. Lo que ahora le parece imposible o irredimible, es muy posible para Dios. Lo que Dios ha dicho, lo hará. Lo que ha prometido, lo cumplirá. Dios nunca nos permitirá contentarnos con algo que no sea lo que cumple perfectamente su amor y propósito perfectos.[79] Lo que Dios requiere de nosotros es obediencia y fidelidad. Jesús le dijo una vez a un joven rico que luchaba con su riqueza personal: "Lo que es imposible para los hombres, es posible para Dios" (Lucas 18:27). Si te enfrentas a una situación imposible en tu familia, recuerda que el Dios de lo imposible cumplirá sus promesas y actuará de acuerdo con su propósito redentor.

Fe y provisión. La vida con Dios requiere obediencia y fe. Nuestra fe en él requiere nuestra disposición a confiar en él, incluso con nuestros hijos. No adoramos a nuestros hijos; adoramos a Dios. Sólo cuando perdemos nuestras vidas en el propósito de Dios tenemos una vida que vale la pena vivir y algo por lo que vale la pena morir. En nuestros momentos más oscuros y en la sumisión de nuestra voluntad a él, él provee. En eso consiste la vida en él. La provisión viene en la montaña del sacrificio para una familia de fe, una familia de promesa.

Conflicto en la familia de la fe. El conflicto es inevitable en las familias. Es parte de la naturaleza humana. La cuestión no es qué haremos si tenemos un conflicto, sino cómo gestionaremos el conflicto cuando surja. Las familias son sabias si se especializan en el manejo de conflictos que incluyan la ofensa, el arrepentimiento, el perdón y la reconciliación como como hábitos desgastados que se practican y se enseñan a nuestros hijos.

El mayor sirve al menor. Aunque se trata de un modelo en los relatos del Antiguo Testamento que se remontan a Caín y Abel, no es prescriptivo. Más bien, el enfoque de esta historia no es el modelo establecido sino el hecho de que las costumbres, culturas y normas humanas no gobiernan la voluntad y el propósito de Dios en las familias. Dios es soberano y actuará como le plazca a través de nuestras costumbres y normas culturales, y a veces a pesar de ellas. Esta verdad también apunta a la gracia y a la misericordia de Dios. Él nos concederá lo que no merecemos y nos negará el castigo que sí merecemos.

Rivalidad entre hermanos en la familia prometida. Se podría escribir un libro entero sobre este tema. Baste decir aquí que la rivalidad entre hermanos debe anticiparse, mitigarse y remodelarse para que los hermanos se bendigan mutuamente. Enseñe a sus hijos desde pequeños a reconciliarse, a restablecer relaciones, a celebrar las victorias de sus hermanos y a consolarlos en las desgracias. Ni siquiera la rivalidad entre hermanos silencia ni frustra la gracia, la misericordia y la promesa de Dios.

Familias apoyadas en las promesas. Lo que Dios ha prometido, lo hará. La interferencia humana en la implementación de la promesa de Dios generalmente termina en tragedia, consecuencias profundas, dolor, confusión y angustia innecesaria. La manipulación rara vez termina bien. Dios no se deja burlar. Dejemos que Dios sea Dios. Nuestro papel es ser siervos de su voluntad y propósito. Dios no necesita ahora ni nunca su ayuda para llevar a cabo lo que ha prometido. Él quiere que seamos las personas que él creó y nos inspira a hacer buenas obras. Nuestro papel es confiar y obedecer.

Favoritismo en la familia prometida. En las familias no hay lugar para el favoritismo. La personalidad de un niño puede encajar mejor con el carácter de uno de los padres. Hijos y padres pueden reflejar a veces la noción de que "los opuestos se atraen". Sin embargo, hay que hacer todo lo posible por comprender, apreciar y afirmar las diferencias como seres humanos creados a la imagen de Dios. Las diferencias deben celebrarse como creaciones únicas de un Dios soberano.

Familias desordenadas y la promesa de Dios. La pura verdad es que las familias de estas historias están desordenadas. Son humanas. Son pecadoras, imperfectas. Son reales. Probablemente son tan desordenadas como su familia y la mía. Pero no pasa nada, porque somos humanos, pecadores y desordenados. Gracias a Dios por su gracia, misericordia, redención y disponibilidad para que encontremos vida en su propósito y su presencia para ayudarnos a aprender a vivir por fe y de una manera que le agrade. La vida no se trata de nuestras familias. La vida se trata de un Dios que nos ama y quiere cumplir su propósito a través de nuestras familias, por más desordenadas que sean. Nuestras familias representan el laboratorio perfecto para revelar su amor por nosotros.

Las familias tienen formas y tamaños diferentes. En la historia de Abraham, Isaac, Jacob y Esaú, encontramos una pareja sin hijos en Abraham y Sara. Hoy en día abundan las parejas sin hijos y forman la unidad familiar básica. Agar se convirtió en madre soltera cuando dio a luz a Ismael. Está destinada a criar a su hijo sin marido, sin apoyo familiar y en una tierra extraña. No tiene un lugar al que pertenecer y formar su familia. Sin embargo, Agar y su hijo forman una unidad familiar básica.

La historia de Isaac y Rebeca termina con dos hijos alejados de su hogar. Su nido queda vacío quizás antes de lo debido. Jacob y Esaú son separados como enemigos y crían a sus familias sin el beneficio de que sus hijos, que son primos, se conozcan. Puede que usted esté en una familia donde los hermanos están distanciados, y sin embargo, estas familias forman la unidad básica de la familia y la comunidad.

Resumen

La historia de la familia prometida transcurre a lo largo de la vida de Abraham y Sara. Los giros y vueltas son impresionantes. El desarrollo de la misión y el propósito de Dios en la tierra a través de la familia prometida es un camino estridente de bendición y favor constantes. La fe es el único ingrediente del viaje de esta familia. ¿Continuaría la promesa del pacto sin fe y obediencia? La próxima generación proporcionará respuestas.

Preguntas para reflexionar

1. ¿En qué se parece la familia de Abraham y Sara a las familias actuales?
2. ¿Cuál es el propósito de Dios para el planeta hoy y cómo podría su familia formar parte de su plan?
3. ¿Qué le dice esta historia sobre las familias que conoce: en la casa de al lado, en el trabajo, en la iglesia y en la comunidad?
4. ¿Cómo debemos responder a las familias que están desordenadas y necesitan gracia?
5. ¿Cuál es su hábito para resolver conflictos en su familia? ¿Cómo reflejarían los principios piadosos los hábitos de resolución de conflictos de su familia?

Capítulo 5

LA FAMILIA PROMETIDA

Isaac, Jacob y Esaú

Los hijos son una herencia del Señor,
los fruto del vientre son una recompensa.

—Salmo 127:3 (NVI)

¿Cuánto tiempo hay que esperar para que se cumpla una promesa? ¿Una semana, un mes, un año, una década? ¿Qué tal toda una vida? Dios siempre cumple sus promesas, pero generalmente no en el plazo que esperamos. Quizás ni siquiera veamos el cumplimiento hasta la próxima generación. La historia de la familia prometida continúa con la siguiente generación, que incluye a Isaac, el hijo de Abraham, y a sus nietos, Jacob y Esaú. Comienza poniendo a prueba la fe de Abraham con la vida de su prometido y tan esperado hijo.

Prueba de fe para la familia prometida

El nacimiento de Isaac hizo realidad las promesas del pacto. La familia prometida estaba en marcha. En Génesis 22, Dios puso a prueba la fe de Abraham en el contexto del pacto que hizo con él. El escritor de esta parte de la historia es claro acerca de las intenciones de Dios. Dios le llamó por su nombre, y Abraham respondió con espíritu de siervo diciendo: "Heme aquí".

Dios dirigió tres simples imperativos a Abraham: toma, ve y sacrifica (a Isaac). Nada de lo narrado en la historia hasta ese momento podría habernos preparado para esta extraña petición. Es posible que tengamos una sensación de conmoción y sorpresa al saber que Dios ahora le pide a Abraham que sacrifique a su hijo prometido, la manifestación del pacto que Dios hizo con Abraham.[1] La prueba de Abraham no se centra tanto en su obediencia a Dios sino en su fe en que Dios hará lo que ha prometido aunque exija la muerte de Isaac.[2] El sacrificio humano era algo común en aquella época en la tierra de Canaán. Sin embargo, esta transacción entre Dios y Abraham pone de manifiesto la desaprobación de Dios de esta horrible costumbre.[3] Abraham obedeció de inmediato. Temprano a la mañana siguiente, Abraham ensilló su asno y llevó consigo a Isaac y a dos siervos a la región de Moriah.

Al tercer día del viaje a Moriah, Abraham divisó el lugar donde sacrificaría a Isaac y dijo a sus siervos: "Esperad aquí con el asno, y yo y el muchacho iremos hasta allí y adoraremos, y volveremos a vosotros" (Génesis 22:5). Se trataba claramente de un acto de adoración, como era costumbre de Abraham. Abraham tomó la leña reunida para el holocausto para que Isaac la llevara mientras Abraham llevaba el fuego y el cuchillo. Mientras caminaban juntos, Isaac le hizo una pregunta a su padre. Preguntó: "'He aquí el fuego y la leña; mas ¿dónde está el cordero para el holocausto?' Y respondió: 'Dios se proveerá de cordero para el holocausto, hijo mío'" (vv. 7–8). Las palabras de esta frase en hebreo se dice *yhwh yir'eh*, *Jehova Jireh*, Dios provee.[4] La respuesta de Abraham a Isaac sobre la ausencia de un cordero no tenía la intención de calmar a Isaac, sino de expresar la confianza de Abraham en Dios.[5] Cuando llegaron al lugar del sacrificio, Abraham construyó un altar, luego ató a Isaac y lo puso sobre el altar encima de la leña (v. 9).

Si Isaac hubiera estado preocupado por su vida o no hubiera querido ser sacrificado, habría podido escapar, huir o incluso dominar a Abraham. Isaac era más fuerte y veloz que su padre.[6] Se encontraba en un momento de su vida en el que estaba más cerca de su padre, maduro pero aún no independiente. Parece haber una conmovedora confianza mutua, casi más allá de la comprensión humana.[7] Lo que es evidente aquí por parte de Isaac es el largo hábito de obediencia a su padre. Isaac obedeció sin quejarse y sin murmurar. Isaac se acostó en el altar en este momento supremo de su vida confiando tanto en su padre como en su Dios, poniéndose a disposición de Dios. Tomó la posición de que su vida le pertenecía a Dios, que estaba en esta tierra para el propósito de Dios y no para el suyo propio. Cuando fue llamado al altar del sacrificio, no vaciló.[8]

¿Qué hizo Abraham después?

> Y extendió Abraham su mano y tomó el cuchillo para degollar a su hijo. Entonces el ángel de Jehová le dio voces desde el cielo, y dijo: "Abraham, Abraham". Y él respondió: "Heme aquí". . . . "No extiendas tu mano sobre el muchacho, ni le hagas nada; porque ya conozco que temes a Dios, por cuanto no me rehusaste tu hijo, tu único". (Génesis 22:10–12)

En el momento justo, en medio de la obediencia de Abraham a Dios, envió un ángel para que suspendiera la ejecución.[9] Abraham levantó la vista y vio un carnero atrapado en la espesura por los cuernos. Abraham se acercó al carnero y lo sacrificó en lugar de su hijo. Llamó el nombre de "aquel lugar, Jehová proveerá. Por tanto se dice hoy: En el monte de Jehová será provisto" (vv. 13–14).

Hasta el momento de sacar el cuchillo, Abraham no tuvo ninguna visión de un sustituto para su hijo. Dios estaba probando a Abraham para un sacrificio en espíritu en lugar de un acto externo. Una vez que Abraham demostró un espíritu de sacrificio en lugar de la sangre de Isaac, se reveló la provisión de Dios. Parece que la provisión de Dios sólo se encuentra en el monte y el momento del sacrificio y no en ningún otro momento.[10] La fe de Abraham en Dios era el centro de esta prueba. Se requería obediencia y espíritu de sacrificio en el contexto de la adoración. La fe de Abraham y su confianza en que Dios proveería es el corazón de esta historia de la familia prometida. La voluntad de Isaac de confiar en su padre y en el Dios de su fe como una persona totalmente entregada se convirtió en parte de la fe de la familia prometida.

Algunos teólogos sostienen que la historia de Abraham e Isaac es una forma dramática de poner fin al sacrificio de niños. Kierkegaard llama a este relato una "suspensión de lo teleológico" y sostiene que la voluntad divina no se ajusta a la lógica humana. Dios establece los parámetros y las reglas en este caso. La obediencia no sigue el patrón de la lógica y las consecuencias humanas. Es la forma que tiene la Biblia de decir que prevalece el mayor bien de Dios.[11]

La nueva generación de la familia prometida

En el capítulo 23 del Génesis, Sara falleció a la edad de ciento veintisiete años en Quiriat-arba en la tierra de Canaán, la tierra prometida. Abraham compró un terreno por cuatrocientos siclos de plata para un campo llamado Macpela, cerca de Mamre. Cuatrocientos siclos en dólares de hoy serían 128,000 dólares.

En Génesis 24, Abraham envejeció mucho y comenzó a planear para que su hijo Isaac encontrara una esposa de su tierra natal de Nacor con la ayuda de su siervo. El siervo viajó a la tierra de Nacor y encontró a Rebeca, una esposa adecuada para Isaac. Rebeca viajó con sus sirvientes a Lajay Roí, llamada "la fuente Viviente-que-me ve" en el Neguev donde vivía Isaac. Isaac demostró su amor por Rebeca y se casó con ella.

Génesis 25 comienza con la muerte de Abraham. Isaac heredó todas las posesiones de su padre. Un comentarista señaló que Abraham, después de haber dado regalos a los hijos de sus concubinas, entregó todas sus pertenencias a Isaac antes de su muerte a la edad de 175 años.[12] Abraham era viejo y lleno de años como cumplimiento de lo que Dios había planeado. Abraham se enfrentó a la muerte sin miedo.[13] Isaac e Ismael, los hijos de Abraham y Sara, enterraron a Abraham en la cueva de Macpela, cerca de Mamre, donde fue enterrada Sara. La historia pasa a los hijos de Isaac, el hijo prometido del pacto que Dios estableció con Abraham.

Jacob y Esaú, hermanos de la promesa

La historia de la próxima generación de la familia prometida cobra vida con una historia de hermanos de la promesa. "era Isaac de cuarenta años cuando tomó por mujer a Rebeca, hija de Betuel arameo de Padan-aram, hermana de Labán arameo. Y oró Isaac a Jehová por su mujer, que era estéril; y lo aceptó Jehová, y concibió Rebeca su mujer." (Génesis 25:20–21). El Señor respondió a su oración y Rebeca quedó embarazada de gemelos. Rebeca sintió los "empujones" de los bebés dentro de ella y le preguntó al Señor qué significaba aquello. Su respuesta fue: "Dos naciones hay en tu seno, y dos pueblos serán divididos desde tus entrañas; El un pueblo será más fuerte que el otro pueblo, y el mayor servirá al menor." (v. 23). Esaú era el primogénito de los gemelos y parecía peludo y de color rojizo. Jacob nació después, agarrado del calcañar de Esaú.

A medida que los niños crecían, Esaú se convirtió en un hábil cazador, mientras que Jacob se convirtió en un hombre tranquilo. Como la comida favorita de Isaac era la caza silvestre, favoreció a Esaú. Rebeca favoreció a Jacob. Un día Jacob estaba preparando un guiso, Esaú llegó de cazar listo para comer. Le dijo a Jacob: "Te ruego que me des de comer de ese guiso rojo, pues estoy muy cansado." Jacob aprovechó esa oportunidad para hacer un trato. Le dijo a Esaú: "Véndeme en este día tu primogenitura". Entonces Esaú dijo: "He aquí yo me voy a morir; ¿para qué, pues, me servirá la primogenitura?" Jacob insistió: "Júramelo en este día". Esaú accedió y Jacob le dio de comer a su hermano. Esaú comió y bebió y se marchó. Despreció su primogenitura (Génesis 25:27–34).

Llama la atención, una vez más, que la madre del pacto prometido sea estéril, y que sea Dios quien abre el vientre para hacer realidad su promesa. Rebeca quedó embarazada sólo después de que Isaac oró a Dios que le concediera hijos.[14] La esterilidad de Sara, Rebeca, Raquel y Lea (Génesis 29:31, 35) acentúa la bendición a través de la simiente escogida de Abraham, que no se logra por voluntad humana, sino por la provisión de Dios como un acto de Dios.[15]

Al igual que Abraham, que tuvo que esperar mucho tiempo para el nacimiento de Isaac, Isaac tuvo que esperar veinte años para el nacimiento de sus hijos.[16] La edad y el tiempo no son factores determinantes en el desarrollo de la promesa de Dios. Más bien, es la voluntad de Dios la que hace realidad su plan.[17] Este aspecto de la historia apunta a la exigencia de depender totalmente de Dios, el dador del heredero de la promesa.[18]

Los hermanos gemelos salen del mismo vientre, pero son mundos aparte.[19] Esaú, como Ismael, era un cazador que se sentía a gusto en el campo abierto, desvinculado de la sociedad en general. Jacob, por el contrario, es lo opuesto a su hermano en temperamento y vocación. Jacob es un hombre tranquilo. La palabra utilizada para describir a Jacob en hebreo es *tam*, que significa perfecto, irreprochable. Sin embargo, en esta historia descubrimos que es todo menos irreprochable.[20] Desde el principio, presentimos que se avecina un conflicto. El conflicto aquí refleja el conflicto entre Caín y Abel, Isaac e Ismael y más tarde con José y sus hermanos.[21]

Aun así, la voluntad de Dios se cumplió a pesar del conflicto. El conflicto, que normalmente se evitaba, se utilizó para hacer el bien. En la casa de Jacob se producirá una rivalidad y sumisión entre hermanos.[22] Esta rivalidad entre hermanos se acentúa por el favoritismo de los padres hacia cada hijo. Cada padre amaba y favorecía a un hijo diferente. La palabra traducida "amor" aquí es *ahab*, que significa una fuerte preferencia hacia una persona más que animosidad hacia uno u otro.[23] La noción de que el hermano mayor sirviera al hermano menor era contrario a la costumbre de aquellos días, pero esto sucedió con Ismael e Isaac, así como con

Esaú y Jacob.[24] Esta cuestión también es común con Caín y Abel, Raquel siendo elegida sobre Lea, y José siendo elegido sobre el resto de sus hermanos.

El amor y la preferencia por un hijo sobre otro se traslada de los padres a la familia en general. Estos cambios de la costumbre común apuntan al plan soberano de gracia de Dios. La bendición no era un derecho natural, cultural y familiar, como lo sería el derecho del hijo primogénito. La bendición de Dios se extiende y se da a los que no tienen derecho a ella. Recibirían lo que no se habían ganado ni merecían.[25]

Primogenitura y bendición

En este punto del drama, la atención se centra en la primogenitura y la bendición. Una perspectiva de la primogenitura sugiere que daba al primogénito el derecho a una doble parte de los bienes de su padre.[26] Las sociedades del Antiguo Oriente Cercano típicamente reconocían al hijo mayor, concediéndole privilegios que implicaban derechos de herencia sobre los hijos menores. Aunque no está claro qué implicaba la primogenitura, sabemos que Jacob lo consideraba algo valioso y deseado.[27]

Un comentarista sugiere que la primogenitura puede haber incluido el vigor natural del cuerpo y del carácter, creando una presunción de éxito en la vida, una posición de honor como cabeza de familia y tal vez una doble parte de la herencia.[28] Aun así, Esaú parecía indiferente a su primogenitura y parecía despreciarla.[29] Esaú regresó del campo hambriento. La palabra original en hebreo es *ayep*, que se refiere a una condición debilitada debido a la sed o el hambre. Esaú está desesperado por algo que comer.[30] Su hambre, combinada con el agotamiento, coloca a Esaú en una posición vulnerable. Esaú tiene tanta hambre que en lugar de pedir una porción para comer, masticar o probar, le pide a Jacob que le dé un poco para tragar o engullir.[31]

Jacob vio la oportunidad de hacer un trato. Estaba ansioso por recibir la primogenitura de su hermano.[32] La respuesta de Jacob a la petición de Esaú fue rápida, calculada y espontánea. Sabía lo que quería y fue tras ello. Se mostró agresivo, dictó las condiciones de la transacción y habló desde una posición de fuerza para apoderarse de la primogenitura de su hermano.[33] Esaú vendió su primogenitura a su hermano por un guiso de lentejas.[34] En ese fatídico momento, Esaú capituló, y Jacob capitalizó.[35] Si se hubiera tratado de un intercambio o favor amistoso y fraternal, no habría habido historia que contar. Sin embargo, Jacob conocía demasiado bien a su hermano y llevó a cabo su implacable propósito. Sacrificó deliberadamente el interés superior de su hermano para servirse a sí mismo.[36] Este fue el primer paso de Jacob en el engaño.

Después de un período de hambruna, Isaac trasladó a su familia, incluidos Jacob y Esaú, a Gerar, donde Abimelec, rey de los filisteos, gobernaba según las instrucciones del Señor. Génesis 26 narra la historia de los esfuerzos de Isaac por protegerse presentando a Rebeca como su hermana ante el rey Abimelec, en lugar de decir que Rebeca era su esposa. Rebeca era hermosa y atrajo la atención de Abimelec, rey de los filisteos (Génesis 26:7). Isaac adoptó el mismo enfoque que su padre, Abraham, hizo con su madre, Sara, quien también había sido hermosa y había atraído la atención de Abimelec, rey de Gerar (26:1–17). Una vez más, Abimelec, rey de los filisteos, descubrió que Rebeca no era hermana de Isaac sino su esposa. Envió a Isaac y a Rebeca lejos de Gerar.

El siguiente paso consiste en apoderarse de la bendición destinada a Esaú. Génesis 27 registra la segunda oportunidad que tuvo Jacob de quitarle algo a su hermano Esaú. Isaac le dijo a Esaú que se envejecía y que podía morir en cualquier momento. Le pidió a Esaú que saliera al campo abierto y cazara animales salvajes y preparara una sabrosa comida para su anciano padre como preludio para darle a Esaú una bendición antes de morir.

Rebeca escuchó lo que Isaac le dijo a Esaú. Rebeca esperó a que Esaú saliera al campo a cazar. Una vez que Esaú salió, Rebeca fue a Jacob y le contó lo que había oído. Ella le ordenó a Jacob que buscara dos cabras selectas para poder preparar una comida para Isaac en lugar de la comida de Esaú. Ella le dijo a Jacob que debía hacer esto para obtener la bendición que Isaac estaba dispuesto a darle a Esaú. Rebeca preparó a Jacob para presentarle la comida a Isaac vistiendo a Jacob con la ropa de Esaú y cubriéndolo con pieles de cabra para engañar a su padre haciéndole creer que era Esaú.

Jacob aceptó el complot, llevó la comida preparada a su padre, Isaac, vestido con la ropa de Esaú, incluidas pieles de cabra que cubrían su brazo. Isaac fue engañado haciéndole creer que Jacob era Esaú y procedió a darle a Jacob la bendición de las riquezas de la tierra, abundancia de grano, vino nuevo, naciones que le servirían, señorío sobre sus hermanos, maldición para los que lo maldijeran y bendiciones para los que le bendijeran. Después de esta bendición, Jacob salió de la tienda de Isaac.

Esaú llegó poco después de la bendición con la comida que había preparado y pidió la bendición de Isaac. Isaac estaba confundido y le preguntó a Esaú: "¿Quién eres?" Esaú respondió: "Yo soy tu [primogénito] hijo".

> Y se estremeció Isaac grandemente, y dijo: "¿Quién es el que vino aquí, que trajo caza, y me dio, y comí de todo antes que tú vinieses? Yo le bendije, y será bendito. Cuando Esaú oyó las palabras de su padre, clamó con una muy grande y muy amarga exclamación, y le dijo: "Bendíceme también a mí, padre mío".
>
> Y le dijo: "Vino tu hermano con engaño, y tomó tu bendición".
>
> Y Esaú respondió: . . . pues ya me ha suplantado dos veces: se apoderó de mi primogenitura y he aquí ahora ha tomado mi bendición". (Génesis 27:32–36)

En lugar de una bendición, Isaac le dijo a Esaú que no viviría con las riquezas de la tierra, lejos del rocío del cielo, y que viviría a espada y al servicio a su hermano menor (vv. 39–40). Esaú lloró en voz alta y guardó rencor contra su hermano Jacob. Juró esperar a que su padre muriera para luego matar a Jacob. Cuando Rebeca se enteró de los planes de Esaú de matar a Jacob, le ordenó a Jacob que huyera a Harán y se quedara con su hermano Labán hasta que la furia de Esaú disminuyera (vv. 41–46).

Hay un claro fallo moral en el enfoque paternal de Isaac y Rebeca. Sin embargo, Dios mantiene su compromiso con el clan de Abraham a pesar del declive de solidaridad de la familia a quien se le dio la promesa del pacto.[37] La historia de Jacob y Esaú revela la profundidad de la hostilidad y la amargura entre estos hermanos.[38] Rebeca y Jacob se convirtieron en cómplices con una acción ofensiva que fractura a la familia durante dos décadas y contribuye a la deshonra de Jacob a lo largo de la historia. Rebeca engaña a su marido y perjudica a sus dos hijos en el proceso.[39] Un comentarista sugirió que Rebeca estaba cumpliendo el oráculo de que el mayor serviría al menor al favorecer a Jacob.[40]

En la locura de este drama, nadie parece preocuparse ni centrarse en la promesa hecha a Abraham.[41] Más bien, Rebeca tomó el asunto en sus propias manos. Cuando se dio cuenta de que Isaac estaba planeando bendecir a Esaú, el hermano mayor, puso en marcha su hábil manejo y no vio otra manera de cumplir el propósito de Dios y los derechos de Jacob que mediante su interferencia.[42] Rebeca se convirtió en la principal manipuladora, controlando la dirección de acción al escuchar la intención de Isaac. Consciente de la intención de Isaac de bendecir a Esaú, ella ideó un plan para intervenir.[43]

Jacob y Rebeca no ganaron nada con su interferencia en el plan de Dios y perdieron mucho en el proceso. Dios ya había prometido que la primogenitura sería de Jacob. La madre perdió a su hijo. Jacob tuvo que huir para salvar su vida y probablemente nunca volvió a ver a su madre. Jacob perdió todas las comodidades del hogar y todas las posesiones que su padre había acumulado.[44] Esaú se enojó y desarrolló rencor hacia su hermano Jacob. La palabra *rencor, satam* en hebreo, significa una ira profundamente arraigada que da lugar a represalia violenta.[45] Rebeca subestimó las consecuencias de su acción. Ella pensó que Jacob estaría ausente por un tiempo. Ese "por un tiempo" se convirtió en veinte años.[46]

Con el tiempo, Jacob el engañador, es engañado por Labán al darle a su hija primogénita, Lea, en matrimonio, según la costumbre local. Luego, después de que Jacob proporcionó trabajo durante siete años más, Labán le permitió casarse con Raquel, a quien amaba (29:14–30). Jacob fue bendecido como lo pronunció su padre, pero tuvo problemas con Labán, su suegro. Tuvo que huir nuevamente para salvar su vida (31:1–55). Jacob y Labán finalmente se reconciliaron, pero Jacob luchó con Dios y finalmente se preparó para encontrarse con su hermano Esaú. Jacob se inclinó humildemente y temeroso ante su hermano y le llevó regalos. Los dos se reconciliaron y siguieron su camino (33:1–16).

Incluso con toda la interferencia humana, el engaño mezquino, la astucia, la incredulidad torpe y la mundanalidad profana de la transacción humana entre miembros de la familia, la verdad y la misericordia de Dios encuentran un camino.[47] A través del dolor de la pérdida, el engaño y el conflicto, Dios siguió cumpliendo la promesa que le hizo a Abraham, a Isaac y ahora a Jacob como parte de la familia prometida.

Principios para la esperanza familiar

Existen numerosos principios que las familias modernas pueden aplicar a partir de la experiencia de la siguiente generación de la familia prometida, incluidos Isaac, Rebeca, Jacob y Esaú. Los principios para la esperanza familiar se enumeran en las siguientes categorías:

LA FAMILIA PROMETIDA

Bendición familiar. ¿Son confiables las promesas de Dios? Sólo Dios es la fuente de toda bendición y favor. Él eligió bendecir a todas las familias del mundo a través de Abram, incluyendo la suya y la mía. Dios quiere bendecir a su familia y quiere bendecir a otras familias a través de su familia. Las familias que encuentran fe en el Dios de Abram serán bendecidas. Las bendiciones que Dios tiene reservadas para su familia serán una avalancha de bendición para su familia y sus hijos. A través de la fe en Jesús, somos redimidos y somos útiles en la obra redentora de Dios en la historia. Nos convertimos en agentes de la redención, participando en el plan redentor de Dios. Su familia tiene la bendición de ser una bendición.

La bendición prometida. ¿Qué espera Dios de nosotros una vez que nos ha hecho una promesa para nuestras vidas? Dios promete bendecirnos y cumple sus promesas. Dios le prometió a Abram lo que desde el punto de vista humano parecía una promesa imposible, pero no imposible para Dios. La línea de tiempo para la bendición de Dios no siempre es la que podríamos imaginar, pero de todos modos llegará. Lo más difícil de recibir la promesa de bendición de Dios es esperarla. La espera requiere fe y confianza en Dios y en su palabra. Mientras tanto, debemos adaptar nuestra manera de vivir y esperar en el Señor y en su promesa.

La vida familiar es dura. ¿Qué alternativas tenemos cuando nuestra cultura entra en conflicto con la palabra de Dios? Las experiencias de vivir en familia pueden ser sumamente difíciles. Puede haber experiencias que no le traigan consuelo ni paz en el presente. Por lo contrario, pueden provocar problemas abrumadores o ansiedad o un deseo insatisfecho.[48] Sin embargo, el creyente y su familia deben aferrarse a la fe y esperar que Dios les proporcione una respuesta. Esta es la manera en que Dios nos educa y nos ayuda a aprender cómo soltarnos de las cosas temporales para centrarnos en lo que es espiritual y real.

Respeto y dignidad. ¿Qué nos enseña esta historia sobre cómo tratamos a otras personas? Tratar a todas las personas con respeto y dignidad es un principio fundamental para relacionarse con los demás. Sarai trató a Agar como si fuera menos humana y no como una mujer con esperanzas y sueños. Sarai infligió un profundo dolor a Agar. Nunca hay excusa para tratar a otro ser humano, hecho a la imagen de Dios, con nada menos que respeto y dignidad.

Soluciones humanas. Dios no necesita ayuda para cumplir sus promesas. Cuando aportamos soluciones humanas a promesas que parecen ir más allá de nuestro propio calendario, no hacemos más que invitar a los problemas y empeorar las cosas. Intentar gestionar las consecuencias de nuestras malas decisiones sólo complica el asunto.

Dios ve a su familia. A pesar de lo difícil que pueda ser su situación familiar, a pesar de que se sienta solo, abandonado y olvidado, recuerde que Dios lo ve a usted y a su familia. Dios está en su vida. No ha perdido la noción de usted. Él sabe dónde está, lo ve y escucha su sufrimiento. Usted no está solo.

El propósito y el plan de Dios. Dios tiene un propósito para usted y su familia. Su sentido de soledad no ha disminuido el plan de Dios para usted y su familia. Su plan es real, y también lo es su vida. Encontramos nuestro propósito en la vida sometiéndonos a Dios en lugar de huir. Cuando nos sentimos insignificantes, expulsados de nuestro lugar natural en los hogares del mundo, Dios tiene un lugar para nosotros. Cuando perdemos el rumbo en la vida, no estamos fuera de su vista. Incluso cuando no pensamos en elegirlo, su amor divino y omnímodo nos elige a nosotros.[49] Nuestra respuesta debe ser confiar en él y obedecerlo.

Las familias en crisis necesitan apoyo. Todas las familias se enfrentarán a crisis como las que vivieron Abraham, Isaac, Jacob y Esaú. Las familias generalmente no están preparadas para las crisis, las enfermedades, los desplazamientos, los conflictos, las pérdidas económicas, la muerte y una variedad de otras situaciones desafortunadas. Las familias pueden experimentar pérdida, dolor, pena, calamidad, separación, desempleo, falta de vivienda, abuso, trauma, divorcio y desintegración. Las familias son humanas y, por tanto, imperfectas. Viven en un mundo caído y a menudo se enfrentan a circunstancias difíciles. Las familias necesitan apoyo crítico y oportuno cuando llega una crisis. También necesitan saber dónde está Dios en los valles profundos y oscuros de la vida. Necesitan que se les recuerde la presencia de Dios y sus promesas en los momentos difíciles. Las iglesias, los ministerios sin fines de lucro y los ministerios de asesoramiento están en la mejor posición para proporcionar atención familiar cuando llega una crisis.

Resumen

La historia de la siguiente generación de la familia prometida recorre las vidas de Isaac, Jacob y Esaú. Las luchas y los conflictos familiares invaden las vidas de la siguiente generación. Los problemas de paternidad, rivalidad entre hermanos y favoritismo plagan a estas familias. Sin embargo, Dios es fiel para bendecir a estas familias y llevar a cabo su propósito y promesa a través de ellas. ¿Cómo se manifestarán las bendiciones y promesas del pacto en las familias venideras? La disfunción y el conflicto familiar surgen en la historia de José y sus hermanos. ¿Cómo influirá la tragedia de la rivalidad entre hermanos y el maltrato en el plan redentor de Dios para el pueblo de Israel? El capítulo siguiente proporciona respuestas a estas preguntas.

Preguntas para reflexionar

1. ¿En qué se parecen las familias de Isaac, Jacob y Esaú a las familias actuales?
2. ¿Cómo puede su familia, con su propia singularidad, formar parte del plan de Dios en la historia humana?
3. ¿Cómo se comparan las historias de estas familias con las de las familias que conoce hoy?
4. ¿Cómo podría su familia ayudar a las familias que luchan con conflictos?
5. ¿Cómo resuelve su familia los conflictos?

Capítulo 6

LA FAMILIA REDENTORA

José y sus hermanos

¡Cuán bueno y cuán agradable es que los hermanos
convivan en armonía!

—Salmo 133:1

Si su familia es como cualquier otra familia humana, tiene su parte de imperfecciones, fallas, contratiempos, traiciones y tal vez incluso tragedias. A través de la gracia de Dios y su deseo de redimir a nuestras familias, él nos proporciona una manera de superar los desafíos y nuestras propias imperfecciones. En otras palabras, Dios tiene el poder de tomar nuestro comportamiento pecaminoso, incluso en las familias, y convertirlo en algo hermoso. Todas las familias necesitan redención en algún nivel. El arduo trabajo de perdonar después de una ofensa y de reconciliarse después de un período de distanciamiento es la obra central del amor y la gracia de Dios.

Verá estas verdades para las familias ilustradas en la vida de la Familia Redentora: José y sus hermanos. El registro bíblico de su historia comienza en Génesis 37. Jacob hizo las paces con su hermano Esaú y se estableció en la tierra de Canaán. A José, uno de los hijos de Jacob, de diecisiete años, se le asignó cuidar los rebaños con sus hermanos. Jacob amaba a José más que a cualquiera de sus otros hijos porque le había nacido en su vejez.

Jacob, también conocido como Israel, hizo una túnica ricamente ornamental para que José la vistiera, lo que preparó el escenario para el conflicto fraternal.[1] Sus hermanos notaron la túnica especial y supieron que su padre amaba a José más que a ellos. Su respuesta fue odio hacia su hermano José, y fueron incapaces de dirigirle una palabra amable. Este es el mismo tipo de ira que Caín tenía hacia Abel.[2] Para empeorar las cosas, José tuvo un sueño en el que todos sus hermanos se inclinaban ante él. José contó este sueño a sus hermanos, lo que hizo que le odiaran aún más. Su odio se convirtió en celos y en un complot para matarlo. Sin embargo, en lugar de matarlo, los hermanos de José lo ataron, lo arrojaron a un pozo y lo vendieron como esclavo a una caravana de ismaelitas que se dirigía a Egipto. José fue llevado a Egipto como esclavo y comprado por Potifar, un oficial egipcio y capitán de la guardia (Génesis 37). Dios bendijo todo lo que hizo José mientras sirvió a Potifar y fue ascendido a administrador de la casa dirigiendo todos los asuntos de la casa de Potifar.

Condenado a prisión

La esposa de Potifar se dio cuenta de que José era guapo y trató de seducirlo para tener relaciones sexuales. José rechazó sus avances en honor a Potifar, su amo. La esposa de Potifar luego acusó a José de insinuaciones sexuales y se quejó ante Potifar sobre este incidente. Potifar, lleno de ira, encarceló a José, donde sirvió bajo la supervisión del alcaide. El Señor bendijo el trabajo de las manos de José y le dio éxito en todo lo que hacía. El alcaide puso todo bajo la supervisión de José (Génesis 39). Durante el tiempo que José estuvo en prisión, el panadero y el copero del faraón lo ofendieron y fueron encarcelados con José. Ambos hombres tuvieron sueños mientras estaban en prisión que José supo interpretar. Sin embargo, el copero no se acordó de la habilidad de José para interpretar sueños (Génesis 40).

De la prisión al palacio

Dos años después de que el copero salió de prisión, el faraón tuvo dos sueños inquietantes. Convocó a sus magos y sabios para averiguar el significado de estos sueños, pero no pudieron interpretárselos. Finalmente, el copero se acordó de José y le habló al faraón de su habilidad para interpretar los sueños.

Faraón mandó traer a José del calabozo en prisión. Faraón le contó a José sus sueños y pidió una interpretación. José dijo: "No está en mí; Dios será el que de respuesta propicia a Faraón" (41:16). José comentó que ambos sueños eran uno y el mismo. Él interpretó los sueños como si Dios le dijera a Faraón que enviaría siete temporadas de cosechas abundantes seguidas de siete temporadas de sequía y hambre en la tierra. Además de interpretar los sueños, José recomendó un plan para responder a la revelación de Dios sobre las temporadas de cosecha y las temporadas de hambruna nombrando comisionados y alguien para administrar la cosecha y guardar grano para los años de escasez.

Faraón nombró a José para supervisar su palacio y el plan que había trazado para los años de cosecha y sequía. José fue ascendido a segundo al mando de la tierra de Egipto (41:40) y fue equipado con el anillo de sello de Faraón, ropas de lino fino, una cadena de oro y un carro. Faraón decretó que "sin ti ninguno alzará su mano ni su pie en toda la tierra de Egipto" (v. 44). Faraón le dio a José el nombre de Zafnat-panea y le dio a Asenat, hija de Potifera, sacerdote de On, para que fuera su esposa (v. 45).

Se cumplió la hambruna predicha en el sueño de Faraón, y ninguna de las naciones alrededor de Egipto tuvo alimentos. Sin embargo, Egipto disponía de alimentos en abundancia gracias al manejo de la cosecha durante los años de abundancia. José supervisó este plan y comenzó a vender alimentos a las naciones vecinas que no tenían nada qué comer.

Los hermanos de José se dirigen a Egipto

Los hermanos de José y su padre vivían en Canaán, donde la sequía y el hambre eran graves. Se enteraron de que había comida en Egipto y decidieron viajar allí para comprar grano. Jacob envió a diez de sus hijos a comprar grano, pero no permitió que fuera Benjamín, el menor. Como José era el funcionario que supervisaba la venta del grano, sus diez hermanos se presentaron ante él y se postraron en su presencia, tal como José había soñado años antes. José reconoció a sus hermanos, pero ellos no le reconocieron a él. Fingió no reconocerlos y les habló con dureza y los acusó de ser espías. Ellos rechazaron la acusación y dijeron que sólo habían venido a comprar grano para comer. José insistió en que sus hermanos eran espías y les exigió que regresaran a casa con grano y trajeran a Benjamín, su hermano menor. Simeón aceptó permanecer en prisión mientras los otros nueve hermanos viajaban a Canaán para regresar con su hermano menor. Cuando llegaron a casa, se dieron cuenta de que les habían devuelto el dinero (42:28, 35). José ordenó a sus hermanos que regresaran con Benjamín en su viaje de regreso a Egipto. Sin embargo, Jacob, su padre, se resistió a esta exigencia (v. 38).

Segundo viaje a Egipto

Después de que Jacob y sus hijos comieron todo el grano que trajeron de Egipto, Jacob los envió de regreso a Egipto para comprar más comida. Esta vez, con Benjamín, se presentaron nuevamente ante José pero aún no lo reconocieron. Cuando José vio a sus hermanos, ordenó a sus sirvientes que mataran un animal y le prepararan una comida para compartir con sus hermanos. Los hermanos se asustaron porque pensaron que habían sido convocados a la casa de José por la plata devuelta.

Cuando José se reunió con sus hermanos para comer, les preguntó cómo estaba su padre. Pero José se sintió tan profundamente conmovido al ver a Benjamín que se apresuró a salir de la sala para ir a llorar a una habitación privada. Después de recuperar el control de sí mismo, José salió y ordenó a los sirvientes que sirvieran la comida (Génesis 43). Después de comer, José ordenó a sus sirvientes que cargaran los asnos con todo el grano que pudieran llevar y una bolsa de plata en cada bolsa. Luego les ordenó que colocaran la copa de plata de José en la bolsa de Benjamín. En su viaje de regreso a casa, los hermanos se dieron cuenta de lo que había sucedido cuando los guardias egipcios se acercaron a ellos y los llevaron de regreso a Egipto. José exigió que el que poseía su copa de plata se quedara con él como prisionero mientras el resto de los hermanos regresaban a Canaán (Génesis 44). Pero el drama del momento abrumó a José.

José se revela a sus hermanos

Cuando José ya no pudo contenerse más, ordenó: "¡Haced salir de mi presencia a todos!" (45:1). José se quedó solo con sus hermanos cuando se reveló. Lloró tan fuerte que los egipcios lo oyeron y, la casa de Faraón también se enteró. Dijo a sus hermanos: "Yo soy José; ¿vive aún mi padre? (v. 3). Sus hermanos no pudieron responderle porque estaban aterrorizados ante su presencia. "Entonces José dijo a sus hermanos: 'Acercaos ahora a mí. . . . Yo soy José vuestro hermano, el que vendisteis para Egipto. Ahora, pues, no os entristezcáis, ni os pese de haberme vendido acá, porque para preservación de vida me envió Dios delante de vosotros. . . . Así, pues, no me enviasteis acá vosotros, sino Dios" (vv. 4–8).

José disuadió a sus hermanos de sentir remordimiento por sus acciones.[3] Todo Egipto quedó esclavizado a José y bajo su control, excepto su propia familia, pero José se negó a aprovecharse de su vulnerabilidad.[4] José abrazó y besó a Benjamín, y besó a todos sus hermanos y habló con ellos. Los animó que fueran y trajeran a su padre y regresaran a Egipto, donde planeaba que vivieran en Gosén (Génesis 45).

Cuando Faraón supo que los hermanos de José habían llegado a Egipto, se alegró mucho y planeó que se trasladaran a Egipto para unirse a José. Jacob, a la edad de 130 años, y sus hijos regresaron a Egipto para vivir en la tierra de Gosén como sugirió José (47:9). Diecisiete años después de llegar a Egipto, Jacob dedicó tiempo para bendecir a todos sus hijos. Murió poco después de dar la bendición, a la edad de 147 años (47:28–49:33). José se arrojó sobre su padre, lloró sobre él y lo besó. Hizo planes para embalsamar a su padre y trasladarlo a la tierra de Canaán para enterrarlo como Jacob había pedido.

Venganza o redención

La muerte de Jacob fue motivo de preocupación entre los hermanos de José porque temían la venganza (50:15). No estaban seguros de lo que les esperaba en el futuro, dado el trato que José había recibido en el pasado, y la muerte de su padre despertó en ellos un profundo sentimiento de ansiedad y culpabilidad.[5] Se reunieron y le enviaron un mensaje a José en forma de carta que decía: "Tu padre mandó antes de su muerte, diciendo: 'Así diréis a José: Te ruego perdones ahora la maldad de tus hermanos y su pecado, porque mal te trataron' por tanto, ahora te rogamos que perdones la maldad de los siervos del Dios de tu padre". Un comentarista señaló el esfuerzo de auto preservación (sugiriendo que la carta de instrucciones era falsa) y el esfuerzo de presentarse como esclavos ante José.[6]

Cuando su mensaje llegó a José, él lloró. Sus hermanos vinieron y se postraron nuevamente delante de José y dijeron: "'Henos aquí por siervos tuyos'". Y les respondió José: 'No temáis; ¿acaso estoy yo en lugar de Dios? Vosotros pensasteis mal contra mí, mas Dios lo encaminó a bien, para hacer lo que vemos hoy, para mantener en vida a mucho pueblo. Ahora, pues, no tengáis miedo; yo os sustentaré a vosotros y a vuestros hijos'". José inmediatamente animó a sus hermanos a no tener miedo.[7] En cambio, los tranquilizó y les habló con amabilidad (Génesis 50:15–21).

El perdón de José surgió de su compromiso con Dios.[8] Además, José prometió seguir cuidando de sus hermanos y sus familias. Se convirtió en el guardián de su familia mucho después de la hambruna.[9] En otras palabras, José está diciendo que Dios ya habló sobre este asunto.[10] Detrás de escena, Dios continuó elaborando su plan inmutable, su buen plan.[11] El perdón de José a sus hermanos demostró su aceptación del cuidado providencial de Dios, que incluía la mala acción de sus hermanos. El amor fraternal se convirtió en una expresión de humilde gratitud por el misterio de la providencia divina.[12] José vio toda la prueba a través del lente de la providencia de Dios y como parte del plan general de salvación de Dios para los descendientes de Israel.[13]

Los doce hijos de Israel experimentaron la gracia divina que superó las tentaciones de homicidio y venganza que habrían amenazado la bendición promisoria.[14] Dios es visto como el redentor de aquellos que han sido desechados y apartados. Él es también quien hace madurar a José a través del sufrimiento y la humillación, lo que le permite perdonar a sus hermanos. La historia muestra cómo la familia humana supera el engaño, los celos, el odio e incluso el homicidio, tal vez en alusión a Caín. El relato de José y sus hermanos también demuestra que la familia es fuerte, confiable y redimible. El éxito y el fracaso en las familias se convierte en un requisito del plan más amplio de Dios.[15] José se convierte en el ejemplo de perdón y reconciliación. Al final, existe la promesa de relaciones restauradas tanto con Dios como con los hermanos humanos.[16] José vivió en paz con sus hermanos y vivió hasta los ciento diez años de edad.

Principios para la esperanza familiar

La historia de la familia redentora demuestra cómo la vida familiar y la experiencia de los hermanos pueden ser complicadas, casi hasta el punto sin retorno. Sin embargo, en el desorden de la vida familiar, Dios sigue llevando a cabo su plan en la historia redentora. Redime a la familia de José mientras supera los errores humanos de la crianza de los hijos y la rivalidad entre hermanos. Aquí hay algunas lecciones que podemos aplicar.

El favoritismo prepara el terreno para el conflicto. Las consecuencias naturales, aunque desafortunadas, de elegir un hijo favorito entre hermanos y tratarlo de manera única es la base del conflicto y la rivalidad entre hermanos. Los padres deben hacer todo lo que esté a su alcance para amar y tratar a cada hijo como un miembro valioso de la familia.

El favor de Dios se alinea con su plan. Por otra parte, Dios elige favorecer y bendecir a sus hijos, su pueblo escogido. De la historia de José se deduce que Dios nos favorece y bendice con éxito a través de habilidades y destrezas para que, en última instancia, se alineen con su plan de salvación y redención. Dondequiera que José caía, incluso debido al trato injusto, Dios continuó favoreciendo y bendiciendo todo lo que José hacía. Aprenda a celebrar los éxitos, las fortalezas y las habilidades de sus hijos. Dios puede estar dándoles forma para un uso futuro en su plan redentor.

Viviendo con principios. José rechazó la seducción de la esposa de Potifar. Habría sido impensable deshonrar la confianza de su amo y su relación con Dios, quien lo envió a servir en la casa de Potifar. Sus hijos siempre estarán seguros en las manos de Dios incluso en medio de un trato injusto. José aprendió estos principios básicos de una vida ética de su padre y su madre. Sin embargo, la madre de José, Raquel, murió joven, poco después del nacimiento de Benjamín. Ella se aferró a los dioses de su padre (31:19) y es posible que no le haya proporcionado el tipo de guía espiritual y fe de Jacob. Los padres deben aprovechar cada oportunidad para invertir la palabra de Dios en las vidas, los corazones y las mentes de sus hijos. Estas primeras lecciones les servirán para guiarlos cuando deban tomar decisiones sin la guía de sus padres.

Audiencia de uno. Ya sea que José fuera asignado a la casa de Potifar, a la prisión o al palacio, aprendió a vivir y servir a una sola audiencia: Dios. Ninguna autoridad o situación terrenal era mayor que su relación personal y devoción a Dios. Los padres deben hacer todo lo posible para impresionar el carácter omnisciente y omnipresente de Dios. Los niños ganarán confianza y conciencia de la presencia de Dios que los guiará hacia una vida correcta. Aprenderán cómo ser una persona de fe en la oscuridad y en el centro de atención.

El poder del perdón. Uno de los hábitos más importantes que uno debe aprender es la capacidad de perdonar a quienes le han hecho daño, le han herido y le han lastimado. Enseñe esto a sus hijos, especialmente a sus hermanos. Señale a Dios como el máximo ejemplo de perdón. Enséñeles cómo Dios en Cristo nos ha perdonado nuestros pecados y busca restaurarnos y realinearnos a su propósito. Guíe a sus hijos y a su familia a tener una conciencia de Dios sobre la vida, las relaciones y los asuntos espirituales. Esta capacidad es fundacional para una vida familiar sana y que honre a Dios. El conflicto es inevitable. El perdón es una elección que conduce a la reconciliación en las relaciones familiares.

Dios redime. Todas las familias están abatidas, quebrantadas y son pecadoras. Ninguna familia es perfecta. Incluso las mejores familias, las familias que Dios usa en su plan de redención, tienen fallas y son menos de lo que podrían ser. Sin embargo, el quebrantamiento de nuestra familia es el laboratorio perfecto para experimentar la gracia, la misericordia y el poder redentor de Dios. Lo que él permite, también lo redime. Enseñe a sus hijos a conocer y aprender sobre Dios el redentor. Esta única verdad les será útil en los días oscuros de la vida. Enséñeles a poner su fe en Dios, a pesar de los momentos difíciles de la vida.

Resumen

La transición de José y sus hermanos y sus familias significó su salvación y rescate. La redención disponible en la tierra de Egipto se convirtió en la tierra de cautiverio cuando la nación de Israel fue sometida a trato severo y esclavitud a medida que la nación crecía. Surgió la necesidad de un libertador, y dos madres demostraron un impacto y una influencia increíble en la formación de un líder llamado Moisés.

Preguntas para reflexionar

1. ¿Cómo pueden los padres crear un ambiente familiar sin favoritismo entre los hermanos?
2. ¿Cuáles son las mejores formas de enseñar a los niños a perdonar?
3. Después del perdón, ¿qué se necesita para reconciliar las relaciones en la familia?
4. ¿Cuáles son algunos ejemplos de perdón en la Biblia que puede compartir con sus hijos?
5. ¿Qué decimos de nosotros mismos cuando elegimos el rencor en lugar de la gracia?

Capítulo 7

LA FAMILIA LIBERADORA

Moisés y sus madres

> El amor de una madre es el combustible que permite a un ser humano normal hacer lo imposible.
> —Marion C. Garretty

El trabajo de una madre es interminable. Su preocupación por sus hijos se extiende más allá de la niñez hasta la edad adulta. La labor de amor de las madres es una poderosa fuente de influencia y liberación. Una madre que conoce al Señor también sabe que su hijo fue creado con un propósito divino. Las madres que tienen una relación de fe con el Señor trabajan incansablemente para liberar a sus hijos para que lleguen a ser todo lo que Dios planeó. Liberan a sus hijos para que cumplan su destino en el plan redentor de Dios. Este capítulo cuenta la historia de cómo se utilizaron tres mujeres para salvar a un bebé de la muerte. Hay dos madres y dos hijas, y la hija del Faraón desempeña dos roles: inicialmente el de hija y eventualmente también el de madre adoptiva.[1] Las madres en la vida de Moisés desempeñaron un papel clave en la futura liberación de la nación de Israel.

La historia de Moisés y su familia comienza al final del libro de Génesis. José fue llevado cautivo a Egipto, ascendido a segundo al mando y luego recibió allí a sus hermanos y a su padre para salvar sus vidas durante una hambruna que azotó la región. El pueblo de Israel sobrevivió la hambruna mientras estaba en Egipto, pero con el tiempo fue esclavizado por los gobernantes egipcios y necesitaba un líder que los liberara de la esclavitud. Moisés se convirtió en ese líder. Al comienzo del libro de Éxodo, el escritor registra la llegada de los hijos de Jacob a Egipto, entre ellos Rubén, Simeón, Leví, Judá, Isacar, Zabulón, Benjamín, Dan, Neftalí, Gad y Aser. Sus familias vinieron con ellos y José ya estaba en Egipto. José y todos sus hermanos murieron, pero el pueblo de Israel rápidamente se multiplicó y llenó la tierra de Egipto.

Llegó al poder un nuevo faraón que no conocía a José ni su papel en salvar a la nación de la sequía y el hambre. El nuevo faraón estaba preocupado por el crecimiento del pueblo israelita y ordenó a los amos de esclavos que los pusieran a trabajar mediante trabajos forzados en proyectos de construcción para las ciudades almacenes de Pitón y Ramsés (Éxodo 1:1–14). Estas ciudades de almacenamiento, situadas en la parte noreste de Egipto, fueron construidas para proporcionar provisiones a las tropas egipcias. Los descendientes de José y sus hermanos fueron sometidos a duros trabajos y utilizados sin piedad por los egipcios, pero los israelitas siguieron creciendo en número.

Aborto egipcio

El faraón de Egipto temía la expansión de los israelitas e instruyó a las parteras hebreas, Sifra y Fúa, a observar el nacimiento de los bebés hebreos. Si el bebé era una niña, se le permitía vivir, pero si el bebé era un niño, la partera debía matar al niño hebreo. Sin embargo, las parteras, que temían a Dios, no hicieron lo que el rey ordenó. Cuando se les preguntó por qué permitieron vivir a los bebés hebreos, respondieron: "Las mujeres hebreas no son como las egipcias; pues son robustas, y dan a luz antes que la partera venga a ellas". En su desesperación, Faraón dio esta orden a todo su pueblo: "Echad al río a todo hijo que nazca, y a toda hija preservad la vida"

(Éxodo 1:15–22). El faraón decidió que la única manera de frenar la población hebrea era matar a todos los bebés varones arrojándolos al río Nilo. Este es el contexto en el que nació Moisés, el libertador.

El nacimiento de Moisés

Moisés proviene de la casa de Leví, uno de los hijos de Jacob que se estableció en la tierra de Egipto. Un hombre de la casa de Leví se casó con una mujer levita, la cual quedó embarazada y dio a luz un hijo (Éxodo 2:1–2). Cuando Jocabed, la madre de Moisés, lo vio, reconoció que era un niño hermoso, un niño bueno. En una época de alta mortalidad infantil, abandonar a un niño sano habría sido una experiencia amarga.[2] Inmediatamente después del nacimiento de Moisés, Jocabed lo escondió durante tres meses. Hizo lo que habría hecho cualquier madre responsable y cariñosa: amar a su bebé y tratar de mantenerlo con vida.[3]

Después de tres meses, el bebé se volvió demasiado activo, demasiado ruidoso para ocultarlo por más tiempo. Jocabed decidió inteligentemente poner a su hijo en el único lugar que ningún egipcio se molestaría en buscar: el mismo río Nilo, exactamente donde se suponía que debían ser arrojados los bebés varones hebreos (Éxodo 2:3).[4] Jocabed obedeció el decreto de Faraón a su manera. Ella "pone" (*sam*) en lugar de "arrojar" (*hislik*) al niño al Nilo. Ella lo coloca, no en medio del Nilo, sino entre los juncos cerca de la orilla.[5] En cierto sentido, Jocabed cumplió con la orden de Faraón, pero con un giro propio.[6]

La falta de acción por parte del padre de Moisés, Amram, no debe malinterpretarse como desinterés o desagrado. El escritor de Hebreos deja claro que "Por la fe Moisés, cuando nació, fue escondido por sus padres por tres meses, porque le vieron niño hermoso, y no temieron el decreto del rey" (Hebreos 11:23). Más bien, la descripción de Éxodo se centró más en el papel de la madre. Se esperaba que Amram trabajara como esclavo fuera del hogar durante largas horas al día. Jocabed fue quien tuvo que llevar a cabo el arriesgado e innovador plan de preservación de su hijo.[7]

El arca de Noé: versión mejorada

Jocabed tomó una cesta de papiro y la cubrió con alquitrán y brea. Luego colocó la cesta y la puso entre los juncos a lo largo de la orilla del Nilo, donde no era probable que los soldados egipcios buscaran a un recién nacido. La brea que utilizó estaba hecha de diversos tipos de mezclas de alquitrán y sustancias alquitranadas. Es posible que se viera influida por la Leyenda de Sargón de Acad, en la que Sargón fue colocado en un río en un recipiente hecho de juncos sellados con brea, rescatado por un sacador de agua, cuidado y criado. Con el tiempo se convirtió en un héroe legendario y luego en rey. Es posible que también haya sido influenciada por la historia del diluvio del Génesis de alguna forma con sus propios paralelos del rescate en el agua en un recipiente sellado con brea.

Miriam, la hermana de Moisés, se mantuvo a cierta distancia de la cesta para ver qué le pasaría a su hermanito. La participación de Miriam demuestra que la familia estaba involucrada en la protección de Moisés, como era de esperar.[8] Jocabed claramente tenía algo en mente además del abandono del niño. Cada una de las acciones que tomó estaba llena de amor y esperanza de liberación, aunque ella no conocía los detalles.[9] Lo que sucedió después parece haber sorprendido a todos los involucrados.

El descubrimiento de Moisés

La hija del faraón bajó al río Nilo para bañarse con sus doncellas. Mientras caminaban por la orilla del río, ella vio una cesta entre los juncos y le pidió a su esclava que fuera a traerla. Abrió la cesta, vio al bebé llorando y se compadeció de él. Ella dijo: "De los niños de los hebreos es éste". No hay ninguna sugerencia de que la cesta de Moisés fuera colocada donde los egipcios pudieran haberla encontrado. Al contrario, esto no formaba parte del plan previsto por Jocabed. Para un egipcio, descubrir a Moisés habría significado poner al bebé en peligro.[10]

Miriam, la hermana de Moisés, le preguntó a la hija de Faraón: "¿Iré a llamarte una nodriza de las hebreas, para que te críe este niño?" La hija de Faraón dijo que sí, entonces Miriam fue y trajo a la verdadera madre del bebé. La hija de Faraón le dijo a la madre de Moisés: "'Lleva a este niño y críamelo, y yo te lo pagaré'. Y la mujer tomó al niño y lo crió" (Éxodo 2:9).

Durante estos días de cuidar y criar a Moisés, Jocabed y Amram tuvieron la oportunidad de enseñarle todo lo que sabían acerca del Dios de sus padres.[11] Moisés debió haber crecido escuchando la historia de su descubrimiento de boca de su madre adoptiva, su madre biológica y su hermana.[12] Jocabed fue liberada de una prisión de miedo a la seguridad de recibir un pago para amamantar a su propio hijo.[13] Ella hizo todo lo que pudo para evitar la muerte de su hijo y terminó siendo capaz de amamantar y criar a su propio pequeño.[14] Debe haber sido difícil para ella procesar el hecho de que una mujer egipcia, el enemigo, encontró al hijo que estaba tratando de esconder.

Dios convirtió circunstancias inimaginables en esperanza y salvación.[15] Moisés fue liberado de la condenación de la agotadora esclavitud para disfrutar de lo mejor de ambos mundos.[16] Fue tratado con bondad maternal por la hija del faraón que lo había condenado a muerte. También confió su cuidado a la única mujer en todo el mundo que quería lo mejor para él.[17] Hay algo de humor en el hecho de que la hija de Faraón contratara a la madre de Moisés para hacer exactamente lo que ella quería hacer por su hijo.[18] Pero Moisés necesitaba una familia en la que crecer y desarrollarse.

La adopción de Moisés

En la antigüedad, los niños eran amamantados hasta los tres o cuatro años, por lo que la princesa egipcia no obtuvo la custodia de Moisés hasta que fue mayor.[19] Después que fue destetado, la madre de Moisés lo llevó con la hija de Faraón, y se convirtió en su hijo. "Y le puso por nombre Moisés, diciendo: 'Porque de las aguas lo saqué'" (2:10). La princesa egipcia honró conscientemente los orígenes hebreos de Moisés y lo hizo legítimamente egipcio con un nombre en su propia lengua, enfatizando que estaba adoptando un hijo.[20] Los motivos de la madre de Moisés, de su hermana Miriam y de la hija del faraón parecen haber sido puros y apropiados. Aunque Moisés creció en la casa de Faraón, hay evidencia de que creció conociendo a su hermana Miriam y a su hermano Aarón, ya que más tarde le dijo a Jetro, su suegro: "Iré ahora y volveré a mis hermanos que están en Egipto, para ver si aún viven" (4:18). Dios utilizó a estas mujeres para hacer lo que sabían hacer bien y lo que su cultura honraba especialmente en las mujeres: preservar y criar a un niño.[21]

Gracias a la divina providencia de Dios, Jocabed fue contratada para amamantar a su propio hijo y criarlo cuando era un niño. Moisés recibió el amor y el cuidado maternal que todo niño necesita y desea. Ella pudo enseñarle a Moisés sobre la vida hebrea, la cultura y la fe, así como orientarlo hacia el Dios de Israel. Miriam jugó un papel decisivo al conectar a Jocabed con la hija del faraón para que amamantara a su hijo recién descubierto. Miriam estaba en el lugar adecuado en el momento adecuado para hacer esta conexión para su hermano Moisés. La hija de Faraón adoptó a Moisés como su hijo y lo crió de acuerdo con la cultura, las costumbres y las responsabilidades cívicas de la familia de Faraón. Estas mujeres desempeñaron un papel fundacional en la preparación de Moisés para liberar una nación.

Liberando una nación

Moisés creció como un joven líder egipcio. Comenzó a presenciar el maltrato de su pueblo, los israelitas, a manos de los soldados egipcios. Tomó en sus propias manos la liberación de su pueblo y asesinó a un soldado egipcio que maltrataba a un israelita y escondió su cuerpo en la arena. Cuando Moisés se dio cuenta de que sus compatriotas habían visto el asesinato, temió por su vida y huyó a la tierra de Madián en el desierto (Éxodo 2:11-15).

Moisés se estableció en la tierra de Madián y se casó con Séfora, la hija de Jetro. Mientras cuidaba el rebaño de Jetro, el Señor se apareció a Moisés a través de una zarza ardiente y lo llamó para sacar al pueblo de Israel de la esclavitud. Su tarea era ir a Faraón y decirle que liberara al pueblo de Israel de la esclavitud (Éxodo 3). Moisés dudó de su capacidad y le suplicó al Señor que enviara a alguien más. Pero Dios insistió en que Moisés era el hombre adecuado para el trabajo.

Moisés regresó a Egipto y le pidió a Faraón que liberara al pueblo de Israel, pero Faraón se negó a liberarlos. A cambio, el Señor le dijo a Moisés que enviaría plagas a Egipto. Moisés advirtió a Faraón, pero Faraón endureció su corazón hacia Dios. Dios envió plagas de sangre en el agua, mosquitos en el cielo, moscas, la muerte del ganado, granizo, langostas, oscuridad y finalmente la muerte de los primogénitos (Éxodo 4-11). Luego, Moisés dirigió al pueblo de Israel a prepararse para lo que se conocería como la Pascua, para evitar el impacto del ángel de la muerte sobre los primogénitos de Israel (Éxodo 12). Después de estas plagas y la muerte del hijo primogénito de Faraón, finalmente accedió a que el pueblo de Israel comenzara el éxodo de Egipto hacia el desierto.

El pueblo de Israel, sus hijos, nietos y todas sus posesiones fueron cargados en una caravana y se dirigieron al desierto. Llegaron al Mar Rojo y quedaron atrapados con el ejército de Faraón persiguiéndoles. Dios abrió las aguas del Mar Rojo, permitió el cruce del pueblo israelita y luego cerró las aguas sobre el ejército egipcio y los destruyó ahogándolos (Éxodo 13-14).

El pueblo de Israel finalmente quedó libre de sus opresores y vagó por el desierto durante cuarenta años hasta llegar a la Tierra Prometida (Éxodo 16-40). En el desierto, Moisés recibió los Diez Mandamientos y condujo al pueblo hasta el borde de la tierra de

Canaán. Pero a Moisés no se le permitió entrar a la Tierra Prometida. Sin embargo, él fue el líder instrumental que sacó al pueblo de Israel de la esclavitud y lo condujo al borde de la tierra prometida a Abraham.

La influencia de las madres

Quizás haya escuchado el dicho "La mano que mece la cuna gobierna el mundo". El objetivo de este capítulo es centrarse en el papel y la influencia de una madre. No se puede subestimar el impacto de las madres de Moisés en su vida y liderazgo. El amor de las madres de Moisés le permitió hacer lo imposible: estar a la altura del llamado de Dios para liberar a una nación. La madre de Moisés y su madre adoptiva tuvieron una influencia increíble en la vida y trayectoria de Moisés como líder, libertador y pastor de una nación.

Las mujeres en la vida de Moisés no sólo contribuyeron a la prosperidad de los hijos de Israel, sino que también permitieron que este niño en particular, destinado a convertirse en el líder de Israel, surgiera con la mejor preparación posible para su tarea.[22] El sabio escritor del libro de Proverbios registró una letanía de características de mujeres, esposas y madres que nos señalan el tipo de mujeres que dan forma al mundo. En Proverbios 31, se le describe como una mujer de carácter noble, que goza de la plena confianza de su marido, trae el bien a su familia todos los días de su vida, trabaja con manos diligentes y proporciona alimento a su familia (Proverbios 31:10–15). Se le ve como una mujer fuerte y se le compara con una leona en el cuidado de sus crías.[23] Como leona, antepone el bienestar de su hogar a su propia comodidad.[24] Se dedica a los bienes raíces, la agroindustria, el comercio, y trabaja hasta altas horas de la noche para el beneficio de su familia (Proverbios 31:16–19). Estas actividades son ocasionales,[25] pero hay una cepa de industria que corre por su sangre.[26] Ella es administradora del hogar y una persona de comercio.[27] Demuestra una gran fuerza, destreza e ingenio y parece elogiar la extraordinaria capacidad de una esposa para mantener un hogar incluso contra grandes adversidades.[28] Su hogar es su base de operaciones en la comunidad donde sirve a los pobres y necesitados.[29] Proporciona ropa para su familia, muebles para su hogar y está vestida de lino fino. Mantiene una estrecha vigilancia sobre los asuntos de su casa y está lista para corregir cualquier irregularidad para mantener su orden.[30] Es respetada en la ciudad y ocupa su lugar entre los líderes del país.

Esta admirable mujer se reviste de fuerza y dignidad y conoce el valor del humor. Ella habla con sabiduría y fiel instrucción (Proverbios 31:20–27). Esta sabia esposa es la mediadora de las bendiciones de Jehová para la casa. Es a través de su trabajo y su "temor a Jehová" que prevalece el *shalom*, la paz.[31] Se le conoce como una maestra sabia y amable.[32] Los antiguos sabios creían que una mujer así, con fuerza, determinación, habilidad, diligencia y devoción, e inteligencia proporcionó la base para el éxito de su familia y el éxito de su comunidad.[33]

Un comentarista dijo: "Lo que son los hogares de una nación, la nación es; y es la alta y hermosa función de la mujer de formar los hogares y, dentro de su poder reside la terrible capacidad de estropearlos".[34] Por lo tanto, se deduce que la condición de una mujer es la piedra de toque de la sociedad civilizada.[35] Madres que condicionan a sus hijos a buscar este tipo de cualidades en una esposa les enseñará a evitar buscar bellezas superficiales y encantos evanescentes en las mujeres que eligen.[36] Los hijos de la mujer de Proverbios 31 la respetan y la llaman bienaventurada. Su marido la elogia. Si bien es hermosa, la belleza interior que lleva es su temor del Señor. Ella debe ser recompensada por lo que ha ganado y debe ser alabada en público (Proverbios 31:28–31). Este es el tipo de mujeres que merecen ser elogiadas.

Pienso en las mujeres de mi vida: mi madre, Gloria García Reyes; mi suegra, Elia Olivares Alvarado; y mi esposa, Belinda Alvarado Reyes. He sido bendecido más allá de cualquier expectativa porque ellas reflejan brillantemente a la mujer de Proverbios

31. Me han formado profundamente y me han permitido convertirme en el hombre que soy hoy. Han formado a sus esposos, hijos e hijas con el temor del Señor y han demostrado las características del tipo de mujer que forma un hogar y una nación.

Principios para la esperanza familiar

La historia de Moisés es un poderoso ejemplo de cómo una madre biológica y una madre adoptiva dieron forma a un líder nacional, a una nación y al destino futuro de un pueblo dentro del contexto de la obra redentora de Dios en la historia. Aquí hay algunos principios a considerar sobre el valor de las madres.

Tema y obedezca al Señor. Por encima de todo, las parteras hebreas temían y obedecían al Señor Dios más que a Faraón. Lo hicieron poniendo en riesgo sus propias vidas. Pensaban que era más importante obedecer a Dios que obedecer al hombre. El Señor bendijo a estas parteras con sus propios hijos y las protegió de cualquier daño. Las madres que temen al Señor y obedecen sus mandamientos sobre todo serán bendecidas y honradas por el Señor. Ésta es la única cualidad que distingue a las madres piadosas. Su obra armoniza con la obra redentora de Dios en la historia humana.

Valor, innovación y fe. Jocabed demostró mucho valor e ingenio cuando desarrolló un plan para cumplir indirectamente el edicto del faraón y al mismo tiempo encontrar una manera de preservar la vida de su hijo. Ella encontró una solución por fe para que su hijo fuera preservado en lugar de abandonado. A veces sólo podemos hacer lo que sabemos hacer y depender de Dios para salir de una mala situación. Las madres resuelven problemas, pero son sabias cuando también dependen de la ayuda del Señor. Las madres con valentía, innovación y fe pueden formar el futuro de una nación.

Espacio para que Dios obre. Las madres llenas de fe siempre dejan espacio para que Dios obre de manera sobrenatural y sorprendente en la vida de sus hijos. Las madres sabias no intentan ocupar el lugar de Dios en la vida de sus hijos. Más bien, reconocen la soberanía de Dios, el poder de Dios, para intervenir y depender de Dios para intervenir en el momento adecuado. Reconocen los planes y el propósito de Dios en la vida de sus hijos y están atentos a su intervención. Jocabed no planeó que Moisés fuera descubierto por una princesa egipcia, pero Dios sí. Así es como Dios obra en la vida de nuestros hijos, es decir, de maneras inesperadas y sorprendentes que demuestran una vez más que sólo él es Dios. Sus caminos no son nuestros caminos. Sus pensamientos no son nuestros pensamientos (Isaías 55:8).

Familias para siempre. El mejor lugar para que un niño crezca y se desarrolle es la familia. Esto fue cierto para Moisés a pesar de que no creció enteramente en su familia biológica. Su familia biológica estaba cerca y lo suficientemente cerca como para servirle. Sin embargo, su madre adoptiva, la hija de Faraón, se convirtió en su familia hasta que fue joven. Las familias adoptivas llenan el vacío cuando no es posible vivir con la familia biológica. Son familias heroicas para niños que necesitan un hogar en el que prosperar. Dios no sólo proporcionó una familia adoptiva para Moisés, sino también los recursos financieros para que Jocabed lo cuidara en sus primeros años. Donde Dios guía, también provee.

El gran llamado. Ser madre es un gran llamado en la vida. Las madres forman a niños y niñas que se convertirán en hombres y mujeres que darán forma a una comunidad, una aldea, una ciudad, un estado y una nación. Este papel en la sociedad estabiliza una comunidad de personas. La escuela de formación del hogar es donde aprendemos a vivir, a llevarnos bien con los demás, a respetarlos y a tratar a los demás como queremos que nos traten a nosotros. Aprendemos a amar, perdonar, liderar, organizar y compartir con los demás en el hogar. Las madres son estratégicamente críticas en la formación de líderes y naciones.

El hogar, microcosmos de la nación. El bienestar del hogar bien gestionado por su madre refleja la nación. El bienestar de las madres es responsabilidad de los hombres y de toda la familia. Cada sociedad, pueblo y comunidad está formada por familias, por hogares que componen la comunidad. La salud del hogar será la salud de la comunidad. Cuando las familias triunfan, las comunidades triunfan. Lo opuesto también es cierto.

Celebren a las mujeres. Una mujer sabia y piadosa debe ser celebrada. Se le deben brindar todas las oportunidades para aprender, sobresalir, prosperar, liderar y ser reconocida por su increíble trabajo dentro y fuera del hogar. Las mujeres emprendedoras, orientadas al comercio, proveedoras en el hogar y respetadas en la ciudad deben ser celebradas por otras mujeres y especialmente por los niños y hombres en sus vidas. Son dignas de elogio.

Resumen

La liberación de Egipto rescató al pueblo de Israel de la esclavitud y los puso en camino hacia la tierra que Dios prometió a Abraham, Isaac y Jacob. A medida que la nación crecía, también su deseo crecía de ser como otras naciones que tenían reyes. ¿Cómo sería la vida familiar para el gobernante de Israel? Esas respuestas aparecen en el próximo capítulo.

Preguntas para reflexionar

1. ¿Cuáles son las características más deseables de las mujeres que admira?
2. ¿Qué tipo de problemas resuelven las madres todos los días?
3. ¿Cuál es la mejor contribución que una madre puede hacer por sus hijos?
4. ¿Cómo forman las madres la próxima generación?
5. ¿Cómo pueden las iglesias impactar positivamente la salud de un hogar, una familia?

Capítulo 8

LA FAMILIA REAL

El rey David y Absalón

> Hijos, obedeced a vuestros padres en todo, porque esto agrada al Señor. Padres, no exasperéis a vuestros hijos, para que no se desalienten.
> —Colosenses 3:20–21

El primer lugar donde un padre lidera es en su propia familia. Sin embargo, muchos padres que lideran fuera de casa luchan por brindar liderazgo a su familia, especialmente a sus hijos. Los padres desempeñan un papel importante en el desarrollo de los niños y el bienestar de la familia. Los hijos e hijas necesitan la atención y la presencia de su padre de manera similar; necesitan lo mismo de su madre. Aun así, los hijos adultos son libres de tomar decisiones en la vida que no son coherentes con lo que aprendieron cuando eran niños. Este escenario puede resultar desafiante cuando el padre también es un líder. Tanto los padres como los hijos enfrentan circunstancias únicas cuando un padre lidera fuera del hogar. La historia del rey David y su hijo Absalón pone de manifiesto esta verdad.

La nación de Israel fue guiada por una serie de profetas que proporcionaron liderazgo y conocimiento espiritual. Sin embargo, el pueblo quería un rey al que pudieran ver y seguir. Querían ser como otras naciones que los rodeaban. Su deseo de adaptarse a otras sociedades los desvió del plan de Dios para ellos e introdujo consecuencias negativas. Dios accedió a su petición con el rey Saúl y más tarde eligió a David como rey de Israel. Se puede aprender mucho sobre esta familia real y los desafíos que enfrentan quienes buscan liderar a su familia y tener un impacto piadoso en sus vidas.

La historia comienza con la entrada de David al liderazgo cuando era joven y fue seleccionado y ungido como futuro rey de Israel. Sus propios hermanos y familiares pensaban que David era un candidato improbable, pero el Señor le dijo al profeta Samuel: "Jehová no mira lo que mira el hombre; pues el hombre mira lo que está delante de sus ojos, pero Jehová mira el corazón" (1 Samuel 16:7). Cuando David llegó a la casa de su padre desde los campos donde cuidaba las ovejas, Samuel lo ungió, "y desde aquel día en adelante el Espíritu de Jehová vino sobre David" (1 Samuel 16:13).

Una de las primeras cosas que hizo David en su viaje de liderazgo fue derrotar a Goliat, un guerrero filisteo de Gat, usando una honda y cinco piedras lisas. Goliat retó a todos los hombres del ejército de Israel a luchar en el campo de batalla. Los perdedores se convertirían en esclavos de los ganadores. Ninguno de los hombres del ejército de Israel respondió excepto David. Mientras Goliat avanzaba hacia David en el campo de batalla, David corrió hacia la línea de batalla, sacó una piedra lisa, la cargó en su honda y la arrojó a la cabeza de Goliat, golpeándolo de lleno en la frente. Goliat cayó boca abajo al suelo, lo que provocó la derrota del ejército filisteo (1 Samuel 17:48–52).

La victoria en el campo de batalla no le ganó necesariamente el favor de todos a David. Aunque la derrota de Goliat y del ejército filisteo fue una victoria para David y para la nación de Israel, el rey Saúl sintió celos. La popularidad de David creció y la popularidad del rey Saúl comenzó a disminuir. El rey Saúl, que había autorizado a David a luchar contra Goliat, se enojó y se puso celoso cuando sus hombres comenzaron a celebrar la victoria de David. En otra ocasión, surgió un complot para hacer que los filisteos mataran a

David. David logró matar a doscientos soldados filisteos y recibió en matrimonio a Mical, la hija del rey Saúl. Cuando el rey Saúl vio que la mano de Dios estaba sobre David, tuvo más miedo y se convirtió en enemigo de David y planeó matarlo (1 Samuel 18 y 19). Irónicamente, el hijo del rey Saúl, Jonatán, se hizo muy amigo de David (1 Samuel 20). Después de muchos años de tensión entre el rey Saúl y David, el rey Saúl comenzó a perder batallas contra los filisteos y perdió una batalla final en el monte Gilboa. Los filisteos capturaron y mataron a Jonatán, Abinadab y Malquisúa, hijos del rey Saúl. El rey Saúl vio acercarse al enemigo y cayó sobre su propia espada y murió (1 Samuel 31).

Después de la muerte del rey Saúl, David fue ungido rey sobre Israel y recibió promesas del Señor al comienzo de su reinado (2 Samuel 7:11–17). El Señor dijo a David: "Y será afirmada tu casa y tu reino para siempre delante de tu rostro, y tu trono será estable eternamente" (7:16). Después de la coronación de David, surgió tensión entre la casa de Saúl y la casa de David (2 Samuel 2:8–31). Sin embargo, David estaba decidido a bendecir la casa de Saúl. Preguntó acerca de algún pariente vivo del rey Saúl con quien pudiera mostrar bondad. Siba, criado de la casa de Saúl, presentó el nombre de Mefiboset, hijo de Jonatán. Mefiboset estaba cojo de ambos pies. David lo llamó a su palacio y dio instrucciones para que Mefiboset recuperara la tierra que había pertenecido a su abuelo Saúl e hizo provisiones para que Mefiboset comiera a la mesa de David todos los días de su vida. En cierto sentido, por amor a Jonatán, David adoptó como hijo a Mefiboset, un hombre lisiado y vulnerable (2 Samuel 9:1–13).

Mientras David estuvo en Hebrón, tuvo seis hijos con diferentes mujeres. Entre sus hijos estaba Amnón, hijo de Ahinoam de Jezreel (2 Samuel 3:1–5). La tragedia comenzó a desarrollarse en la familia real con el encuentro del rey David con Betsabé. Él la deseó, mandó llamarla y se acostó con ella. Poco después de ese encuentro, Betsabé, la esposa de Urías el hitita, quedó embarazada de un hijo de David. El rey envió a Urías al frente de la batalla con la intención de que perdiera la vida. Urías murió en una feroz batalla y David tomó a Betsabé por esposa. El profeta Natán se enfrentó al rey David por su plan de casarse con Betsabé y matar a Urías. A su debido tiempo, Betsabé dio a luz a un hijo, que murió poco después de su nacimiento (2 Samuel 11–12).

La familia del rey David tuvo más problemas cuando Amnón, uno de los hijos de David, se enamoró de Tamar, la hermosa hermana de Absalón, otro hijo de David y, en consecuencia, hermanastra de Amnón. Amnón se entristeció hasta el punto de enfermarse porque no podía satisfacer el deseo que sentía por su media hermana. Amnón recibió consejos de su primo Jonadab sobre cómo seducir a Tamar y tener relaciones sexuales con ella. Tamar cayó en la trampa pero se negó a tener relaciones sexuales con su medio hermano. Amnón rechazó la súplica de Tamar y la violó. Después de la violación, Amnón desarrolló odio hacia Tamar y la despidió. Absalón se enteró por Tamar de la violación, pero no tomó otra medida que desarrollar odio hacia Amnón por lo que le hizo a Tamar. Cuando el rey David se enteró de esto, se enfureció pero no tomó ninguna medida en respuesta. Quizás el rey David no tomó ninguna medida porque Amnón era su hijo primogénito favorecido.[1]

Dos años más tarde, Absalón desarrolló un complot para asesinar a Amnón. Organizó a sus hermanos para que esperaran hasta que Amnón estuviera borracho de vino en una fiesta para atacarlo y matarlo. Absalón llevó a cabo con éxito su plan de matar a Amnón. Después de esto, Absalón y sus hermanos montaron en mulas y huyeron. Absalón huyó mientras todos los demás hermanos cabalgaban para estar con el rey David. Cuando se reunieron, todos se unieron a David y lloraron el asesinato de Amnón. Absalón permaneció en Gesur durante tres años (2 Samuel 13:1–38). El rey David amaba a Amnón y lamentó la muerte de su hijo y la participación de sus hijos en esta tragedia.

La conspiración de Absalón

Después de varios años de vivir en Gesur, el rey David envió a Joab, uno de sus siervos, para que trajera a Absalón de regreso a Jerusalén. Absalón era un adulto maduro y guapo. El profeta Samuel dijo de Absalón: "Y no había en todo Israel ninguno tan alabado por su hermosura como Absalón; desde la planta de su pie hasta su coronilla no había en él defecto" (2 Samuel 14:25). Absalón vivió en Jerusalén sin ver nunca al rey David en persona.

Absalón no estaba satisfecho con vivir a la sombra de su padre, el rey David, así que comenzó a ganarse el cariño de la gente que venía a visitar al rey con problemas y quejas. También adquirió un carro y caballos con cincuenta hombres para correr delante de él. Al cabo de cuatro años, Absalón pidió permiso para trasladarse a Hebrón y el rey accedió. Hubo muy poco contacto o compromiso relacional entre el rey David y su hijo Absalón durante este tiempo. Absalón se declaró rey de Hebrón y reunió un pequeño ejército de doscientos hombres mientras desarrollaba una conspiración para usurpar el trono de su padre (2 Samuel 15:1–12). Uno de los siervos del rey David le informó del complot de Absalón para derrocarlo. El rey reunió a su familia, sus sirvientes y su ejército y huyó de Jerusalén para evitar un ataque de Absalón a la familia real. David dejó diez concubinas para cuidar el palacio en su ausencia. Absalón hizo exactamente lo que David predijo y entró en Jerusalén con su ejército (2 Samuel 15:13–37).

Absalón, siguiendo el malvado consejo de su amigo Husai, comenzó a deshonrar el palacio de su padre al tener relaciones sexuales con las concubinas de David en una tienda en el techo del palacio real para que todos lo vieran. El plan era provocar a su padre para que atacara Jerusalén, pero el plan fracasó (2 Samuel 16:15–23). El rey David llegó a Mahanaim con sus ejércitos, sus siervos y todo lo de su casa. Allí organizó su ejército en tres grupos, nombrando comandantes de miles y comandantes de cientos.

Un tercio del ejército estaba bajo el mando de Joab, un tercio bajo el mando de Abisai, hermano de Joab y un tercio bajo el mando Itai, el getita (2 Samuel 18:1–3). El rey David envió sus ejércitos para atacar a Absalón y a sus hombres y dio esta palabra de guía a sus ejércitos: "Tratad benignamente por amor de mí al joven Absalón" (2 Samuel 18:5). La petición del rey David de tratar a su hijo con indulgencia acentuó su amor por su hijo y la esperanza de una futura reconciliación.[2] Este mandato con Absalón como padre-rey, aúna las exigencias del estado y los anhelos de un padre.[3] Las tensiones entre un padre e hijo se exacerban en el caso del rey David y Absalón.[4]

La muerte de Absalón

La muerte de Absalón pinta un cuadro contrastante de las relaciones familiares resultantes de la desobediencia y la rebelión, además de aumentar el número de vidas de niños perdidos en la muerte. El ejército del rey David se enfrentó al ejército de Absalón en el bosque de Efraín. El ejército de Absalón sufrió grandes pérdidas y perecieron hasta veinte mil hombres (2 Samuel 18:7). Absalón finalmente se encontró cara a cara con el ejército de David bajo el liderazgo de Joab, el comandante. Absalón iba montado en una mula y comenzó a huir de los hombres del rey David. Mientras la mula huía bajo las gruesas ramas de un roble, la cabeza de Absalón quedó atrapada en el árbol. Quedó colgado en el aire, mientras la mula que montaba seguía avanzando.

Un comentarista sugirió que la frase "colgando entre el cielo y la tierra" simboliza que Absalón está suspendido entre la vida y la muerte, entre la sentencia de un rebelde y el valor de un hijo, entre la severidad del rey y el anhelo de un padre.[5] El comandante Joab fue notificado de que Absalón estaba colgado de un árbol, así que Joab tomó su jabalina y la clavó en el corazón de Absalón. El resto de los escuderos de Joab rodearon a Absalón, lo golpearon y lo mataron (2 Samuel 18:14–15).

Absalón no pudo escapar del juicio divino. El Señor declaró en la Torá que el que deshonraba a su padre era maldito (Deuteronomio 27:16) y de la misma manera el que se acostaba con la esposa de su padre era maldito (Deuteronomio 27:20). Absalón había hecho ambas cosas.[6] Joab desobedeció las instrucciones del rey David y acabó con la vida a Absalón en el fragor de la batalla. Joab sabía mejor que el propio David, quien se guiaba por la sensibilidad paternal en esta situación, que un mayor perdón de Absalón sólo conduciría a poner más en peligro el reino.[7] El trono de David no habría estado seguro mientras Absalón viviera.[8] La muerte de Absalón eleva a tres el número de hijos que David ha perdido a causa de sus pecados contra Betsabé y su marido Urías el hitita.[9]

Joab, el capitán del ejército del rey David, hizo sonar una trompeta para indicar que la batalla había terminado. Las tropas de David dejaron de perseguir a Israel. Tomaron el cuerpo de Absalón y lo arrojaron en un gran hoyo en el bosque y amontonaron un gran montón de piedras sobre él mientras todos los israelitas huían a sus hogares (2 Samuel 18:16–17). Esta era la clase de entierro que se ofrecía a un hombre maldito.[10] Dicen los escritores judíos que cada quien pasaba acostumbraba arrojar una piedra en memoria del rebelde Absalón y, al lanzarla, decir: "Maldita sea la memoria del rebelde Absalón; y malditos sean para siempre todos los hijos malvados que se levantan en rebeldía contra sus padres". [11] Este es el fruto final de la ofensa de Absalón, la desobediencia a unos padres que fueron amables con él, tal vez tratándole mejor de lo que se merecía.[12]

El dolor de un padre

Joab envió a Ahimaas, un mensajero, para dar a David la noticia de la muerte de Absalón. Entró en presencia del rey, se postró y dijo:

"Reciba nuevas mi señor el rey, que hoy Jehová ha defendido tu causa de la mano de todos los que habían levantado contra ti". El rey entonces dijo al etíope: "¿El joven Absalón está bien?" Y el etíope respondió: "Como aquel joven sean los enemigos de mi señor el rey, y todos los que se levanten contra ti para mal". Entonces el rey se turbo, y subió a la sala de la puerta, y lloró; y yendo, decía así: ¡Hijo mío Absalón, hijo mío, hijo mío Absalón! ¡Quién me diera que muriera yo en lugar de ti, Absalón, hijo mío, hijo mío! (2 Samuel 18:31–33)

Parece extraño que el rey David no pida detalles sobre la muerte de su hijo. David no ofrece ninguna reacción ante las noticias de los mensajeros, aparte de un gran sentimiento personal de dolor y pérdida. Sólo quiere saber si Absalón está a salvo.[13] Cuando escuchó la noticia, gritó el nombre de Absalón tres veces, indicando la profundidad de su dolor por la pérdida de su hijo. El rey-poeta, que normalmente estaba dotado de palabras en momentos críticos de su vida, sólo pudo sollozar en ese momento.[14] Su agonía incluía la pérdida de su hijo, el hecho de que su hijo muriera en rebelión sin expresar una palabra de arrepentimiento, sin una sola petición de perdón, sin un acto o una palabra que fuera agradable. David podría haber dicho al menos una palabra o frase que podría haber suavizado el golpe de la muerte y el hecho de que su condición rebelde ha pasado al juicio de Dios.[15]

El dolor del rey David expone una situación difícil para él como rey, para su familia y para sus súbditos. Aunque Absalón era hijo de David, también era un traidor. Parece que el dolor de David fue mucho mayor que su gratitud hacia sus tropas por su victoria y, en última instancia, hubo una falta de gratitud hacia Dios, quien fue el verdadero autor de su éxito militar.[16] David entró en un dolor profundo, desenfrenado y desprotegido, y tal vez fue su momento de mayor angustia.[17] David el padre tuvo prioridad sobre David el rey, un conflicto con el que vivió durante toda la revuelta de su hijo Absalón. Debía este tipo de amor y devoción a sus leales súbditos.[18]

Parece que en los asuntos domésticos el rey David no estaba acostumbrado a ponerse bajo el control de la Divinidad como lo estaba en los asuntos más públicos de su vida. En consecuencia, en asuntos familiares, carecía de la influencia constante de la sumisión a la voluntad de Dios.[19]

Es posible que David esté afligido por algo más que la muerte de Absalón. También puede estar afligido por la muerte del hijo de Betsabé, la violación de Tamar, el asesinato de Amnón, la pérdida de la confianza del pueblo y, en última instancia, el conocimiento de que él es el culpable de todas estas pérdidas. Es posible que en su mente hayan resonado las palabras del profeta Natán de que "la espada no se apartaría de su casa y su propia familia se levantaría contra él". El propio pecado de David puso al rey de rodillas, al reino por los suelos y a sus hijos en la tumba.[20]

El estribillo final de esta viñeta de dolor fue la declaración del rey David: "¡Quién me diera que muriera yo en lugar de ti, Absalón, hijo mío, hijo mío!" (2 Samuel 18:33). En su agonía de dolor privado, el rey David se olvidó del bienestar público de la nación. Un comentarista pregunta: ¿Habría sido lo mejor para la nación que David hubiera muerto en lugar de Absalón? Imagínese qué clase de reino habría resultado. Imagínese el destino y el futuro de los valientes que lucharon por David. La condición de los siervos de Dios en todo el reino se habría visto dañada. Imagínese la influencia de un monarca impío como Absalón en los intereses de la verdad y la causa de Dios. La afirmación del rey David de que preferiría haber muerto en lugar de Absalón parecen ser palabras de afecto imprudente y no aconsejadas.[21]

Es posible que los guerreros del rey David se sintieran desanimados. Los que habían arriesgado sus vidas no recibieron ni una palabra de su rey. Se dieron cuenta de que su rey no podía pensar en nadie más que en su hijo, que ahora estaba muerto. Joab, el capitán del ejército de David, se acercó a David y se enfrentó a él por cuestiones de humillar a sus hombres, lo retó a pensar más en ellos que habían luchado para salvar su vida y lo retó a reconsiderar su amor por el hijo que lo odiaba y su odio por los guerreros que lo amaban. Joab advirtió a David que debía salir inmediatamente y animar a sus hombres o correr el riesgo de perderlos a todos al anochecer (2 Samuel 19:5-7). En esa noche y en muchas noches siguientes, en el silencio de la alcoba del rey David, tal vez por el resto de su vida, el pensamiento de esa batalla y su catástrofe culminante debe haber atormentado a David como un sueño desagradable.[22]

Absalón es un ejemplo clave de los peligros del orgullo y la vanidad personal y la extravagancia a expensas de su padre.[23] El impacto de una familia disfuncional se manifiesta en la familia real. En lugar de una familia que funciona normalmente, las consecuencias de una vida familiar disfuncional impactan no sólo a los individuos involucrados sino también a toda la nación. La dinámica familiar está en el centro de esta desafortunada historia en la vida de la familia real.

Principios de la esperanza familiar

Esta es una historia dolorosa de leer. Sin embargo, hay varios principios que podemos extraer de la familia real que pueden resultar útiles para los padres de hoy, especialmente en lo que se refiere a la relación entre padres e hijos. También puede haber lecciones para los líderes organizacionales y ministeriales que buscan ser buenos padres mientras manejan sus responsabilidades como líderes.

Múltiples esposas y matrimonios. David parece haber ignorado las enseñanzas del Antiguo Testamento sobre el matrimonio (Génesis 2:24-25). En cambio, tuvo varias esposas que tuvieron un total de seis hijos. El matrimonio más destacado fue el de Betsabé después de la muerte de Urías. David se equivocó al aprovecharse de Betsabé y al ordenar a Urías que fuera al frente de la batalla. El deseo sexual desenfrenado de David provocó una tragedia en las vidas de los involucrados.

Disciplina paterna y consecuencias. Cuando el rey David se enteró de la violación de Tamar por parte de Amnón, no tomó ninguna medida, no aplicó ninguna consecuencia e ignoró por completo la grave injusticia cometida contra su hija, la hermana de Absalón. Los padres deben realizar el desafiante trabajo de enseñar el comportamiento correcto y responder con consecuencias tangibles por la desobediencia. David no hizo ninguna de las dos cosas.

Algunos comentaristas sugieren que Amnón era el primogénito favorecido, lo que llevó al rey David a ser blando con él y ahorrarle las consecuencias. Sin embargo, ocultar las consecuencias de la violación de Tamar sólo preparó el camino para la muerte de Amnón a manos de Absalón. Tres años después de la violación de Tamar, Absalón planeó y ejecutó la muerte de Amnón. Aunque David lamentó la muerte de Amnón, no ejecutó ninguna consecuencia sobre Absalón. David tenía el deber paterno de responder con consecuencias y tenía autoridad gobernante como rey para responder con consecuencias y castigo. Por difícil que parezca, los padres deben dar un paso al frente y proporcionar consecuencias razonables por la mala conducta y la desobediencia. Las consecuencias sin una relación personal y genuina con sus hijos generan desprecio. Se debe hacer todo lo posible para desarrollar relaciones sanas con los hijos.[24]

Conflicto sin resolver. El rey David nunca resolvió el conflicto que debió sentir por la desobediencia de Absalón. Le permitió mudarse a Jerusalén, pero el registro bíblico muestra que no tuvieron ningún contacto, ningún compromiso, ninguna experiencia relacional, ¡ninguna! Los sentimientos heridos, las malas acciones, el asesinato y la mala conducta no desaparecen ignorándolos. Los padres deben hacer el difícil trabajo de reconciliar las diferencias y trabajar para lograr relaciones sanas con sus hijos adultos, especialmente cuando los hijos los han deshonrado o desobedecido. Los padres deben dar un paso al frente e iniciar la reconciliación y trabajar en los problemas no resueltos. Los problemas no resueltos sólo darán lugar a un deterioro de la relación.

La rebelión. Absalón organizó una conspiración para derrocar el reinado de su padre. Este plan se convirtió en una rebelión total contra su padre. Quizás Absalón perdió el respeto por su padre como padre por no actuar después de la violación de Tamar. La inacción del rey David puede haber causado mayor vergüenza a Tamar y a su hermano Absalón. En algún momento, Absalón sintió que su padre ya no era digno de ser rey de Israel. Las escrituras no dicen nada sobre los motivos de la rebelión de Absalón. Cualquier indicio de comportamiento rebelde debe tomarse en serio y se debe dar una respuesta rápida. Ignorar la rebelión allana el camino para un final muy triste y la destrucción de las relaciones entre padres e hijos.

La rebelión es un hábito que nace cuando los niños son pequeños. La naturaleza humana en el más pequeño de los niños es normal y natural. A los niños y a los jóvenes se les debe enseñar a obedecer, respetar y honrar a sus padres para vivir una buena vida (Efesios 6:1–3). Si nuestros hijos han llegado a conocer a Jesús como Salvador y Señor y han sido discipulados para seguir a Jesús, recuerden que todavía tienen libre albedrío como nosotros. Hay una diferencia entre control y guía. Los padres deben fomentar la responsabilidad y la libertad en lugar de la falta de orientación y la imposibilidad de participar adecuadamente en la vida de sus hijos. Cada día, pueden elegir hacer lo correcto o lo incorrecto, tal como los padres. Si nuestros hijos toman decisiones equivocadas, eso no significa que seamos malos padres.

Mala compañía. Las Escrituras enseñan que "las malas compañías corrompen las buenas costumbres" (1 Corintios 15:33). Los padres deben prestar atención a los amigos que encuentran sus hijos. Husai se hizo amigo de Absalón y lo animó a avergonzar al rey David teniendo abiertamente relaciones sexuales con sus concubinas para provocar a David a la batalla. Cuando los niños son pequeños e incluso en la adolescencia, los padres deben controlar el tipo de amigos que permiten que sus hijos seleccionen y con quienes pasen tiempo. El amigo equivocado puede deshacer muchos años de entrenamiento espiritual, discipulado, enseñanza moral y fundamento que los padres han proporcionado a los niños o jóvenes.

Favoritismo hacia los niños. El rey David dio instrucciones a los capitanes de su ejército para que fueran indulgentes con Absalón, el traidor que encabezó una rebelión contra su padre. Los capitanes y guerreros de David no lo permitieron. Sabían que la indulgencia no serviría mejor al reino de David. No hacemos ningún favor a nuestros hijos cuando los aislamos de las consecuencias o les proporcionamos un nivel de favoritismo. En última instancia, como en el caso de Absalón, no siempre podemos protegerlos de las consecuencias inevitables.

Conflicto de roles en el liderazgo. Para los padres que también son líderes de ministerios, empresas u organizaciones donde tenemos influencia que afecta a nuestros hijos, se debe hacer todo lo posible para equilibrar y priorizar la lealtad tanto hacia nuestros hijos como hacia la organización a la que servimos. Sacrificar las necesidades de la organización en beneficio de nuestros hijos es una práctica poco ética, injusta y mala. Las normas, políticas y prácticas de la organización se aplican a todos sus miembros. Las leyes se aplican a todos los ciudadanos. Los líderes deben a quienes les siguen, dirigir con integridad, honestidad y justicia.

Resumen

La historia de la familia real es difícil de asimilar. Es decepcionante y trágica, pero es una historia de familias humanas que se enfrentan a desafíos. La historia muestra cómo nuestros pecados pueden convertirse en semillas de fracaso familiar, rivalidad entre hermanos, conducta sexual inapropiada, conflicto, asesinato y desánimo. Se pueden aprender lecciones profundas sobre cómo criar a los hijos, disciplinarlos, nutrirlos y amarlos y guiarlos hacia relaciones saludables. Estas son lecciones que las familias pueden aprender mientras permanecen intactas y comparten la vida en común. El rey David era el rey que el pueblo de Israel quería, sin embargo, el rey que Dios finalmente nombró sobre Israel nació de José y María cientos de años después. Se convirtieron en la familia sagrada. ¿Cómo era la vida familiar de Jesús en la familia sagrada y qué podemos aprender de su vida familiar?

Preguntas para reflexionar

1. ¿De qué maneras puede buscar desarrollar una relación sana con su hijo o hija?
2. ¿Qué es lo que más necesita un hijo de su padre?
3. ¿Qué es lo que más necesita una hija del padre?
4. ¿Cuál es la mejor manera de explicar a sus hijos el comportamiento esperado y las consecuencias?
5. ¿Cómo pueden los padres ayudar a sus hijos a elegir amigos que afirmen los valores que se enseñan en su hogar?

Capítulo 9

LA FAMILIA SAGRADA

Jesús y su familia

> Vuelve a casa y ama a tu familia.
>
> —Madre Teresa, cuando le preguntaron cómo promover la paz mundial

Ninguna familia es perfecta. Ni siquiera la familia de Jesús. Jesús vivió una vida sin pecado, una vida perfecta como hijo de Dios nacido de una virgen. Sin embargo, él formó parte de una familia de personas que no eran libres de pecado, ni perfectas, ni divinas por naturaleza. Jesús creció en una familia con padres y hermanos que eran plenamente humanos y no divinos. En cambio, Jesús era plenamente humano y plenamente divino. Quizás se pregunte qué tipo de vida familiar experimentó Jesús y cómo sus padres y el resto de su familia vivieron la vida con él. ¿Qué podemos saber sobre la familia sagrada y qué lecciones podemos aprender de la vida familiar de Jesús?

Sabemos muy poco acerca de la familia sagrada, sin embargo, hay suficientes pruebas bíblicas que nos permiten comprender mejor a esta familia. El pasaje más largo de las Escrituras sobre Jesús se encuentra en Lucas 2. Sabemos algo sobre la visita de Jesús al templo cuando comenzó a crecer, y sabemos algo de su aprendizaje como carpintero con su padre terrenal, José. Hay algunas referencias en las escrituras a los hermanos de Jesús, y hay algunos indicios de que Jesús asumió la responsabilidad del cuidado de sus padres. Finalmente, Jesús enseñó acerca de la familia mientras reunía discípulos durante su ministerio.

El nacimiento de Jesús

La historia del nacimiento de Jesús comienza con su madre, María y su padre terrenal, José. María estaba comprometida para casarse con José cuando Gabriel, un ángel del Señor, se le apareció para informarle del nacimiento de su hijo. Gabriel se apareció a María y le dijo que era muy favorecida por Dios. María se turbó por sus palabras y Gabriel pudo ver su preocupación, por lo que le dijo que no tuviera miedo. Gabriel dijo a María: "Darás a luz un hijo, y llamará su nombre Jesús. Este será grande, y será llamado Hijo del Altísimo" (Lucas 1:31-32). Gabriel añadió: "El Señor Dios le dará el trono de David su padre, y reinará sobre la casa de Jacob para siempre; y su reino no tendrá fin" (vv. 32-33). María preguntó: "¿Cómo será esto? pues no conozco varón" (v. 34). Gabriel le respondió que el Espíritu Santo de Dios vendría sobre ella con poder y el santo que nacería de ella sería llamado Hijo de Dios. La respuesta de María a este sorprendente anuncio fue que ella era una sierva del Señor y dijo: "Hágase conmigo conforme a tu palabra" (v. 38).

El evangelio de Lucas narra el nacimiento de Jesús durante una época en la que el gobierno romano registró un censo de todos sus ciudadanos bajo el reinado de César Augusto. Este fue el primer censo realizado mientras Cirenio era gobernador de Siria. José llevó a María, que estaba embarazada y se había comprometido a casarse con él, a su ciudad natal de Nazaret. Mientras estaban allí, llegó el momento en que nacería Jesús. Como las ciudades y los pueblos estaban llenos de gente, no había lugar para ellos en el mesón. José encontró un establo para albergar a su familia durante el nacimiento de su primer hijo. Una vez que Jesús nació, María lo envolvió en pañales y lo acostó en un pesebre. La práctica de envolver a un niño en pañales era una marca de cuidado maternal común de cualquier madre de la antigua Palestina en el cuidado de su recién nacido.[1]

En las afueras de Belén, había pastores cuidando sus ovejas en el campo. No podían imaginar nada fuera de lo común y mucho menos un anuncio sobre el nacimiento de un hijo de una pareja joven. "Y he aquí, se les presentó un ángel del Señor, . . . y tuvieron gran temor. Pero el ángel les dijo: 'No temáis; porque he aquí os doy nuevas de gran gozo, que será para todo el pueblo: que os ha nacido hoy, en la ciudad de David un Salvador, que es Cristo el Señor. Esto os servirá de señal: Hallaréis al niño envuelto en pañales, acostado en un pesebre'" (2:9–12). El anuncio del nacimiento de Jesús no sólo señaló buenas noticias para la nación de Israel, sino también buenas noticias para una pareja joven y el comienzo de una familia. La llegada de Jesús en su nacimiento estuvo marcada por una celebración sin precedentes entre los ángeles de Dios. Muchos ángeles se aparecieron con Gabriel y comenzaron a adorar y alabar a Dios diciendo: "¡Gloria a Dios en las alturas. Y en la tierra paz, buena voluntad para con los hombres!" (v. 14). Tras este estallido de alabanzas, los ángeles se fueron y volvieron al cielo. Los pastores se miraron unos a otros y dijeron: "Pasemos, pues, hasta Belén, y veamos esto que ha sucedido, y que el Señor nos ha manifestado" (v. 15). Los pastores encontraron a la Sagrada Familia mediante un anuncio sobrenatural. Encontraron a María, José y al niño acostado en un pesebre. Después de ver a Jesús, corrieron la voz sobre él, y todos los que lo oyeron quedaron asombrados. María guardaba todas estas cosas en su corazón. Los pastores siguieron su camino respondiendo como los ángeles, glorificando y alabando a Dios.

La llegada de los hombres sabios que viajaron desde Oriente convirtió el nacimiento de Jesús en un acontecimiento internacional. En respuesta a las intenciones de Herodes de eliminar a todos los recién nacidos, José llevó a María y a Jesús a Egipto como refugiados.

Jesús como niño y joven

En aquella época era costumbre circuncidar a un hijo y declarar su nombre oficial a los ocho días después de nacer. José y María llevaron a Jesús a Jerusalén para esta ceremonia. La ley mosaica exigía que todo primogénito fuera consagrado al Señor junto con una ofrenda de sacrificio de dos palomas o dos pichones (vv. 21–24). La ofrenda de dos palomas o dos pichones habría sido una ofrenda de costumbre ofrecida por las familias pobres y de clase media.[2]

Una vez que José y María completaron todos los requisitos de la Ley de Moisés, regresaron a Galilea, donde establecieron su hogar en Nazaret. Jesús creció en una familia que observaba meticulosamente la Ley de Moisés. Desde su nacimiento fue educado en la vida moral y ritual del judaísmo. El hogar, el templo y la sinagoga le formaron, incluida la ceremonia del bar mitzvah, que significa "hijo de la ley", a los doce años.[3] El Evangelio de Lucas ofrece una visión de Jesús cuando era niño diciendo: "El niño crecía y se fortalecía, y se llenaba de sabiduría; y la gracia de Dios era sobre él" (v. 40).

El único otro vistazo de la temprana infancia de Jesús es cuando tenía doce años. Siendo un preadolescente, Jesús fue con sus padres a Jerusalén para la Fiesta de la Pascua, un viaje de ida de aproximadamente ochenta millas.[4] Este viaje anual para celebrar la Fiesta de la Pascua, era un asunto familiar popular para la familia judía media y estaba diseñado para conmemorar la identidad comunal del pueblo de Israel como hijo primogénito de Dios tal como se describe en Éxodo 4:22.[5]

A la edad de doce años, Jesús estaría, en términos de la cultura de la época, comenzando la transición de la niñez a la edad adulta.[6] Se esperaba que todos los hombres y niños judíos se "presentaran ante el Señor" en las grandes fiestas, y María y José demostraron ser ciudadanos obedientes y temerosos de Dios al llevar a su hijo a Jerusalén cuando cumplió doce años tras la costumbre de la fiesta, así como de otras fiestas requeridas por la Ley Mosaica. Hasta donde sabemos, esta es la primera visita al templo desde su infancia.⁷ Después de que terminó la fiesta, sus padres regresaron a casa, pero Jesús se quedó atrás en Jerusalén. Las palabras utilizadas para describir que Jesús se quedó atrás transmiten la idea de persistencia y perseverancia y se usan para referirse a los que se quedan después de que otros se hayan ido. La atracción de las cosas divinas lo mantuvo firme, a pesar de la partida de sus padres. Esta sería su primera experiencia de los servicios del templo y especialmente del sacrificio del cordero Pascual.⁸

Sus padres no se dieron cuenta de la ausencia de Jesús. Tenían la impresión de que Jesús estaba en compañía de familiares y amigos que regresaban a Nazaret y recorrieron un día de camino antes de darse cuenta de que no estaba con ellos. José y María empezaron a buscar a Jesús entre el grupo que viajaba junto con ellos, pero no pudieron encontrarlo. Regresaron a Jerusalén a buscarlo. Después de tres días de búsqueda, encontraron a Jesús en los atrios del templo, sentado entre los maestros de la ley, escuchando y haciéndoles preguntas. Todos los que escuchaban a Jesús se asombraban de su comprensión y de sus respuestas. Lucas presenta a Jesús como un niño de notable intelecto y perspicacia.⁹ La educación que Jesús recibió en el hogar, en Nazaret, resultó formativa no sólo para su maduración como ser humano, sino también como agente divino durante este seminario de tres días con eruditos del templo en Jerusalén.¹⁰ Jesús también tuvo la oportunidad de aprender sobre la religión y las costumbres judías en su sinagoga local.

Cuando José y María vieron a Jesús, se quedaron asombrados. María le preguntó a Jesús: "¿Por qué nos has hecho así? He aquí, tu padre y yo te hemos buscado con angustia" (v. 48). Tres días de ansiedad pueden haber contribuido a la intensa represión de María hacia Jesús.¹¹ Un autor señaló que la palabra utilizada para describir la ansiedad de los padres de Jesús es *odynomenoi*, que significa profunda angustia mental y dolor.¹² Otro autor sugirió que María y José pueden haber experimentado ira y vergüenza por haber perdido a Jesús y por haber sido puestos en esta situación.¹³

Otro sugirió que María y José pueden haber estado asombrados, conmocionados o estupefactos por el comportamiento de su hijo. La independencia, en su época, representaba una insolencia más que una iniciativa proactiva admirada por los occidentales hoy.[14]

María interactuó con Jesús en múltiples niveles. "*Intelectualmente*, pidiéndole una explicación racional; *activamente*, informándole de su extensa búsqueda; y *emocionalmente*, expresándole su 'gran ansiedad'".[15] Al mismo tiempo, es posible que María y José no se dieron cuenta plenamente de que, dado que Jesús era el Mesías, no había motivo para estar ansiosos por su bienestar.[16] Jesús respondió y dijo, "¿Por qué me buscabais? ¿No sabíais que en los negocios de mi Padre me es necesario estar?" (v. 49). Jesús da un giro brusco en su redefinición del término *padre* que puede haber llevado a sus padres a reflexionar más sobre lo que quería decir.[17] Un autor señaló que, para nosotros, después de muchos siglos de enseñanza cristiana y de decir el Padre Nuestro, la Paternidad de Dios se ha vuelto "tan axiomático que apenas pensamos en ello". Pero para María y José, e incluso para los rabinos y doctores de la ley, las palabras de Jesús debieron haber sonado extrañas. Aunque en el Antiguo Testamento hay referencias a Dios como Padre del pueblo judío, la idea de una relación personal y paternal entre Dios y el alma es prácticamente desconocida en esta época.[18] Jesús también pudo haber sido genuinamente sorprendido y algo afligido por la angustia que había causado a sus padres.[19]

Sus padres no entendieron lo que Jesús quería decir con aquellas preguntas. El hecho de que Lucas registre la falta de comprensión de María tiene como objetivo señalar a sus lectores la dificultad de comprender quién es o era Jesús.[20] Eran incapaces de ver su identidad como Hijo de Dios. Un autor cuestionó cómo es posible que no lo entendieran preguntando: "¿Acaso no sabían que Jesús fue concebido por obra del Espíritu Santo? ¿Olvidó María las palabras de Isabel de que su hijo no nacido era el Señor? ¿Qué de la adoración de los pastores en el nacimiento de Jesús?" Evidentemente, todas estas cosas se convirtieron en vagos recuerdos con el paso del tiempo. El contacto diario con el Jesús humano tuvo el efecto de olvidar las declaraciones divinas hechas sobre él.[21] Este episodio en la vida de Jesús es el primer indicio de que es consciente de su misión especial e insinúa conflictos entre esa misión y las expectativas familiares. [22] Jesús demostró una actitud sumisa hacia sus padres cuando se reunió con ellos para el viaje de regreso a casa.[23] Una vez más, María guardó todas esas experiencias en su corazón.

Jesús continuó creciendo en sabiduría y estatura, y en el favor de Dios y de los hombres (Lucas vv. 41–52). Literalmente, Jesús creció como los demás niños. Ganó peso y estatura. Se hizo fuerte y lleno de sabiduría.[24] Esta experiencia y su lugar en la familia, su lealtad y devoción a sus padres, y su llamado a cumplir su misión divina y la obediencia a Dios proporcionaron a José y María mucho qué considerar durante los siguientes diecinueve años de su vida antes de su ministerio.[25] Jesús pasó un total de treinta años con esta familia y en la vida familiar antes de su ministerio de tres años. Hoy en día, la mayoría de los estudiantes de seminario pasan tres años preparándose para un ministerio de treinta años.

Los hermanos de Jesús

José y María continuaron haciendo crecer su familia con varios hijos. Sabemos de sus hermanos por un relato de Jesús enseñando en la sinagoga un sábado en su ciudad natal de Nazaret, acompañado por sus discípulos. Muchos de los que lo oyeron quedaron asombrados. Algunos de sus oyentes comenzaron a preguntar: "¿Y qué sabiduría es esta que le es dada, y estos milagros que por sus manos son hechos? ¿No es este el carpintero, hijo de María, hermano de Santiago, José, Judas y Simón? ¿No están también aquí con nosotros sus hermanas? Algunos de la multitud se sintieron ofendidos por las enseñanzas de Jesús (Marcos 6:1–6).

De este pasaje se desprende claramente que Jesús tenía cuatro hermanos y al menos dos hermanas, quizá más. Se dice que la madre y los hermanos de Jesús esperaron para hablar con él mientras se dirigía a una multitud (Mateo 12:46–47, Marcos 3:31 y Lucas 8:19). Jesús también viajó con su madre y sus hermanos, así como con sus discípulos, a Capernaum (Juan 2:12). Después de la muerte y la resurrección de Jesús, su madre, María y los hermanos de Jesús se unieron a los discípulos de Jesús para orar (Hechos 1:14).

El apóstol Pablo le preguntó a Jesús sobre quién era elegible para casarse con una esposa creyente. Pablo se refirió a los apóstoles y a los hermanos de Jesús, como hermanos del Señor, que se casaron (1 Corintios 9:5). Santiago, uno de los medio hermanos de Jesús, es el autor de la Epístola de Santiago en el Nuevo Testamento y apóstol de Jesús. Se describió a sí mismo como siervo de Dios y del Señor Jesucristo (Santiago 1:1). Pablo identificó a Santiago como hermano del Señor en su carta a las iglesias cristianas en la región de Galacia (Gálatas 1:19).

Aunque está claro que Jesús tuvo hermanos, la Biblia no aporta muchos datos o información sobre su relación a lo largo de su adolescencia ni sobre su vida como adultos. Sabemos que la familia se reunían juntos a menudo con su madre, María, cuando se trataba de Jesús. Sabemos que Jesús creció en una familia bastante numerosa y que ayudaba a su padre terrenal, José, que era carpintero. También sabemos que Jesús asumió el papel de cabeza de familia después de la muerte de José y continuó manteniendo a su familia, incluida su madre y sus hermanos menores.[26]

La enseñanza de Jesús sobre la familia

Jesús enseñó que los niños debían ser valorados. También demostró preocupación por las viudas. También sabía y enseñaba que la lealtad a la familia tenía limitaciones para quienes elegían ser sus discípulos. La gente traía niños a Jesús para que les impusiera las manos y los bendijera, pero sus discípulos, buscando proteger a Jesús, reprendieron a quienes los traían. Al ver lo que sucedía, Jesús dijo: "Dejad a los niños venir a mí, y no se lo impidáis; porque de los tales es el reino de Dios". Jesús puso sus manos sobre los niños para bendecirlos y siguió adelante (Mateo 19:13–15; Marcos 10:14; y Lucas 18:15–17). Jesús destacó la fe sencilla de los niños y dijo: "El que no reciba el reino de Dios como un niño, no entrará en él". Luego tomó a los niños en sus brazos y los bendijo (Marcos 10:15–16).

Jesús también tuvo compasión de los adultos mayores. Cuando Jesús estaba en la cruz, su madre, la hermana de su madre, María, la esposa de Cleofas y María Magdalena estaban cerca. Juan, el discípulo amado, también estaba junto a María, la madre de Jesús. Jesús vio a su madre parada allí con Juan y dijo a su madre: "'Mujer, he ahí tu hijo'. Después dijo al discípulo: 'He ahí tu madre'. Y desde aquella hora el discípulo la recibió en su casa" (Juan 19:25–27). La Iglesia Católica tiene documentación histórica de que Juan, el apóstol, realizó gran parte de su obra en Éfeso y trajo consigo a María, la madre de Jesús. Una iglesia dedicada a la memoria de María, la madre de Jesús, todavía se encuentra en Éfeso, que hoy en día es Turquía. Este es el lugar donde María habría vivido y muerto.

Aunque Jesús parecía valorar a las familias y el cuidado de los niños y las personas mayores, especialmente su madre, también enseñó que había limitaciones en los vínculos familiares para las personas que aceptaban ser sus discípulos. Jesús vino a llamar a hombres y a mujeres a ser leales a él como discípulos por encima de la lealtad a su propia familia. Jesús dijo: "El que ama a padre o madre más que a mí, no es digno de mí; . . . y el que no toma su cruz y sigue en pos de mí, no es digno de mí" (Mateo 10:37–38). También dijo: "Si alguno viene a mí y no aborrece a su padre y a su madre, y mujer, e hijos, y hermanos y hermanas, y aun también su propia vida, no puede ser mi discípulo" (Lucas 14:26). A lo que Jesús se refiere aquí no es al odio literal, sino a una cuestión de prioridad. Para el discípulo, Jesús debe ser su prioridad, incluso por encima de su propia vida. De hecho, Jesús prometió un mayor retorno de bendiciones en la era venidera para aquellos que estuvieran dispuestos a dejar su hogar, sus hermanos, sus hermanas, su madre, su padre, sus hijos o sus campos para seguirle (Marcos 10:29–31). Jesús amplió la definición de *familia* como todo aquel que hace la voluntad de Dios, elevando así a los seguidores de Jesús al ámbito de las relaciones familiares más íntimas. (Marcos 3:31–35).

La historia de la familia sagrada ofrece una visión limitada de la familia de Jesús. Sin embargo, hay amplia evidencia de que Jesús nació, creció y maduró en un ambiente familiar sano. De la familia de Jesús también se desprenden amplias enseñanzas sobre la naturaleza de las familias humanas relacionadas con Dios como nuestro padre celestial en cuestiones de fe, obediencia, y lealtad.

Principios de esperanza familiar

A través de la historia de la familia sagrada, podemos aprender lecciones sobre cómo relacionarnos con el gobierno, la santidad de la vida, la formación espiritual de las familias, el llamado a la propia familia y la fe, cómo bendecir a los niños, cómo llegar a ser parte de la familia de fe y cómo cuidar de nuestros padres.

Las familias y el gobierno. Todas las familias humanas están sujetas a las autoridades humanas y a los gobiernos locales. En el momento del nacimiento de Jesús, su familia estaba respondiendo a un censo nacional en curso que les hizo regresar a su ciudad natal de Belén. También se espera que las familias religiosas respondan a las regulaciones gubernamentales y las leyes locales de manera responsable. Los padres son sabios al enseñar a sus hijos a tener un sano respeto por la ley y el orden mientras planifican y viven sus vidas de acuerdo con la voluntad de Dios en la tierra.

La santidad de la vida. María crió a su hijo primogénito con el cuidado, el amor y la protección como lo han hecho las madres a lo largo de los siglos. Las madres se inclinan naturalmente a criar y cuidar a sus hijos. José también estaba preocupado por preservar la vida de su hijo y llevó a la Sagrada Familia a huir a Egipto por razones de seguridad. Los padres se preocupan por naturaleza de proporcionar comida, refugio y seguridad a sus familias. Los niños son un regalo de Dios y merecen crianza, cuidado, vínculos afectivos, protección, seguridad y alimento para crecer y desarrollarse como seres humanos maduros. María y José debieron haber aprendido estas lecciones de sus familias de origen.

La formación espiritual de las familias. María y José orientaron a Jesús en su fe y en la práctica de los ritos y costumbres religiosos judíos. Siguieron meticulosamente la Ley de Moisés. Es deber y responsabilidad primordial asumir la formación espiritual de sus hijos. Los padres tienen la responsabilidad de garantizar que los niños sean educados y orientados en su tradición religiosa. Los padres son los principales evangelistas y hacedores de discípulos de sus hijos y son responsables de enseñarles todo lo que Jesús ordenó. Todas las prácticas religiosas proporcionadas por líderes religiosos, rituales, o programas religiosos son complementarios a la formación espiritual fundacional en el hogar. Los hábitos de formación espiritual de oración, lectura de la Biblia, enseñanza de la Biblia y adoración deben ser experimentados en el hogar y complementados por la iglesia local.

El llamado a la familia y la fe. Los padres son responsables de orientar a sus hijos hacia un sentido de pertenencia a su familia. Deben enseñar a los niños valores como la lealtad, la integridad y la honestidad. Sin embargo, la lealtad y la devoción no deben enseñarse como superiores a la devoción a Dios y a su llamado en la vida de una persona. A los niños se les debe enseñar a escuchar las voces de su padre y de su madre. Se les debe enseñar el significado de la obediencia y el cumplimiento. Una vez aprendidas estas lecciones de los padres y madres terrenales, ya tendrán la costumbre de responder con obediencia y fe cuando la voz celestial les llame.

Bendiciendo a los niños. Los niños deben ser apreciados y bendecidos en cada oportunidad. Ésta era la costumbre de Jesús. Reconoció a los niños, les dedicó tiempo, les creó espacio, los cuidó y los animó. Jesús enseñó que debemos ser como niños para heredar el reino de los cielos. Nos enseñó que debemos tener una fe como la de un niño. Los niños deben ser nutridos, alentados y bendecidos como miembros clave de la familia, la comunidad y la familia de fe en lugar de ser vistos como un inconveniente. Sin embargo, los padres no deben convertir a los hijos el centro de la vida, ni colocarlos en un pedestal ni malcriarlos.

La familia de Dios. A todos los niños se les debe enseñar acerca de la diferencia entre su familia humana y la familia de la fe. El sencillo plan de salvación debe ser modelado y luego enseñado a los niños dándoles la oportunidad de responder a la fe a la edad más temprana posible. A los niños se les debe enseñar a honrar y obedecer a sus padres, además de escuchar y responder a la voz de Dios a medida que se convierten en adolescentes y adultos.

Cuidado de padres y adultos mayores. Jesús fue devoto de su madre incluso en el momento de su muerte. Los padres deben ser honrados y reverenciados durante toda su vida. El bienestar de los padres es la responsabilidad de sus hijos, independientemente de la edad de sus hijos adultos. Jesús asumió la responsabilidad del cuidado de su madre siendo un joven adulto. La responsabilidad principal del cuidado de los padres corresponde a los hijos.

Resumen

La historia de la familia sagrada está llena de humanidad y divinidad. Aunque la familia de Jesús no era perfecta, él lo era. La dinámica de la familia sagrada, con una mezcla de humanidad y divinidad, nos enseña muchas lecciones sobre las familias saludables así como sus limitaciones en el ámbito de la fe. Los roles y responsabilidades de los padres son claros en esta historia, según el modelo de María y José. El modelo de familia y fe establecido en la familia de Jesús resuena a lo largo de la historia humana, incluso en el siglo XXI. El mensaje de Jesús transforma a las familias, incluso a las más improbables. ¿Cómo es la vida familiar para un soldado romano que llega a la fe? ¿Cómo se ve impactada y transformada esa familia? El siguiente capítulo responde a estas preguntas.

Preguntas para reflexionar

1. ¿Cómo fomentan las familias comprensión y perspectiva adecuadas sobre el gobierno y las autoridades gobernantes?
2. ¿Cuál es su plan para formar espiritualmente a los niños de su familia, además de llevarlos a la iglesia?
3. ¿De qué manera su familia cuida, valora y celebra a los niños?
4. ¿Cómo se desarrolla y se habla de la fe en Jesucristo en su familia?
5. ¿Cuál es su plan para cuidar a sus padres ancianos en tiempos de salud y en tiempos de necesidad?

Capítulo 10

LA FAMILIA TRANSFORMADA

El carcelero de Filipos

> Es más fácil formar hijos fuertes que reparar hombres quebrados.
>
> —Frederick Douglass

La presencia de un padre en una familia es esencial para el bienestar de los hijos y la estabilidad económica, la seguridad y la protección de una familia. Pero la mera presencia no siempre se traduce en un ambiente positivo y saludable para quienes viven en el hogar. Se podría argumentar que una familia con un padre tóxico, cruel, abusivo y distante puede causar más daño en un hogar que uno que está ausente. Los padres no sólo deben estar presentes sino también involucrados, comprometidos, interesados, ingeniosos y en sintonía con las necesidades de sus esposas e hijos. Si es posible, será transformado por el poder de Jesús y formado en su carácter. Quizá haya conocido a un padre destrozado, pero ¿ha conocido a un padre transformado?

Federico Douglass tiene razón. Reparar a un hombre quebrado requiere mucha energía y esfuerzo, quizá mucho más que criar hijos fuertes. Sin embargo, reparar a un hombre quebrado no es imposible con el poder transformador del evangelio.

El contexto

El Dr. Lucas relató las acciones o los actos de la iglesia del primer siglo en los Hechos de los Apóstoles. En el capítulo 16, el apóstol Pablo es la figura central de esta parte de la historia de la iglesia primitiva. Seleccionó a un joven llamado Timoteo, hijo de un griego y una judía, que era creyente en Jesús. Los creyentes de las ciudades de Listra e Iconio, en la actual Turquía, hablaban bien de Timoteo.

Timoteo se unió a Pablo y Silas en su paso por estas ciudades entregando decretos decididos por los apóstoles para fortalecer y animar a las iglesias establecidas allí. Escucharon y fueron guiados por el Espíritu Santo a través de lugares como Frigia, Galacia, Misia, Bitinia y Troas, también en la actual Turquía. Una noche estando en Troas, Pablo recibió una visión de un hombre en Macedonia que le dijo: "Pasa a Macedonia y ayúdanos". Pablo, Silas y Timoteo fueron inmediatamente a Macedonia a predicar. Viajaron por mar desde Troas a Samotracia, Neápolis y luego a Filipos, la ciudad principal del distrito de Macedonia, una colonia romana en la Grecia actual (Hechos 16:1–12).

Una vez en Filipos, el equipo de Pablo conoció a una mujer llamada Lidia, de la ciudad de Tiatira, que se dedicaba a la comercialización de telas. También era una adoradora de Dios con sensibilidad para los asuntos espirituales. Lucas dice que el Señor abrió su corazón para responder a las buenas nuevas compartidas por Pablo. Ella y su familia respondieron con fe al mensaje que Pablo predicaba y fueron bautizados. Los invitó a su casa para que se quedaran con su familia.

Al día siguiente se dirigieron al lugar de oración y se encontraron con una esclava poseída por un espíritu de adivinación, que generaba una gran cantidad de ingresos para sus amos mediante la adivinación. Ella siguió a Pablo y a su equipo y gritó diciendo: "'Estos hombres son siervos del Dios Altísimo, quienes os anuncian el camino de salvación'. Y esto lo hacía por muchos días; mas desagradando a Pablo, éste se volvió y dijo al espíritu: 'Te mando en el nombre de Jesucristo, que salgas de ella'. Y salió en aquella misma hora" (vv. 17–18).

Cuando los dueños de la esclava se dieron cuenta de que su fuente de ingresos se había interrumpido,

> prendieron a Pablo y a Silas, y los trajeron al foro, ante las autoridades; y presentándolos, a los magistrados, dijeron: 'Estos hombres, siendo judíos, alborotan nuestra ciudad, y enseñan costumbres que no nos es lícito recibir ni hacer, pues somos romanos'. Y se agolpó el pueblo contra ellos; y los magistrados, rasgándoles las ropas, ordenaron azotarles con varas. Después de haberles azotado mucho, los echaron en la cárcel, mandando al carcelero que los guardase con seguridad. El cual, recibido este mandato, los metió en el calabozo de más adentro, y les aseguró los pies en el cepo. (Hechos 16:19–24)

El carcelero de Filipos

El Dr. Thom Wolf acuñó la frase: "Los soldados romanos nunca mueren, simplemente se retiran en Filipos".[1] Wolf argumentó que un soldado romano no es alguien con quien uno quisiera encontrarse en un callejón oscuro. Un carcelero era típicamente un soldado romano que había demostrado su lealtad al gobierno romano a través de una vida de servicio. Los soldados romanos eran guerreros profesionales muy hábiles en el arte de la guerra. Tenían experiencia en batalla y tenían la capacidad de aniquilar rápidamente a sus oponentes. Los detalles de las habilidades romanas de combate cuerpo a cuerpo y desmembramiento de cuerpos humanos nos sorprenderían a la mayoría de nosotros incluso hoy en día. Estos carceleros eran guerreros condecorados a quienes se les concedía el puesto de carcelero como un trabajo de retiro con beneficios.[2] El tipo de hombre al que se le encargó la responsabilidad de vigilar a Pablo y Silas era un veterano experimentado, un tipo de hombre sin tonterías, rudo y duro. Se le proporcionó una residencia privada como beneficio del trabajo. Su familia vivía con él y era muy consciente del efecto que el servicio militar, las hazañas y las conquistas habían tenido en él a lo largo de los años. Lo que viene a continuación es una dramática historia de la transformación de este hombre.

Locura a medianoche

Lucas, el médico que registró esta historia, relató que hacia la medianoche después del día del arresto de Pablo y Silas, estos hombres estaban orando y cantando himnos a Dios con una audiencia de otros prisioneros. Los dos creyentes combinaron petición y alabanza mientras estaban sentados en cadenas.[3] De repente, un violento terremoto sacudió los cimientos de la prisión. Todas las puertas de la prisión se abrieron de golpe y las cadenas de todos los prisioneros se soltaron. "Si la prisión estaba excavada en las rocas de la ladera, como solía ocurrir, el terremoto habría soltado fácilmente los barrotes de las puertas y las cadenas se habrían caído de las paredes."[4]

El carcelero habría estado dormido en lo alto de la prisión y su silueta visible a la luz de la luna ya que las luces estaban apagadas. El carcelero se despertó, y al ver las puertas abiertas de la prisión, desenvainó su espada y estuvo a punto de matarse porque pensó que los presos se habían escapado. Quitarse la vida habría sido lo único honorable que un carcelero podía hacer, ya que era personalmente responsable de los prisioneros con su propia vida.[5] Se entendía que el hecho de que un carcelero no contuviera a sus prisioneros tendría un alto costo.

"Mas Pablo clamó a gran voz: 'No te hagas ningún mal, pues todos estamos aquí'. Él entonces, pidiendo luz, se precipitó adentro, y temblando, se postró, a los pies de Pablo y de Silas; y sacándolos, les dijo: 'Señores, ¿qué debo hacer para ser salvo?' Ellos dijeron: 'Cree en el Señor Jesucristo, y serás salvo, tú y tu casa'" (Hechos 16:25–31). Pablo no estaba diciendo que la fe del carcelero resultaría en la salvación de toda la familia. Más bien, Pablo estaba ofreciendo el mismo mensaje de salvación a toda la familia del carcelero.[6]

En algún momento de la noche, el carcelero y los prisioneros pueden haber hablado de por qué Pablo y Silas habían sido puestos en el cepo. Lo más probable es que los otros prisioneros les hubieran preguntado qué habían hecho para ser encarcelados. Es posible que les hayan preguntado por qué fueron juzgados de manera tan dura e injusta. Es posible que hayan comentado la forma en que fueron acusados falsamente sin juicio. Quizás se hayan preguntado cómo los prisioneros en esa condición recurrirían a la oración y al canto de himnos. Sin duda, Pablo y Silas también hablaron sobre la fe en Jesús y todo lo que había sucedido ese día con la esclava. Estas conversaciones, las oraciones de Pablo y Silas y sus cantos de alabanza pueden haber sido las últimas palabras y música que escucharon antes de que todos se quedaran dormidos y antes de que el terremoto sacudiera la prisión y los despertara.

El primer pensamiento del carcelero había sido que todo estaba perdido y que todos los prisioneros habían escapado, pero estaba equivocado. La primera acción que tomó fue sacar su espada para quitarse la vida. La primera voz que escuchó fue la de Pablo que decía: "¡Espera! No te hagas daño. No todo está perdido. No todos se han ido. Estamos aquí." La primera pregunta que el carcelero les hizo a Pablo y Silas fue: "¿Qué tengo que hacer para ser salvo?" Es posible que el carcelero haya oído hablar de Jesús como el camino de salvación a través de la esclava que reveló el mensaje que Pablo y Silas estaban compartiendo.[7]

Llevándolo a casa

La siguiente viñeta es una escena en la casa del carcelero donde Pablo y Silas pueden dar una explicación más completa de las buenas nuevas al carcelero y a su familia.[8] Es probable que la casa del carcelero estuviera construida encima de la prisión ya que el carcelero "les hizo subir" allí.[9] El carcelero llevó a Pablo y a Silas a su casa, donde Pablo habló del mensaje de salvación y fe en Jesús al carcelero y a todos los demás de su casa. Dado que el terremoto ocurrió a medianoche, cuando el carcelero llega a casa, ya deben ser las primeras horas de la mañana. Su familia está despierta, tratando de descubrir qué acaba de pasar. El carcelero llevó a los prisioneros al patio de su casa, pero no los encadenó. La mujer del carcelero y quienes vivían en su casa, tal vez los hijos adultos y sus hijos o sus invitados, estaban desorientados. No sabemos qué dijo el carcelero para explicar la presencia de prisioneros en su casa, pero sí sabemos que Pablo y Silas tuvieron una audiencia y una introducción para compartir el evangelio con el carcelero, su familia y sus invitados, todos los que estaban en el hogar. Lo que sucede a continuación sólo puede explicarse por un corazón transformado, un espíritu de gratitud y una transformación radical de la mente.

De hacer heridas a lavar heridas

¿Qué sucede cuando un oficial militar y veterano de guerra quebrantado y endurecido se enfrenta al mensaje de redención, salvación, perdón de pecados y el potencial de una nueva vida? ¿Cómo sería eso en el primer siglo? ¿Cómo afecta a las familias un padre espiritualmente transformado? ¿Qué tipo de cambio podemos esperar de un padre que ha sido transformado por el mensaje de Jesús? ¿Sigue teniendo todavía el mensaje del evangelio el poder de transformar a los padres y a las familias en el siglo XXI?

Para entonces, debía haber sido más de la una de la madrugada o más tarde. El carcelero llevó a Pablo y a Silas, tal vez al patio de donde fluía la fuente, y les lavó las heridas. Puede que su mujer haya traído sábanas para mojarlas en la fuente, pero fue el carcelero quien lavó las heridas de Pablo y Silas (16:33). Recordemos que este veterano tenía experiencia en herir a otras personas. Pero ahora está lavando heridas. Su familia fue testigo de la transformación de este padre. Puede que nunca lo hayan visto lavar las heridas de nadie, pero ahora está lavando las heridas de los prisioneros. Después de lavar las heridas, el carcelero y toda su familia fueron bautizados (v. 33).

"Como en otras partes de los Hechos, el bautismo del hogar refleja una cultura en la que el cabeza de familia (Cornelio, Lidia, el carcelero) decide en nombre de todos, y eso incluye no sólo a la familia inmediata sino a la familia extendida, así como a los esclavos y sus familias".[10] Otro autor añadió que el Nuevo Testamento toma en serio la unidad de la familia, y cuando se ofrece la salvación al cabeza de familia, por supuesto se pone a disposición del resto del grupo familiar, incluidos los sirvientes.[11] Ahora es el momento de celebrar.

¡Hora de festejar!

Después del bautismo para identificarse públicamente como seguidores de Jesucristo, el carcelero llevó a Pablo y a Silas de regreso a su casa para celebrar su nueva fe. Ahora son posiblemente las dos o las tres de la madrugada y es hora de una fiesta. El carcelero preparó una comida para Pablo y Silas como invitados de honor. Las palabras en griego para este comportamiento son *paretheken trapezan*, que significa "puso una mesa, preparó una comida".[12] Nuevamente, ¿había visto su familia algo parecido a esto? ¿Han sido testigos de algún nivel de gratitud u hospitalidad por parte de su condecorado padre guerrero, veterano y carcelero? ¿Por qué hizo el carcelero estas cosas delante de su familia e invitados? "Sé regocijó con toda su casa de haber creído a Dios" (v. 34). El hecho de compartir una comida denotaba un sentido de comunidad y extendía el motivo de la hospitalidad entre judíos y gentiles creyentes.[13] Las buenas nuevas de Jesús crean una nueva comunidad entre los creyentes. La familia creyó en Jesús por las palabras que les habló Pablo. Sin embargo, es probable que también se sintieron conmovidos por el cambio de corazón, la transformación de la vida de su padre en su presencia. El mensaje fue poderoso y también impactante para su padre. Estaban persuadidos y convencidos de que esa era la manera de vivir a partir de ese momento al identificarse públicamente con Jesús de Nazaret.

Al día siguiente

El carcelero les dijo a Pablo y Silas que los magistrados habían ordenado su liberación. Pablo y Silas debían irse en paz. Pero Pablo dijo a los alguaciles: "Después de azotarnos públicamente sin sentencia judicial, siendo ciudadanos romanos, nos echaron en la cárcel, ¿y ahora nos echan encubiertamente? No, por cierto, sino vengan ellos mismos a sacarnos" (v. 37). Esto fue un esfuerzo por reconocer públicamente que Pablo y Silas habían sido agraviados y maltratados.[14] "Y los alguaciles hicieron saber estas palabras a los magistrados, los cuales tuvieron miedo al oír que eran romanos. Y viniendo, les rogaron; y sacándolos, les pidieron que salieran de la ciudad. Entonces, saliendo de la cárcel, entraron en casa de Lidia, y habiendo visto a los hermanos, los consolaron, y se fueron" (vv. 38–40). Después de haber sufrido un trato brutal e injusto, Pablo y Silas insistieron en ser tratados de acuerdo con sus derechos como ciudadanos mientras mantenían su prioridad y enfoque en la misión de compartir el evangelio con el mayor número posible de personas en Filipos.

La historia del carcelero de Filipos demuestra el poder del evangelio para cambiar a un hombre, un guerrero y un padre. Ofrece una visión de la vida del primer siglo, la temprana proclamación del evangelio guiada por el Espíritu Santo y su efecto en los prisioneros, guardias, padres, familias, esclavos y funcionarios del gobierno. El impacto del evangelio en este hombre lo transformó no solo a él sino también a su familia y a toda su casa.

Principios de la esperanza familiar

De la historia del carcelero de Filipos se desprenden varios principios relacionados con: el poder del evangelio para padres e hijos, el potencial de las buenas nuevas en tiempos de crisis, el poder de vivir nuestra fe en presencia de nuestras familias y los derechos básicos de ciudadanía otorgados a padres e hijos.

El poder del evangelio para las familias. El poder del evangelio puede cambiar a un hombre a cualquier edad. Puede cambiar a una familia en cualquier etapa de su existencia. El evangelio requiere proclamación, anuncio y explicación para que surja la fe. La fe viene por el oír. Los jefes de familia que llegan a la fe influyen en la disponibilidad del mensaje del evangelio para todos los miembros del hogar. Aunque esto fue particularmente cierto en el primer siglo, también lo es hoy. El evangelio que llega a los padres también debe fluir a través de ellos al resto de su hogar.

Buenas noticias durante las crisis. Nunca podremos saber las crisis a las que se enfrenta la gente. Una crisis vocacional, de economía o de relación tiende a crear una apertura a las buenas nuevas y a las soluciones para la vida. Los padres y las madres a menudo soportan muchas cargas y buscan la esperanza de una vida mejor. Si escuchamos y estamos atentos a las necesidades de los padres que luchan, escucharemos sus preocupaciones y necesidades más profundas y sabremos responder con una respuesta pronta por el motivo de nuestra esperanza en Cristo.

Una vida transformada. Nada se compara con la demostración visible de un padre o una madre transformados. Los padres que imitan el ejemplo y los caminos de Jesús en presencia de sus hijos inculcarán el mensaje del evangelio de maneras muy superiores a cualquier púlpito disponible para ellos. La proclamación más fuerte del evangelio se produce a través de la demostración de vivir impactado por la presencia de Jesús en la vida de los padres. Nuestros hijos están constantemente mirando y observando la fe vivida en nuestra vida. Nuestras acciones siempre hablarán más fuerte que nuestras palabras.

Derechos de la familia. En el mejor de los casos, la ciudadanía de los padres y las familias en su país conlleva derechos y responsabilidades inalienables. La fe en Jesús no cancela esos derechos. Sin embargo, se debe tener cuidado de anteponer el hecho de compartir el evangelio y la misión que se nos ha confiado a nuestros derechos como ciudadanos. Cuando sea posible, las familias no deberían dejar de insistir en los derechos básicos que les otorga el gobierno.

Resumen

Las familias forman la base de pueblos, comunidades, ciudades, condados, estados y naciones. Los padres dirigen a las familias, crían a los niños, les proveen y protegen y crean un entorno saludable en el que crecer y desarrollarse. Los padres son fundamentales para el éxito de una familia porque brindan y protegen a sus familias con amor y sacrificio. Las madres crían a sus hijos con la ayuda de sus maridos y se ocupan del cuidado y la crianza de sus familias. Un padre que está presente y disponible y dirige espiritualmente a su familia tiene el potencial de formar la próxima generación de líderes de la comunidad. Un padre transformado tendrá una influencia increíble a la hora de formar hijos orientados por la fe que contribuyan a la sociedad dondequiera que vayan, sin embargo soy consciente de que los derechos de los padres no se reconocen ni se respetan en algunas naciones de la aldea global. El próximo capítulo describirá cómo es una familia que florece en la fe.

Preguntas para reflexionar

1. ¿Cuál es la mejor manera de compartir el mensaje del evangelio de fe en Jesucristo para la salvación, el perdón y la redención en el contexto de su familia?
2. ¿A qué tipo de crisis se enfrentan las familias que exigen la esperanza del mensaje del evangelio?
3. ¿De qué manera pueden los padres demostrar su fe a sus hijos en los momentos cotidianos de la vida?
4. ¿Qué tipo de conversaciones se prestan al conocimiento del evangelio dentro del contexto de la vida familiar?
5. ¿Qué derechos básicos se conceden a las familias en nuestra sociedad actual?

Capítulo 11

LA FAMILIA FLORECIENTE

Loida, Eunice y Timoteo

> Corona de los viejos son los nietos,
> Y la honra de los hijos, sus padres.
> —Proverbios 17:6

Las familias que florecen crecen y se desarrollan de manera sana y vigorosa. Los niños de familias florecientes tienen padres que conocen sus roles y responsabilidades para criar y nutrir a la próxima generación. Estos niños tienen un sentido de confianza, pertenencia y propósito. El propósito de las familias florecientes es desarrollar sus talentos y potencial para el bien de su comunidad. Las familias florecientes tienen todos los recursos que necesitan para prosperar, incluida una base de fe espiritual.

El sociólogo Carle Zimmerman, director fundador del Departamento de Sociología de la Universidad de Harvard, publicó trabajos sobre la familia como unidad fundacional de las civilizaciones. En su libro *Family and Civilization*, Zimmerman documenta tres tipos de familias en el primer siglo: familias fiduciarias, familias domésticas y familias atomistas. Las familias fiduciarias tenían el máximo poder y autoridad sobre las unidades individuales y familiares; las familias domésticas proporcionaban un terreno intermedio de influencia; y las familias atomistas eran débiles y no tenían mucho poder ni influencia, enfatizando el individualismo y liberando al individuo de los lazos familiares.

Zimmerman señala que el gobierno romano buscó desestabilizar a las familias fiduciarias que tenían demasiado poder y autoridad sobre las sociedades de esa época. El estado romano intentó potenciar y favorecer el tipo de familia doméstica, común en todo el mundo moderno. Las familias atomistas se convirtieron en el estilo familiar predominante que destacaba el individualismo después del siglo V a. C. en la cultura griega y después del reinado de Augusto en Roma (27 a. C. al 14 d. C.). Este tipo de familia se hizo popular en los siglos XVIII y XIX de nuestra era.[1] Desde mediados del siglo V a. C. hasta la ocupación romana y hasta mediados del siglo II, las sociedades griegas clásicas experimentaron el surgimiento y la decadencia de las familias atomistas.[2] Parece que el surgimiento de la familia atomista contribuyó a la caída de la civilización romana. Zimmerman concluye lo siguiente:

> En general, la contribución más importante de la familia a las grandes civilizaciones ha sido la de la unidad doméstica.... La familia fiduciaria nunca produjo nada mayor que la épica heroica. Pertenece a períodos formativos primitivos de la civilización.... La familia atomista, cuando alcanza un dominio completo, es el acompañamiento de las culturas moribundas. Los períodos creativos de la civilización se han basado en el tipo doméstico. El final de un período creativo es siempre uno en el que el tipo doméstico se sumerge en el atomista. Esto parece deberse al hecho de que la familia doméstica proporciona una estructura social comparativamente estable y, sin embargo, libera al individuo de la influencia familiar para realizar el trabajo creativo necesario para una gran civilización.[3]

Dadas las conclusiones de Zimmerman, ¿qué futuro le espera a la familia? Zimmerman dice, "parece muy probable que la familia del futuro inmediato avance más hacia el atomismo. A excepción de la Iglesia cristiana, que en actualidad no goza de popularidad entre las fuerzas directivas de la sociedad occidental, ninguna agencia o grupo de personas parece fundamentalmente interesado en hacer otra cosa que facilitar este creciente atomismo".[4] ¿Qué es lo que caracteriza a la familia de la Iglesia Cristiana para que florezca la unidad familiar de tipo doméstico? ¿Es este tipo de familia una influencia positiva para el éxito de las civilizaciones ahora y en el futuro? ¿Qué tiene la familia cristiana que la distingue de otros tipos de familia y cómo contribuyen estas familias al florecimiento de comunidades, sociedades y civilizaciones? La exploración de una familia del primer siglo puede aportar respuestas.

Timoteo: líder comunitario, pastor y escritor del primer siglo

Timoteo, discípulo y aprendiz del apóstol Pablo, se desempeñó como líder comunitario y pastor. También fue coautor de la carta a los cristianos de Tesalónica. En el capítulo 10 de este libro, mencioné cómo Pablo reclutó a Timoteo para que sirviera con él como colega misionero. Timoteo se hizo discípulo de Jesús en el pueblo de Listra, donde llegaron las buenas nuevas. Su padre era griego y su madre judía seguidora de Jesús. Timoteo fue circuncidado porque era griego converso y se unió a Pablo en su segundo viaje misionero (Hechos 16:1–5).

Más adelante en su ministerio, Pablo envió a Timoteo a resolver problemas en la iglesia de Corinto. En una carta a la iglesia de Corinto, Pablo afirma: "Por esto mismo os he enviado a Timoteo, que es mi hijo amado y fiel en el Señor, el cual os recordará mi proceder en Cristo, de la manera que enseño en todas partes, y en todos las iglesias" (1 Corintios 4:17). Pablo fue el mentor de Timoteo para que sirviera como líder y pastor de la iglesia.

Timoteo pasó tiempo con Pablo y se ganó la reputación de ser fiel en su relación con el Señor. También aprendió la manera de Pablo de vivir en Cristo, la base de la enseñanza de Pablo en todos los lugares donde encontró un cuerpo local de creyentes formados en una iglesia, una comunidad de fe apartada. Pablo se refiere a "mi proceder en Cristo" que enseñó en una carta a Timoteo. Él escribió: "Retén la forma de las sanas palabras que de mí oíste, en la fe y amor que es en Cristo Jesús. Guarda el buen depósito por el Espíritu Santo que mora en nosotros" (2 Timoteo 1:13–14). Thom Wolf investigó el concepto de un modelo de educación ética del primer siglo a partir de su referencia al "modelo de la sana enseñanza".[5]

Pablo escribió a los cristianos de Corinto y los instó a recibir y apoyar a Timoteo durante su visita. Escribió: "Y si llega Timoteo, mirad que esté con vosotros con tranquilidad, porque él hace la obra del Señor así como yo. Por tanto, nadie le tenga en poco, sino encaminadle en paz, para que venga a mí, porque le espero con los hermanos" (1 Corintios 16:10–11). Es evidente que Pablo confiaba en Timoteo y le prestó la credibilidad de su nombre, su reputación y su influencia. Pablo envió a Timoteo en su lugar para hacer la obra del Señor.

Timoteo llegó a ser el líder de la iglesia cristiana en Éfeso. Pablo encomendó a Timoteo para que fuera a Éfeso y enseñara a la iglesia a evitar falsas enseñanzas y doctrinas y a evitar la devoción a mitos y genealogías interminables que promueven controversias en lugar de la obra de Dios hecha por fe (1 Timoteo 1:3–4). Pablo encargó a Timoteo para que escribiera cartas a la iglesia de Tesalónica y a Filemón (1 Tesalonicenses 1:1; 2 Tesalonicenses 1:1; y Filemón 1:1). Pablo fue mentor de Timoteo como formador de líderes. Animó a Timoteo a confiar el modelo de enseñanza a hombres de confianza que también estuvieran capacitados para enseñar a otros. Proporcionó ejemplos de experiencias de desarrollo de liderazgo para describir cualidades en futuros líderes como la de un soldado, un atleta y un agricultor-empresario. Le recordó a Timoteo que el Señor le daría conocimientos sobre el desarrollo del liderazgo (2 Timoteo 2:1–7). Pablo discipuló a Timoteo y le enseñó a discipular a otros y a levantar líderes para las comunidades de fe del primer siglo que

Pablo, Silas y Timoteo iniciaron. ¿De dónde vino este joven llamado Timoteo? ¿Qué tipo de familia produce este tipo de líder?

Formación de la fe en Timoteo

El apóstol Pablo habla de Timoteo como su hijo adoptado espiritualmente en el Señor.[6] El padre biológico de Timoteo no era creyente y, por lo tanto, no influyó en el desarrollo de la fe de Timoteo.[7] Un autor estuvo de acuerdo en que el padre de Timoteo no estaba vivo o no estaba involucrado en la formación espiritual de Timoteo.[8]

Pablo recordaba a Timoteo en sus oraciones y señalaba la fe sincera de Timoteo. Esta fe en Jesucristo comenzó en Loida, la abuela de Timoteo, y en su madre, Eunice. La mención de Loida y Eunice, mujeres judías con nombres griegos, sólo ocurre aquí en todo el Nuevo Testamento.[9] Pablo estaba convencido de que esta misma fe en Cristo residía en Timoteo. Pablo usó el verbo *vive* al describir cómo la fe de la abuela y la madre de Timoteo existía en él. Esta palabra significa "estar como en casa", indicando la profundidad y el grado en que su fe se había convertido en una parte integral de sus vidas.[10]

La familia es transmisora de la fe. En el judaísmo, la familia era y es el lugar principal para transmitir la tradición de la fe de generación en generación.[11] Lo sorprendente en esta segunda carta a Timoteo es que las abuelas, las madres y los hijos tienen mucho que ver entre sí.[12] Está claro que las mujeres y los hombres forman una parte integral del discipulado de los líderes espirituales de la iglesia. Las escrituras hebreas que la madre y la abuela de Timoteo le enseñaron durante su niñez contribuyeron a su desarrollo y madurez espiritual.[14] No se puede dejar de enfatizar el papel del desarrollo de la fe en la familia, así como el contar y volver a contar historias de fe y el nutrir los recuerdos como preparación para el futuro.[15] Los nombres de Loida y Eunice se pueden agregar a los de generaciones de cristianos que han instruido y orado eficazmente por sus hijos y nietos, y estas dos mujeres destacan la importancia de la educación cristiana en la familia de uno.[16]

La oración es una actividad fundacional para los padres que desean que sus hijos sigan y sirvan a Jesús mucho después de que dejan el hogar. Un autor señaló: "Nunca es demasiado tarde para fomentar el desarrollo del carácter o la sabiduría en el siervo del Señor; sin embargo, los padres no deben perder las oportunidades de la crianza temprana".[17]

Pablo indica la importancia del carácter intergeneracional de la misión de la iglesia. Su tema candente era cómo transmitir la fe de una generación a la siguiente. Hasta este punto, Pablo traza la herencia espiritual de Timoteo no a través de su familia paterna, sino a través de su línea materna.[18] Pablo sabía que el futuro de la iglesia dependía de la transmisión de la fe no sólo de Loida a Eunice y a Timoteo, sino de Timoteo a la siguiente generación. Un autor afirmó que el desarrollo de la siguiente generación de líderes ministeriales era lo que cautivaba la mente y el corazón de Pablo mientras estaba en prisión.[19]

A Loida y Eunice se les atribuye la transmisión de la fe a través de una réplica "transicional, transcultural" e intergeneracional de la fe cristiana en el contexto de "un entorno altamente pluralista, sincretista y rápidamente cambiante".[20] Pablo estaba planteando un solo punto en esta carta: "No pierdas el contacto con tus raíces". A través de su carta, Pablo insiste en la "recolección, la memoria imaginativa y la reapropiación de la enseñanza apostólica".[21] La referencia de Pablo a la abuela y a la madre de Timoteo con respecto a la transmisión de la fe le indica a Timoteo que su herencia religiosa tiene estabilidad y antigüedad.[22] Es la fe en Cristo la que forma el núcleo del carácter cristiano.

Un autor sostiene que la fe es el proceso continuo de respuesta hacia Dios. De hecho, es una cualidad del carácter que puede ser implantada y alimentada mediante las relaciones humanas, y transmitirse de padres a hijos. La fidelidad mostrada por padres y maestros hacia los jóvenes y emulada por los jóvenes en la formación de su propio carácter es una parte crítica de la formación de una virtud teológica. Es una virtud que puede crecer a través de las etapas de la vida de una persona.[23] La fuente de enseñanza de esta fe para Timoteo fueron Loida y Eunice en la esfera doméstica en lugar de la asamblea de la comunidad de fe. Pablo reconoció a estas mujeres como maestras capaces que podían enseñar la verdad y enseñar la fe a otros. Pablo también reconoció el papel clave del testimonio personal y la educación en la formación de personas fieles.[24]

Pablo no impuso en la iglesia local la responsabilidad de la formación en la fe de la siguiente generación. Más bien, la responsabilidad principal de socializar la fe debía llevarse a cabo en los hogares y en las familias. Los abuelos y los padres son las influencias formativas más importantes en la vida de un niño y en la transmisión de la fe.[25] Es la formación del carácter en el hogar del primer siglo lo que debe haber contribuido al desarrollo de familias fuertes y ciudadanos eficaces. ¿Podría ser ésta la excepción a la que se refería Zimmerman como factor clave para la estabilización de la sociedad en el primer siglo?

Thom Wolf puede tener una respuesta a la excepción que Zimmerman hace de la iglesia cristiana para la estabilización de la sociedad. Wolf denominó esta enseñanza central como *oikoscode*, que también se conoce como "'paraénesis' (en griego, consejo o exhortación, especialmente de naturaleza moral o espiritual; y enseñanza ética)". Identificó el término "código doméstico" y el término alemán *Haustafeln* (tablas domésticas) utilizado técnicamente para referirse a los códigos sociales de tres relaciones primarias: esposa-marido, hijos-padres y esclavos-amos. Wolf describió este código como la " 'triple estructura de la enseñanza ético-religiosa' o 'la cosmovisión' o 'el patrón de pensamiento'". El código enseña a los seguidores de Jesús una nueva forma de vivir en sociedad siguiendo las enseñanzas éticas y el modo de vida en Cristo.[26] Las enseñanzas de Jesús imitadas por Pablo, luego aprendidas y vividas por Timoteo, y enseñadas por su abuela Loida y su madre, Eunice, demuestran cómo las familias pueden florecer en la fe y contribuir al florecimiento de las sociedades humanas. Pablo animó a Timoteo a avivar el fuego del don de Dios que estaba en él imponiéndole las manos. Le recordó a Timoteo que Dios no le había dado un espíritu de timidez sino un espíritu de poder, de amor y de autodisciplina.

La fe formada en Timoteo por su familia y por el apóstol Pablo produjo un líder comunitario, pastor y autor del primer siglo que podría desarrollar otra generación de líderes para las iglesias locales. Loida y Eunice fueron agentes integrales en el desarrollo de su fe. Pablo fue otro agente clave en la formación de este joven líder y pastor. La familia de Timoteo es un ejemplo de una familia de fe floreciente en el primer siglo. La fe formada en Timoteo llevaba el camino de vida en Cristo enseñado por Pablo y una base ética de las enseñanzas de Jesús. Pablo recomendó a Timoteo ante las iglesias como un ejemplo vivo de esta forma de vida en Cristo. Este tipo de líder comunitario agrega valor para el florecimiento de comunidades y sociedades.

Principios de la esperanza familiar

La historia de Loida, Eunice y Timoteo genera varios principios de esperanza familiar como la formación espiritual, la formación en la fe en situaciones complejas, el valor de las historias de fe, el papel de las mujeres y los hombres en la formación de la fe, el papel de la iglesia en familias florecientes y la formación del carácter de hijos y nietos.

La formación espiritual en el hogar. La formación espiritual de los hijos comienza en el hogar. Loida y Eunice dieron prioridad a la enseñanza de las Escrituras a Timoteo cuando era niño. Timoteo creció no sólo con la enseñanza de las Escrituras, sino también con la encarnación de esas enseñanzas en la experiencia de la vida cotidiana. Vio el poder del evangelio en acción diariamente a través de la vida normal en familia. Cuando la fe de los padres y los abuelos es vibrante, viva y visible, los hijos y los nietos se dan cuenta y aprenden mediante la observación.

La fe florece en la complejidad. Las familias se enfrentan a menudo a la incertidumbre, la turbulencia y el caos, y sin embargo, estos escenarios crean situaciones complejas en las que la fe personal puede florecer. La familia de Timoteo estaba en transición de la tradición judía a la fe cristiana. La familia de Timoteo era transcultural, mezclando la cultura judía y la griega. La fe transmitida a Timoteo fue intergeneracional, abarcando cuatro generaciones, incluidas las que él discipularía y desarrollaría.

Historias de fe. Contar y volver a contar la historia de fe en las familias es monumental en el desarrollo de la herencia y el legado religioso. Los hijos y nietos quieren conocer su historia y su herencia espiritual. Volver a contar estas historias sirve para conmemorar la obra de la fe en el pasado, el presente y el futuro de la familia.

Las mujeres en la formación de la fe. Las mujeres crían a sus hijos mediante el cuidado y el apoyo. Tienen una capacidad única para formar la fe de sus hijos y nietos. Las mujeres asumen un papel de liderazgo en el desarrollo de un niño, incluyendo la salud, la nutrición, el bienestar, la protección, la crianza, la educación y la formación espiritual. Formar la fe en los hijos y nietos es un gran privilegio y responsabilidad para las mujeres de la familia. Las madres y abuelas oran por sus hijos y nietos como una labor de amor. Las madres solteras tienen el potencial de formar la fe en sus hijos y deben ser apoyadas por las iglesias y ministerios locales para ayudarlas a tener éxito.

Los hombres en la formación de la fe. Los hombres también son cruciales en la formación de la fe en la familia. Proporcionan seguridad, protección y recursos para el bienestar de la familia. La presencia del padre en la formación de la fe es tan importante como la de las mujeres en la familia. En ausencia de un padre, se necesita otro modelo masculino para demostrar y formar la fe en un discípulo.

La formación espiritual y la educación religiosa de los hijos y los nietos es también una prioridad para los hombres de la familia. Los padres y abuelos oran por sus hijos y nietos como una labor de amor. Los padres solteros tienen potencial para formar la fe en sus hijos, siempre que reciban el apoyo de su iglesia y ministerios locales. La ausencia física y espiritual de los padres en las familias sigue siendo un dilema importante de la sociedad moderna.

La iglesia y la familia floreciente. Las iglesias y comunidades de fe son esenciales para la formación de la fe. Las iglesias constituyen un apoyo suplementario para la formación de la fe en el hogar, además del papel principal de los padres en la formación de la fe. Los programas de educación religiosa para niños deberían aumentar lo que se enseña y modela en casa. Las iglesias pueden sentir la presión de la expectativa de ofrecer una formación en la fe destinada al ámbito doméstico. Una opción que una iglesia podría considerar es ofrecer capacitación y apoyo a padres y abuelos para formar la fe en sus hijos y nietos en el hogar.

La formación del carácter en el hogar. Cuando se forma la fe en los hijos y nietos, los futuros líderes y ciudadanos aprenden el patrón básico de una vida y valores centrados en Cristo. Aprenden lecciones de integridad, honestidad, arrepentimiento, perdón, resolución de conflictos, gracia, misericordia, respeto por el individuo, dignidad, honor, y lo más importante, aprenden a tener una relación con Dios a través de Jesucristo. El lugar principal para que se forme el carácter es el hogar. El mejor maestro de fe es el ejemplo que los niños ven en el hogar todos los días. La fe se capta con más fuerza que se enseña.

Resumen

La historia de Loida, Eunice y Timoteo ofrece valiosas lecciones para las familias del siglo XXI. Los padres y los abuelos desempeñan un papel decisivo en la formación de la fe de hijos y nietos. También contribuyen al florecimiento de las familias y las sociedades. La transmisión de la fe a la siguiente generación está en manos de padres y abuelos. La transmisión efectiva de la fe es la personificación diaria de la enseñanza en el flujo y reflujo normal de la vida familiar. El desarrollo de líderes para la iglesia y la comunidad está en manos de los padres en el hogar. Las iglesias desempeñan un papel crucial al complementar la formación espiritual dirigida por los padres y de brindar el apoyo y los recursos necesarios para las familias en este sagrado cometido.

Preguntas para reflexionar

1. ¿Quién formó en usted la fe cristiana?
2. ¿Cuál es la historia de la herencia de fe en su familia?
3. ¿Qué tipo de oportunidades hay disponibles en casa para formar la fe en los hijos y nietos?
4. ¿Cuáles son las maneras de enseñar las Escrituras y vivir su verdad entre sus hijos y jóvenes en casa?
5. ¿Qué necesita de su iglesia para formar con éxito la fe en su familia?

Parte 2

Soluciones Familiares

Una receta para familias sanas

En los diez capítulos anteriores, hemos visto de cerca a las familias de la Biblia y lo que podríamos aprender de ellas. Las historias revelan la necesidad de redención, un redentor y una oportunidad para la gracia, el perdón y la restauración. El objetivo era explorar la unidad de organización elegida por Dios para la humanidad—la familia—y examinar la historia de cada familia para extraer lecciones importantes y aprender cómo el plan de Dios para la humanidad se llevó a cabo a través de las familias incluso cuando se descarriaron.

La historia de la familia divina señaló cómo el prototipo de la familia humana ya estaba en marcha antes del comienzo del tiempo. La relación entre Padre, Hijo y Espíritu describió un modelo para las relaciones humanas en la familia. Vemos distintos roles de cada persona combinados en un solo Dios. Vemos cooperación, armonía, colaboración y confianza en estas relaciones.

La historia de la primera familia comenzó con una experiencia de adoración que terminó con el primer homicidio registrado en la historia de la humanidad. Muchas cosas salieron mal en la primera familia humana y, sin embargo, Dios ofreció gracia, redención y un futuro para Caín incluso después de que mató a su hermano. De la primera familia aprendemos que el conflicto familiar es inevitable. La cuestión no es si las familias tendrán conflictos, sino cómo los resolverán. Otra dolorosa lección de esta historia es que las decisiones equivocadas tienen consecuencias. Algunas consecuencias crean un daño permanente, incluso cuando se ofrece y acepta la gracia y el perdón.

La historia de la familia prometida demostró la fidelidad de Dios para bendecir a la humanidad a través de una familia, incluso con sus defectos y deficiencias. La familia de Abraham estaba lejos de ser perfecta, pero él estaba lleno de fe y voluntad de obedecer a Dios y seguir su guía. Esta historia muestra cómo el plan de Dios permite la acción humana, el error humano, la impaciencia y el interés propio, al tiempo que acentúa la guía y la gracia de Dios en las familias humanas. La historia se desarrolla con Isaac y luego con Jacob y Esaú para mostrar una lección sobre la rivalidad entre hermanos. La necesidad y la oportunidad de perdonar, sanar y restaurar a los miembros de la familia son muy claras.

La historia de la familia redentora nos muestra cómo Dios obra a través de las familias, específicamente a través de la familia de José. Los temas del trato injusto y la rivalidad entre hermanos impregnan esta historia y, sin embargo, los propósitos de Dios permanecen constantes a través del dolor, las heridas, los celos, la esclavitud, la injusticia y el maltrato.

La historia de la familia liberadora revela cómo las familias adoptivas y las familias de origen pueden ser instrumentales en el plan redentor de Dios para su pueblo. Las cuestiones del aprendizaje y el lenguaje intercultural forman parte del diseño de Dios de utilizar un líder emergente e imperfecto en el plan de redención.

La historia de la familia real revela cómo las familias de los líderes también están llenas de dolor, desilusión, pecado y deficiencias. Ningún padre es perfecto. Dicho de otra manera, todos los padres tienen una naturaleza pecaminosa y necesitan la gracia y la guía de Dios para ser los mejores padres posibles. Las deficiencias de los padres generalmente afectarán la formación de un niño aún en la edad adulta. Esta es otra razón por la que necesitamos la gracia, la misericordia, la guía y la sabiduría de Dios al criar a los hijos. Los hijos de líderes a quienes Dios usa a menudo luchan con su propio propósito en la vida. Aun así, buscar el plan de Dios para la propia vida es esencial para vivir una vida con propósito. El plan de Dios para guiar a su pueblo continúa incluso a través de familias defectuosas.

Las historias de familias en el Nuevo Testamento también son útiles. La historia de la familia sagrada no es la historia de una familia perfecta, incluso con Jesús en medio de ella. Aunque Jesús vivió una vida sin pecado, los miembros de su familia eran tan humanos y frágiles como lo somos nosotros hoy en día. Esta historia es una revisión fascinante de cómo debe haber sido vivir y crecer con el hijo de Dios dentro del contexto de una familia humana. La historia de la familia transformada ofrece mucha esperanza a las familias que superan sus circunstancias cuando el poder del evangelio se arraiga. La familia obtiene un nuevo padre y nuevas relaciones formadas según la gracia, el perdón, el servicio y la nueva vida disponible en Cristo. Por último, la historia de la familia floreciente proporciona un ejemplo claro de cómo las familias se transforman a través de generaciones cuando se enseña la fidelidad al mensaje de salvación del evangelio a lo largo de tres generaciones. No hay otro poder transgeneracional y transformador más fuerte que el impacto del evangelio en una familia.

Después de revisar estas familias de la Biblia, concluyo que todas las familias tienen fallas y necesitan la intervención de Dios para experimentar el diseño previsto desde el principio. Las familias humanas son defectuosas, pero no están fuera de reparación, restauración, redención y propósito divino. La familia, incluso con sus defectos e imperfecciones, sigue siendo el diseño de Dios para la humanidad. A medida que las familias hacen espacio en su círculo para la presencia de Dios, la Palabra de Dios y el Espíritu de Dios, tienen el potencial de convertirse en una bella imagen de relaciones saludables, redención y una vida con propósito en el plan redentor de Dios para la humanidad. La familia humana tiene el potencial de reflejar las características de la familia divina, llena de armonía, cooperación, colaboración y paz. La familia es el laboratorio de la gracia de Dios. ¿Cómo podemos aprovechar las lecciones aprendidas de estas familias e implementarlas en las vidas de las familias contemporáneas?

En la segunda parte, cambio de enfoque al explorar cómo un ministerio de 145 años de antigüedad entre niños y familias vulnerables continúa explorando nuevas formas de servir a las familias: Buckner Internacional, fundado en 1879 por el Dr. Robert Cooke Buckner. Fue un pastor bautista de Tennessee que sirvió en Albany, Kentucky, y se estableció en Texas durante la mayor parte de su ministerio. Al comienzo de su ministerio, Buckner se sintió impulsado por un pasaje de las escrituras redactado por Santiago, el medio hermano de Jesús, quien escribió: "La religión pura y sin mácula delante de Dios el Padre es esta: Visitar a los huérfanos y a las viudas en sus tribulaciones, y guardarse sin mancha del mundo" (Santiago 1:27).

Desde el principio, Buckner tuvo una visión bíblica sobre el cuidado de los huérfanos y las viudas. Las fotografías aéreas del campus original que Buckner compró en 1880 revelan una hilera de casas para viudas que servían como matronas de los niños que vivían en el orfanato. En sus inicios, Buckner llevó a cabo ambos objetivos de la enseñanza de Santiago, proporcionando atención a los huérfanos y a las viudas en su desamparo. No fue hasta 1954 que surgió el cuidado formal para adultos mayores como parte del ministerio Buckner en Dallas, Texas, con la fundación de Buckner Retirement Village. Dado que el impulso para este ministerio se derivó directamente de las Escrituras, no debería ser exclusivo del ministerio de Buckner. La misma amonestación y enseñanza de la carta de Santiago es para todas las iglesias y personas cristianas a lo largo de la historia. Mi esperanza es que la historia de Buckner impulse a pastores, líderes ministeriales, iglesias y grupos religiosos de todo tipo a adoptar la enseñanza de Santiago para practicar la religión pura e intachable aceptada por Dios.

Catorce décadas de ministerio entre huérfanos, niños vulnerables, familias y personas mayores nos han enseñado muchas lecciones de servicio. Aunque nuestros métodos han cambiado, nuestra misión continúa siendo seguir el ejemplo de Jesús al servir a niños vulnerables, familias y personas mayores. El capítulo 12 documenta la historia del Centro de Esperanza Familiar Buckner, que se ha convertido en un cambio sísmico en el bienestar infantil. El capítulo 13 detalla la historia de cómo Buckner Internacional impactó las prácticas de bienestar infantil en Guatemala y obtuvo reconocimiento internacional por sus mejores prácticas mientras seguía el ejemplo de Jesús al servir a los niños. El capítulo 14 refleja cómo comenzó la historia del ministerio Buckner, dónde nos encontramos hoy y un avance de hacia dónde nos dirigimos con respecto a la esperanza para los niños y las familias en el siglo XXI.

El día en que fui elegido unánimemente por la Junta Directiva de Buckner como sexto presidente de Buckner Internacional, mi predecesor, el Dr. Kenneth L. Hall, me hizo entrega de dos obsequios conmemorativos de la transición en el liderazgo de este ministerio. El primer obsequio fue un ejemplar de *R. C. Buckner's Life of Faith and Works* (Vida de fe y obras de R. C. Buckner), firmada por presidentes anteriores de Buckner Internacional. El segundo obsequio fue una fotografía enmarcada del último edificio que el Dr. Buckner construyó en el histórico campus del Buckner Orphan's Home (Hogar de Huérfanos Buckner) en Dallas, Texas, después de que una grúa de demolición se estrellara contra él. El Dr. Hall dijo: "Buckner sigue aquí porque nunca hemos tenido miedo al cambio". Estos últimos tres capítulos documentan algunas de las formas en que hemos cambiado y aplicado las mejores prácticas y estándares globales para satisfacer las necesidades de los niños, las familias y las personas mayores en el siglo XXI.

Capítulo 12

LA FAMILIA PRÓSPERA

Participa, prepárate y supérate

> No se conformen a este mundo; más bien, transfórmense por la renovación de su entendimiento de modo que comprueben cuál sea la voluntad de Dios, buena, agradable y perfecta.
>
> —Romanos 12:2 (RVA)

Thom Wolf, emprendedor educativo y consultor de liderazgo global, me enseñó un concepto que se ha convertido en una poderosa herramienta en mi arsenal de práctica del liderazgo: el poder de una pregunta. Wolf dice que hay un poder inherente en una buena pregunta. Es posible que la persona que la escuche no responda verbalmente, pero siempre la responderá en su corazón de inmediato. También aprendí que cuando estamos en conflicto o enfrentamos un problema, generalmente es mejor hacer una pregunta antes de hacer una declaración. Hacer una pregunta es una forma de participar en el asombro, como las preguntas hipotéticas de "qué pasaría si" de nuestro trabajo. El asombro conduce a la imaginación; la imaginación conduce a la creatividad. La creatividad, unida a la valentía y el riesgo, conduce a la innovación. La innovación conduce a avances y a un posible cambio de paradigma. Este tipo de pensamiento se convirtió en un elemento básico del ministerio en Buckner durante las últimas catorce décadas.

Los problemas más desafiantes tienden a dar lugar a las mejores preguntas. Randy Daniels, veterano del trabajo social de Buckner Internacional, señaló el problema central que enfrentan los padres de niños en los países en desarrollo. Concluyó: "La razón principal por la que se expulsa a los niños de sus hogares en el mundo es la pobreza".[1] Los padres que carecían de medios económicos para mantener a sus hijos sentían que la única opción disponible era colocar a sus hijos en una casa hogar donde al menos tendrían comida, ropa y necesidades básicas. Daniels empezó a preguntar: "¿Cuál es la solución a este problema? ¿Cómo podemos ofrecer a estos padres otras opciones que impidan la separación de sus hijos?" Más tarde, esa pregunta se convirtió en otra más amplia: "¿Qué pasaría si acudimos a las familias antes de que ellas acudan a nosotros?"[2] En el momento en que surgieron estas preguntas, Daniels observó que había ocho millones de niños en casas hogares en un día cualquiera y que dos millones de estos niños no tenían familia.[3] Había que hacer algo. Este tipo de percepciones surgieron de nuevas experiencias a través de Buckner en contextos internacionales. El comienzo del ministerio Buckner en contextos internacionales empezó a influir en Buckner, la organización, su ministerio y su identidad.

Buckner Internacional

El nombre histórico de Buckner era Buckner Baptist Benevolences (Benevolencias Bautista Buckner). Sin embargo, a medida que el ministerio empezó a abordar preocupaciones globales, adquirió una huella internacional. El ministerio Buckner en contextos internacionales comenzó en 1995 cuando el Dr. Hall y Mike Douris, ex miembro del personal de Buckner y fundador de Orphan Outreach (Ayuda a Huérfanos), viajaron a Polonia, Rumanía y Rusia para investigar las posibilidades de adopción. Buckner facilitó su primera adopción en San Petersburgo, Rusia, para una familia de Texas. En 1996, Buckner creó una rama separada para el ministerio internacional llamada Buckner International Ministries (Ministerios Internacional Buckner) para proporcionar ayuda humanitaria y asistencia profesional a las casas hogares rusos. Buckner Shoes for Orphan Souls (Calzado para Almas Huérfanas), anteriormente Shoes for Russian Souls (Calzado para Almas Rusas), se originó como un ministerio de Dallas por Christian Radio KCBI y se expandió a colectas de zapatos en cincuenta estados de EE. UU. Desde el comienzo de este ministerio, Buckner ha recolectado cuatro millones de pares de zapatos nuevos y los ha distribuido en más de noventa países.[4] En 2004, este movimiento de ayuda humanitaria se expandió a treinta y dos viajes misioneros a siete países.

Jeff Jones se transfirió a Buckner Orphan Care International (Cuidado de Huérfanos Internacional), el nuevo nombre del ministerio internacional, y dirigió el camino para misiones y ayuda humanitaria a lugares internacionales. Mientras Jeff Jones y Randy Daniels trabajaban en la punta de lanza de la innovación, empezaron a intercambiar soluciones creativas entre ellos, centradas en responder a las preguntas que Daniels planteaba. Entre 2002 y 2005, Buckner comenzó a trabajar en China, Guatemala, Kenia, Letonia, Perú, Etiopía, México, Honduras, la República Dominicana, Sierra Leona y Egipto.[5]

Reconociendo el impacto global del ministerio de Buckner, la Junta Directiva cambió el nombre de Buckner Baptist Benevolences a Buckner Internacional en 2003, bajo el liderazgo del quinto presidente de Buckner, el Dr. Kenneth L. Hall. El cambio hacia la ayuda humanitaria internacional y el ministerio en el país proporcionó nuevas plataformas para atender las necesidades de los niños vulnerables, desarrollar nuevos enfoques para grandes problemas y desafiar nuestras mejores prácticas en el bienestar infantil, desarrolladas durante décadas de innovación y cambio.

Cambio de paradigma

A lo largo de 2005 y 2006, Daniels hizo una crónica de

> un cambio intencional del mero apoyo a las casas hogares hacia la prevención. Desarrolló un nuevo modelo de ministerio entre niños vulnerables, pionero por primera vez en Rusia y Guatemala, mediante el establecimiento de hogares de transición. Pero pronto el equipo internacional dio a luz a un nuevo modelo de ministerio en la pequeña ciudad de Tarnevini, Rumanía. En 2006, Russ Dilday y Randy Daniels viajaron con tres miembros del personal de Red Dot Buildings con sede en Athens, Texas, para estudiar opciones ministeriales en Tarnevini. Tarnevini, que alguna vez fue un centro industrial, estaba en grave declive. La ciudad estaba llena de edificios que antes se utilizaban como fábricas, pero ahora estaban ocupadas ilegalmente por familias gitanas romaníes.[6]
>
> Después de analizar la situación, Daniels presentó la idea de un Centro de Desarrollo Comunitario y un plan para transformar un edificio hecho de cemento que estaba vacío y sin ventanas en un próspero centro ministerial para niños y familias. A medida que el modelo crecía, también crecía el número de servicios disponibles. El apoyo de Red Dot Buildings hizo posible el desarrollo de nuestro primer Centro de Desarrollo Comunitario en Tarnevini, Rumanía. El modelo pasó a llamarse Centro de Transformación Comunitaria y se añadieron más ubicaciones en Guatemala, Etiopía y la República Dominicana.[7]
>
> El modelo resultó tan eficaz para preservar a las familias y evitar la separación de los niños de sus familias que el modelo se importó de Guatemala a Texas. Conseguimos fortalecer a las familias y ayudarlas a estabilizarse económicamente. Los Centros de Transformación Comunitaria ofrecen una amplia gama de servicios personalizados a familias para ayudarles a fortalecerse y a tener éxito como familia. Se añadieron al menú de servicios prestados, capacitación

vocacional, habilidades parentales, inglés como segundo idioma, ayuda humanitaria y servicios médicos, cuando corresponde. El modelo se extendió rápidamente por todo el sistema Buckner, tanto a nivel nacional como internacional. Rápidamente surgió un nuevo modelo de ministerio, pero lo que se necesitaba era un marco fundacional y tal vez un nuevo nombre.

Factores de protección y esperanza familiar

En 2015, el equipo de Servicios Infantiles y Familiares Buckner adoptó un Marco de Factores de Protección para proporcionar estructura y orientación a nuestro modelo emergente. Este marco incluyó cinco factores que toda familia necesita para prevenir el abuso y la negligencia infantil. Los cinco factores son la resiliencia de los padres, las conexiones sociales, el conocimiento sobre crianza y desarrollo infantil, el apoyo concreto en momentos de necesidad (conexiones sociales) y la competencia social y emocional de los niños.[8] El marco se convirtió en el telón de fondo para organizar el tipo de servicios que ofrecíamos a las familias. En 2016, reconocimos la necesidad de formular nuestro nuevo modelo en términos que nuestros colegas, donantes y partidarios pudieran entender con claridad.

En 2016, nuestro material promocional empezó a reflejar el nuevo lenguaje que desarrollaron nuestros colegas. Observamos que uno de cada cuatro niños en nuestro estado vivía en la pobreza. Cambiamos el nombre de nuestros Centros de Transformación Comunitaria a Centros de Esperanza Familiar.[9] Transformar una comunidad era una visión más amplia para cambiar una comunidad a nivel macro. Nos centramos en servir, preservar y fortalecer a las familias y por tanto, influir en la comunidad a nivel macro. En lugar de transformar una comunidad, nos concentramos en proporcionar esperanza a las familias con soluciones tangibles a sus mayores desafíos. Dividimos el trabajo del Centro de Esperanza Familiar en tres fases: Participa, Prepárate y Supérate.

Participa

Participa significa que proporcionamos asistencia familiar y eventos comunitarios para conocer a las familias y atenderlas en el momento de sus necesidades. Participa significa que ofrecemos asistencia concreta de manera oportuna a través de eventos juveniles y comunitarios. Los eventos comunitarios pueden incluir ferias de salud, asistencia familiar, campamentos de verano, campamentos deportivos y ligas deportivas, seminarios y sesiones de capacitación. Estos eventos se promueven ampliamente en la comunidad, así como de boca en boca. Una vez que las familias están involucradas, podemos informarles sobre otros servicios disponibles. Los voluntarios de las iglesias locales aportan los recursos humanos y la experiencia necesarios para ofrecer un alto nivel de excelencia y una experiencia positiva para las familias que participan. Las familias respondieron voluntariamente a las oportunidades de participa.

Prepárate

Prepárate significa ofrecer educación para padres, educación para adultos, clases de capacitación financiera, actividades de desarrollo para niños y jóvenes y desarrollo espiritual. Las clases de educación para adultos incluyen inglés como segundo idioma, diploma de educación general para educación secundaria, clases de alfabetización y habilidades para la vida. La capacitación financiera podría incluir formación laboral, formación vocacional, gestión financiera y actividades generadoras de ingresos. El desarrollo infantil y juvenil incluye programas extraescolares, un programa de verano de academia juvenil, tutorías y, en lugares internacionales, podría incluir educación escolar formal.

Supérate

Supérate se logra a través de la asesoría familiar (family coaching), el seguimiento y el enriquecimiento espiritual.[10] Cambiamos nuestra forma de calificar trabajo con familias pasando de gestión clínica a la asesoría familiar, un enfoque más favorable para las familias. Les explicamos que incluso nuestro atleta profesional favorito tenía un entrenador. Las familias también necesitaban asesores para mejorar y tener éxito. También se fomenta la participación y el liderazgo de la comunidad a través de la asesoría de las familias.

Kimberly Allen y Nichole Huff publicaron la primera investigación conocida sobre el concepto de asesoría familiar en 2014. Concluyeron que "los asesores familiares se esfuerzan por crear asociaciones de asesor-cliente que ofrezcan apoyo y cultiven oportunidades de crecimiento mediante el uso de técnicas y modelos de asesoría".[11] También encontraron que el funcionamiento familiar mejora cuando los profesionales que intervienen utilizan técnicas de asesoramiento.[12] Los Centros de Esperanza Familiar de Buckner cuentan con dos asesores familiares que administran un máximo de cincuenta familias con el apoyo de un director, un especialista en niños y jóvenes, y un coordinador de servicios comunitarios.

Hoy en día, los Centros de Esperanza Familiar de Texas se ofrecen en Lubbock, Midland, Dallas, Longview, Houston y el Valle del Río Grande, así como en ciudades de Perú, Honduras, Guatemala, México, la República Dominicana y Kenia. Los Centros de Esperanza Familiar en estos lugares están fortaleciendo a las familias y previniendo el maltrato y la negligencia a través de soluciones contextualmente apropiadas. El resultado es que los niños permanecen en las familias donde Dios los puso. Pueden crecer, aprender y desarrollarse en su familia de origen. Seguimos proporcionando Centros de Esperanza Familiar con fondos de donantes sin financiación gubernamental. Los Centros de Esperanza Familiar de Buckner no sólo brindan esperanza a las familias, sino que también están cambiando la cara de la práctica de bienestar infantil en los Estados Unidos y en el extranjero. Todo este trabajo es posible gracias a la generosidad de los donantes.

De la disrupción a la innovación

La mayoría de las organizaciones sin fines de lucro existen para responder a una tragedia, a una necesidad o a una situación social con soluciones y recursos. Sin embargo, pocas organizaciones sin fines de lucro trabajan en sentido ascendente para llegar a la raíz del problema. Un Centro de Esperanza Familiar se convirtió en una disrupción de nuestras mejores prácticas en programas de acogimiento familiar, adopción y apoyo a padres solteros, al tiempo que ayudaba a las familias a permanecer intactas y tener éxito para que no necesitaran estos servicios. Empezamos a acudir a las familias antes de que ellas acudieran a nosotros. Seguimos ofreciendo servicios reactivos mientras que proporcionamos un servicio proactivo para fortalecer a las familias.

Los líderes nacionales del bienestar infantil se dieron cuenta de la diferencia que estábamos haciendo. Kathleen Strotman, ex directora ejecutiva de la Coalición del Congreso sobre el Instituto de Adopción, se dirigió a la Junta Directiva de Buckner Internacional y dijo: "Buckner está solo en este espacio de preservación familiar".[13] Jedd Medefind, presidente y director ejecutivo de la Alianza Cristiana para los Huérfanos (CAFO, siglas en inglés) también se dirigió a la Junta Directiva de Buckner Internacional y dijo: "No conozco ninguna otra organización sin fines de lucro afiliada a CAFO que esté haciendo este tipo de trabajo".[14] Continuamos innovando y desarrollando Centros de Esperanza Familiar y tenemos planes de añadir más en el futuro cercano. Este conjunto de soluciones para las familias no sólo las fortaleció y las ayudó a salir adelante, sino que también generó beneficios económicos.

Una onza de prevención

Hay un dicho que dice "una onza de prevención vale más que una libra de curación". Uno de nuestros principales donantes y amigo de Buckner me retó a presentar un argumento financiero a favor de la eficacia y la financiación del Centro de Esperanza Familiar. Acepté su desafío y encargué un estudio para investigar la diferencia entre acogimiento familiar iniciado por el estado de Texas y subcontratado a los Servicios Infantiles y Familiares Buckner en comparación con el trabajo de los Centros de Esperanza Familiar de Buckner. Le pedí a Kandyce Ormes Ripley, vicepresidenta asociada de análisis de datos y estrategia de Buckner, que investigara los datos sobre el acogimiento familiar. Le pedí que calculara el costo de contratar a un representante de servicios de protección infantil en el estado de Texas con compensación y beneficios, el costo de la capacitación, el costo de una investigación de maltrato infantil, negligencia o abandono, el costo de informar los resultados, la separación de un niño de su familia, el reclutamiento, la orientación, la capacitación y la certificación de una familia de acogimiento familiar, la integración del niño y el seguimiento posterior necesario, y los requisitos de presentación de informes para esta integración durante un año.

El costo total ascendió a 54,000 dólares por un niño durante un año. Este total incluiría los costos aportados por los contribuyentes y los donantes de Buckner. Luego le pedí que calculara el costo de la asesoría familiar en un Centro de Esperanza Familiar que daba lugar a que un niño permaneciera en su familia. En otras palabras, el costo de evitar que un niño sea separado de su familia debido a negligencia, maltrato o abandono. El costo total de la asesoría familiar durante un año ascendió a 2.000 dólares aportados por donaciones privadas. La proporción entre prevención y reparación era de uno a veintisiete. En otras palabras, por cada dólar que gastáramos en prevención, tendríamos que gastar veintisiete dólares después de que se denunciara el abuso, la negligencia o el abandono. El caso era convincente. Sabemos que esto es correcto. Sabemos que esto es verdad. "Una onza de prevención vale más que una libra de curación". No añadí los costos de los efectos permanentes de la experiencia traumática del abuso, el abandono, la negligencia o la separación de la familia. El trabajo de los Centros de Esperanza Familiar es una inversión excepcional en bienestar infantil. Estamos convencidos. ¿Lo está usted?

Regreso al futuro

La última vez que viajé internacionalmente en nombre de Buckner fue en enero de 2020 con un grupo de donantes de Buckner. Luego, en el verano de 2022, viajé a Guatemala para visitar dos Centros de Esperanza Familiar y nuestro ministerio de acogimiento familiar allí. Fue mi primer viaje internacional desde el inicio de la pandemia y me recordó cuánto echaba de menos la oportunidad de conocer a las personas a las que servimos y pasar tiempo con nuestros equipos fuera de los Estados Unidos. Esta vez me acompañó un grupo de líderes de Texas para que conocieran el ministerio de primera mano. Tony Celelli, presidente del Colegio y Seminario Stark; Abe Jaquez, presidente de la Universidad Bautista de las Américas; Brian Hill, pastor principal de la Primera Iglesia Bautista de Corpus Christi; Tamiko Jones, directora ejecutiva de la Unión Femenil Misionera de Texas; e Irene Gallegos, directora de Hunger and Care Ministries (Ministerios del Hambre y Atención), y el Centro para el Compromiso Cultural de los Bautistas de Texas, estuvieron conmigo durante una semana exitosa con el personal de Buckner. Volví a recordar el alcance de nuestro trabajo y el impacto directo que estamos teniendo en las vidas de los niños y las familias.

Mientras estaba en el techo del Centro de Esperanza Familiar Buckner en Jocotenango, Guatemala, me sorprendieron dos vistas. Mirando hacia arriba y hacia afuera, estábamos rodeados de hermosas colinas verdes cubiertas de una vasta vegetación, símbolo de la fortaleza del suelo guatemalteco. Sin embargo, la vista hacia abajo era completamente distinta. Por muy bello que fuera el entorno natural, el Centro de Esperanza Familiar también estaba rodeado de pobreza y desesperación. Este fue el primer Centro de Esperanza Familiar iniciado por Buckner. Fue en Jocotenango donde la idea germinó en casi treinta Centros de Esperanza Familiar a nivel internacional y en Texas. Estos centros que cambian vidas están fortaleciendo a las familias, permitiéndoles mantener a los niños donde pertenecen, en el hogar. Estamos transformando innumerables generaciones venideras, rompiendo ciclos de mala crianza y haciendo brillar la esperanza para niños y niñas.

A medida que los sistemas cambian a nivel nacional e internacional, se vuelve cada vez más evidente que los programas de preservación de la familia como los que se ofrecen en el Centro de Esperanza Familiar son vitales para el futuro del servicio a los niños vulnerables. Durante mi estancia en Guatemala, tuvimos la oportunidad de visitar a familias atendidas por Buckner. Caminamos hasta sus hogares, a menudo en medio de una pobreza devastadora. Independientemente del entorno, encontramos cambio y esperanza dentro de cada hogar. Sin dejarse intimidar por los desafíos a los que se enfrentan, estas familias, aunque diferentes, tienen la misma historia. Buckner les brinda esperanza y promesa. En algunos casos, se trata de capacitación financiera y clases para padres. En otras situaciones, es una combinación de zapatos nuevos, suplementos alimenticios, filtros de agua y fortalecimiento familiar a través de la asesoría.

Tuve el maravilloso privilegio de conocer a Valentina, una niña joven que frecuenta el Centro de Esperanza Familiar en Jocotenango. Su madre me contó que aprendió que era mejor hablar con su hija y razonar con ella en lugar de golpearla por frustración. A través de las experiencias de equipamiento y aprendizaje de habilidades parentales, Valentina tiene una madre transformada que apoya su sueño de convertirse en ingeniera. Valentina es una joven brillante con sueños, aspiraciones y un futuro esperanzador. Tiene una madre y un padre que ven su potencial y están listos para apoyarla en su viaje educativo hacia la vocación de sus sueños. Valentina representa a miles de niñas y niños que tienen metas, sueños y esperanzas que pueden convertirse en realidad con padres que los valoran, los respetan y los apoyan.

Una dimensión del Centro de Esperanza Familiar Buckner en Jocotenango es la interacción con los niños de una escuela primaria cercana. Nuestros líderes de Buckner se reunieron con el director de la escuela, quien accedió albergar el Día de Buckner al comienzo de su año escolar. El equipo que viajó conmigo participó en la distribución de mochilas y zapatos. Tuve la oportunidad de compartir con uno de los alumnos una mochila llena de útiles escolares y un par de tenis nuevos. Nunca olvidaré la expresión del rostro de la niña sentada frente a mí cuando saqué el par de tenis nuevos. Su sonrisa parecía extenderse de oreja a oreja. Le pedí permiso para quitarle los calcetines y los zapatos. Aceptó y me permitió lavarle los pies y luego ponerle calcetines y zapatos nuevos. Trabajé con ella hasta que conseguimos la talla correcta de zapatos y me aseguré de que le quedaban perfectamente. Luego le mostré la mochila y los útiles escolares listos para empezar un nuevo año escolar. Oré por una bendición sobre ella y luego se fue.

Mientras tanto, los padres participaban en una demostración de cocina con un chef profesional y pude probar el delicioso platillo que estaba preparando el chef. Irene Gallegos y Tamiko Jones estaban en otra estación enseñando una historia bíblica a otro grupo de niños. Los profesores de la escuela también sirvieron como voluntarios. Nuestros corazones se llenaron de bendiciones a través de las oportunidades de servicio de primera mano. Así es el compromiso con los niños y las familias. El siguiente paso para algunas de las familias que conocimos puede ser probar otros servicios que brindamos y participar en experiencias de equipamiento.

Resumen

Los Centros de Esperanza Familiar Buckner han bendecido a familias al borde de la disolución, en los Estados Unidos de América y en el extranjero. Esta innovación ha transformado a Buckner para expandirse de servicios reactivos a servicios proactivos para las familias. La adopción internacional generó ayuda humanitaria internacional en orfanatos y viajes misioneros para proporcionar apoyo a los orfanatos. Estos esfuerzos condujeron a servicios dentro del país, incluyendo la innovación de los Centros de Esperanza Familiar para preservar y fortalecer a las familias. Los líderes de Buckner fueron posicionados para resolver problemas, hacer preguntas y crear soluciones innovadoras a los desafíos que los niños y las familias vulnerables enfrentaban. En el camino, surgieron nuevas oportunidades para impactar las prácticas de bienestar infantil no sólo de Buckner, sino también de los gobiernos extranjeros. El siguiente capítulo cuenta la historia de cómo Buckner empezó a dar forma, influir y fomentar cambios en la práctica y política del bienestar infantil entre las naciones del sur global.

Capítulo 13

LA FAMILIA RENOVADA

Reunificación, Parentesco y Acogimiento Familiar y Adopción

> Ser una familia significa que eres parte de algo maravilloso.
> Significa que amarás y serás amado por el resto de tu vida.
>
> —Lisa Weed

El ministerio de Buckner comenzó justo después de la Guerra Civil estadounidense. Muchos padres de Texas se unieron al ejército de la Confederación para defender la esclavitud y perdieron la vida. Las esposas enviudaron y los hijos quedaron huérfanos. En algunos casos, las viudas perdieron la vida como madres solteras tratando de sobrevivir y formar una familia. Muchos niños quedaron verdaderamente huérfanos sin padres ni familia que cuidara de ellos.

Cuando Robert Cooke Buckner, un pastor bautista de Texas, fundó el Hogar de Huérfanos Buckner en Dallas, Texas, en enero de 1879, este ministerio se convirtió en la primera casa hogar al oeste del río Mississippi en los Estados Unidos. Buckner construyó un lugar para que los niños tuvieran un hogar y una familia.[1] Sin embargo, después de décadas de consistente servicio entre huérfanos y niños vulnerables alojados en una casa hogar, Buckner ha hecho la transición del cuidado institucional de los niños al cuidado familiar. En los Estados Unidos, todo el campo del bienestar infantil ha pasado del cuidado en orfanatos y el cuidado residencial en instituciones, a las familias a través del cuidado de acogimiento familiar, el cuidado parentesco, la adopción y los servicios familiares. Creemos que el mejor lugar para que un niño crezca y se desarrolle es un ambiente familiar seguro y saludable. Hemos desarrollado catorce décadas de experiencia en este campo, así como las mejores prácticas y la excelencia en el servicio como profesionales de la búsqueda y la formación de familias permanentes para los niños.

Nuestro versículo guía y escritura fundacional es Santiago 1:27, que dice: "La religión pura y sin mácula delante de Dios el Padre es esta: Visitar a los huérfanos y a las viudas en sus tribulaciones, y guardarse sin mancha del mundo". El compromiso de vivir este versículo de guía en nuestro trabajo ha dado lugar a una reputación internacional de excelencia en el servicio a niños vulnerables y adultos mayores. Santiago, el medio hermano de Jesús, está diciendo que la práctica más aceptable de la religión a los ojos de Dios es hacer todo lo necesario para atender las necesidades de los huérfanos y las viudas, visitarlos en su lugar de necesidad y asegurarles una familia a la que pertenecer. Esta visión nos condujo a una apasionante aventura para servir a los huérfanos, los niños vulnerables y las familias en entornos internacionales que generó un impacto global para el bienestar de los niños. La historia de ese viaje incluye influencia en Washington, DC, y luego en la escena mundial a través del compromiso con una subvención de Ayuda y Desarrollo Internacional de los Estados Unidos (USAID; siglas en inglés) para la transición de niños institucionalizados a familias y para oportunidades de compartir nuestra pericia.

Buckner Internacional busca encontrar familias para niños en lugar de niños para familias. Somos conscientes de que cada niño debe tener un entorno familiar seguro en el que crecer. Creemos que una familia es el mejor lugar para que un niño aprenda, crezca y se desarrolle. Los jóvenes adultos independientes que han salido del sistema de acogimiento familiar necesitan una familia al iniciar sus vidas. Las familias de acogimiento familiar, las familias adoptivas permanentes, las familias de parentesco, las familias monoparentales y las familias tradicionales forman unidades familiares básicas capaces de crear un sentido de comunidad y pertenencia para que los niños reciban cuidado y amor.

Solicitud de una subvención de USAID

Varios años después de que el Dr. Ken Hall, mi predecesor, estableciera una oficina en Washington, DC, para involucrar al gobierno federal estadounidense en el cuidado internacional de huérfanos, dirigí el ministerio para solicitar de USAID una subvención. USAID concedió tres subvenciones en Vietnam, Camboya y Guatemala. Solicitamos la subvención de Guatemala ya que habíamos establecido un ministerio en ese país a principios de la década de 2000. El objetivo de la subvención era ayudar al gobierno guatemalteco en la transición de 103 niños, desde el nacimiento hasta los tres años, de casas hogares a familias a través de acogimiento familiar, cuidado parentesco, o la adopción.

Margaret Elizabeth Perry McKissack, entonces directora de relaciones corporativas e institucionales de Buckner, fue la redactora original de la subvención y líder del proyecto. Ella reunió un equipo multifuncional en Buckner para desarrollar la subvención y lanzar el proyecto. Después de un primer rechazo de nuestra solicitud de subvención, nos animaron a presentarla nuevamente. Margaret Elizabeth contrató a un consultor e hizo un segundo intento de conseguir con éxito una subvención de un millón de dólares durante un período de dos años. Nuestra primera subvención de USAID por un millón de dólares se otorgó el 1 de agosto de 2013 para "desarrollar programas en Guatemala que brindarán soluciones familiares permanentes para huérfanos y niños vulnerables".[2] Esta subvención fue motivo de una gran celebración en Buckner.

El proyecto requería la desinstitucionalización de los niños pequeños a través de un equipo de expertos en permanencia para gestionar los casos de niños, capacitar y equipar al gobierno guatemalteco para desarrollar programas de acogimiento familiar y cuidado parentesco, y desarrollar un sistema de gestión y seguimiento de datos sobre niños y familias de acogimiento.[3] En 2013, el concepto de acogimiento familiar, la integración de un niño bajo custodia temporal de un entorno familiar no biológico seguro y saludable, y las familias parentescos eran conceptos bastante nuevos en muchos países en desarrollo. Buckner abrió el camino en el desarrollo del acogimiento familiar y el cuidado parentesco en Guatemala, así como en otros lugares como Perú, Honduras, México, la República Dominicana, Rusia, Etiopía y Kenia. Randy Daniels, vicepresidente de los Servicios Infantiles y Familiares Buckner, indicó que los huérfanos guatemaltecos eran integrados automáticamente en una casa hogar independientemente de su edad como práctica estándar. El proyecto incluiría un componente educativo basado en las últimas investigaciones sobre bienestar infantil.

Este proyecto formaba parte de *USAID Action Plan for Children in Adversity* (Plan de Acción de USAID para Niños en Adversidad), la primera orientación estratégica de todo el gobierno sobre asistencia internacional para niños en adversidad. El plan de acción incluía tres objetivos principales: *To Build Strong Beginnings* (Construir comienzos sólidos) aumentando el porcentaje de niños que sobreviven y alcanzan su pleno potencial de desarrollo; *To Put Family Care First* (Dar prioridad al cuidado familiar) reduciendo el porcentaje de niños que viven fuera del cuidado familiar; y *To Protect Children* (Proteger a los niños) reduciendo el porcentaje de niñas y niños expuestos a la violencia y la explotación.[4] Los planes de Buckner para este proyecto se denominaron "Fomentando la Esperanza Guatemala" y apoyaron los tres objetivos.

Dado que parte del proyecto incluía el desarrollo de soluciones de software y hardware (programas y equipos informáticos) para el gobierno de Guatemala, contratamos a un subcontratista para que proporcionara estas soluciones. Sin embargo, una vez que comenzamos a implementar el proyecto, se hizo evidente que las soluciones del primer proveedor eran incompatibles con los sistemas informáticos del gobierno guatemalteco. A cada paso parecían surgir obstáculos. Aun así, seguimos avanzando de buena fe hacia el objetivo. Nos enteramos de Tyler Technologies, una empresa de soluciones informáticas en Plano, Texas, que se especializa en software para el sector público, incluidas soluciones para sistemas judiciales gubernamentales. Bruce Graham, entonces director de estrategia, nos conectó con un equipo de profesionales de Tyler que nos proporcionó soluciones personalizadas para los desafíos que enfrentábamos en Guatemala con los sistemas informáticos.

A través de continuas conexiones con senadores y líderes estadounidenses en el Capitolio apasionados por el bienestar infantil, pudimos obtener el apoyo y el estímulo necesarios para solicitar esta subvención. La senadora Mary Landrieu de Luisiana apoyó increíblemente la solicitud de subvención a Buckner de USAID y dijo: "Puede que los niños constituyan sólo alrededor del 30 por ciento de la población mundial, pero representan el 100 por ciento de nuestro futuro".[5] Su visión era que los Estados Unidos realizara inversiones críticas en el extranjero para proporcionar a los niños oportunidades de alcanzar su máximo potencial para un futuro más brillante y seguro.[6]

La implementación del proyecto comenzó en 2013 con un nombre contextualmente apropiado en español: *Semillas de Esperanza* (Seeds of Hope), proporcionando esperanza a 103 niños y sus familias. El equipo de implementación estuvo dirigido por Carlos Colón, director ejecutivo de operaciones internacionales de los Servicios Infantiles y Familiares Buckner. Al comienzo del proyecto, los miembros de nuestro equipo se encontraron con historias asombrosas de niños separados al nacer, varios casos de reunificación de niños con familias y muchos casos de redescubrimiento de familias para niños separados de sus familias por varias razones.

Perdida y encuentro: el regreso a casa de la pequeña Sara

La historia de la pequeña Sara es un increíble viaje de esperanza. Su nombre y el de los miembros de su familia han sido sustituidos para proteger su identidad. Una trabajadora social de Semillas de Esperanza que pasaba muchas horas a pie para localizar a las familias separadas de sus hijos. Debido a los expedientes incompletos, una acumulación de casos y un entorno rural, el trabajo de la trabajadora social implicaba una investigación cara a cara. Viajó a una aldea maya kekchi de San José Pacayal para ver a Sara, de dos años, a quien ayudó a reunirse con sus padres tras una extraña historia que involucraba una confusión en el hospital, un encubrimiento y la búsqueda de su familia. Para llegar a la aldea, tuvo que conducir por una carretera nacional durante seis horas antes de desviarse por un camino de tierra que la llevaría a un puente colgante peatonal y la conduciría al sendero que la llevaría a la aldea de la montaña donde vivía Sara.

Sara nació en abril de 2012, hija de Juana Pap y su esposo, Bartolo Díaz, en un centro de salud de Chahal. Díaz es un trabajador agrícola. Pap es ama de casa. Sara nació con bajo peso inferior a un kilo y le diagnosticaron desnutrición, mientras que a su madre le diagnosticaron anemia en el hospital. Ambas fueron trasladadas a otro hospital para recibir tratamiento, pero mientras Pap fue dada de alta, la bebé Sara permaneció ingresada para recibir tratamiento adicional. Al necesitar atención especializada, Sara fue trasladada a un tercer hospital, esta vez en Cobán. Al Sr. Díaz, su padre, le llegó la noticia de que su hija había sido transferida, pero luego su historia dio un giro extraño.

Cuando el señor Díaz se enteró de que su hija había sido trasladada al tercer hospital, la visitó varias veces, llevando pañales, talco para bebés, y ropa para su hija. Sin embargo, los administradores del hospital no le permitieron verla. Regresó y luego llamó, pero aún así no le dejaron ver a su hija. Siguió llamando al número del hospital y no le dieron ninguna información sobre su hija. La trabajadora social explicó a los administradores del hospital que el Sr. Díaz no podía visitar el hospital con frecuencia debido a la ubicación remota de la familia. El hospital estaba a seis horas de distancia y apenas disponía de transporte. Rara vez iba a Cobán, pero seguía llamando en vano. El señor Díaz habló de la desesperación que sentía entonces. Se entristeció por su hija. Díaz, quien trabaja en una finca de palmeras, dijo que finalmente se dio por vencido porque no podía permitirse continuar la búsqueda en Cobán. "Si faltaba un día al trabajo, lo despedían". Les dijo que la última vez que la familia llamó al hospital de Chahal, los funcionarios de allí les dijeron que: "La niña había fallecido". Así que desistió y dejó de llamar al hospital porque, según ellos, ella había muerto. Mientras tanto, en el hospital, como ningún familiar había visitado a la bebé y se disponía de poca información sobre ella, la niña fue declarada adoptable por los funcionarios del hospital. En ese momento, la bebé Sara podría haber sido adoptada por una familia desconocida para ella. Pero la historia aún no había terminado.

El equipo de Semillas de Esperanza Buckner en Guatemala intervino en noviembre de 2013 para determinar la identidad de Sara y sus conexiones familiares. Para abril de 2014, Dina y el equipo de Semillas de Esperanza continuaron la investigación y finalmente lograron llegar al hospital de maternidad inicial en Chahal. Compartieron esta información en Radio Bendición, una emisora cristiana de Chahal, para intentar encontrar a Sara y encontrar a sus padres, Juana Pap y Bartolo Díaz. Siguiendo las pistas que recibieron del hospital, la trabajadora social localizó a los padres de Sara en San José Pacayal, preguntando a un vecino tras otro si conocían al Sr. Bartolo y a la Sra. Juana. Así lo hicieron, guiándola hasta la pareja y su numerosa familia, quienes quedaron atónitos y se alegraron mucho cuando Dina les comunicó la noticia de que su hija menor estaba viva.

Las visitas continuaron con estudios del hogar, audiencias y, finalmente, un reencuentro con la gran familia de Sara. El señor Díaz recordó sus sentimientos y los de su esposa, junto con la trabajadora social, el momento en que ella les dijo que su hija estaba viva, "Ah sí, me sentí tan tranquilo cuando viniste y me lo dijiste". Para la trabajadora social, la búsqueda exitosa y difícil, fue una labor de amor a Dios. "Eso es lo que me encanta de mi trabajo, es que estoy sirviendo a Dios", ella dijo. "Dios es mi socio. Es mi jefe. Me envía a trabajar para la gente que lo necesita. Soy sólo un instrumento y tengo debilidades, pero quiero fortalecerlas y seguir apoyando a esta gente". Es un sentimiento que Díaz le recalcó. "Muchas gracias a Dios. Que Dios la bendiga".[7] El equipo de Semillas de Esperanza trabajó para lograr finales felices como la experiencia de Sara. Consiguieron reunir a los niños con sus familias y celebraron emocionantes reuniones. El equipo de Semillas de Esperanza también descubrió algunos casos de niños que habían sido secuestrados.

Secuestrado al nacer

Margarita Gómez (nombre sustituido) se movía lentamente en una habitación oscura con dolores y molestias, un día después del parto. Sus manos se deslizaban arriba y abajo por la cama a su alrededor, pero no podía sentir el cuerpo de su recién nacido. Sentándose, llamó a quienes la habían estado cuidando y preguntó por su hijo recién nacido. "No tienes ningún hijo", le respondieron. Gómez sabía que eso era mentira, pero su vida corría peligro si decía lo contrario. Su bebé había desaparecido, ya no estaba. Más tarde ese mismo día, Gómez y sus dos hijos pequeños subieron a un autobús que los llevó de regreso a su tranquilo pueblo guatemalteco. A lo largo de los días siguientes revivió lo sucedido. Elvia y Mario Sosa (nombres sustituidos) habían prometido ayudarla. Habían hecho arreglos para que un médico la atendiera durante el parto.

Sin embargo, poco después de llegar a la casa de ellos, la encerraron a ella y a sus hijos. El nacimiento de su hijo fue un momento borroso. Ella nunca tuvo en sus brazos a Samuel, ni siquiera lo vio.

Tres días después del nacimiento de su hijo, Gómez denunció la situación a la policía, iniciándose una búsqueda de Samuel a nivel nacional. Todo empezó cuando las autoridades judiciales llevaron a Gómez de regreso a Cantel, donde se había despertado después del parto. Lo único que recordaba era una tienda justo al frente de la casa. Recordó que había unas barandillas en una pequeña colina, y fue entonces cuando las autoridades encontraron la casa.

En el interior de la vivienda, las autoridades locales descubrieron a los Sosa y al bebé Samuel. El bebé Samuel fue rescatado de la pareja que lo había robado. Las autoridades locales arrestaron a los Sosa y colocaron a Samuel bajo el cuidado de Casa Alegría, un centro infantil, pero sin el amor y el cuidado de su madre, sus hermanos y su familia. Una trabajadora social de Buckner del proyecto Semillas de Esperanza, fue notificada de la situación de Gómez por el tribunal judicial nacional de Guatemala. Su tarea era llevar a cabo la investigación y el trabajo jurídico necesario para determinar si Gómez era la madre y, en caso afirmativo, reunirla con su bebé.

Cuando se enteró de que el caso era un secuestro, un niño arrancado de los brazos de su madre, y que ni siquiera llegó a conocerlo, se sintió tres veces más comprometida con la madre y el bebé. Ella dijo que este caso le parecía tan injusto y la hacía sentir tan impotente al no poder solucionarlo de inmediato. Ella recurrió a su experiencia y a un poder superior para afrontar el caso. Cuando se enteró del caso, pidió a Dios que iluminara su mente y la guiara por el camino correcto, conduciéndola a las personas adecuadas con las que hablar, y cómo servir mejor a la familia. El caso fue el primero de este tipo para ella con el proyecto de Semillas de Esperanza. En Guatemala hay cientos, incluso miles, de niños secuestrados. Los niños están perdidos y las madres callan por miedo, por amenaza, por ignorancia o por no saber qué pueden hacer. En las adopciones irregulares, los niños son vendidos.

Como el secuestro ocurrió en Quetzaltenango, Guatemala, el proceso de investigación se inició en un juzgado ubicado dentro de una división geográfica. Ya que Margarita vivía en otra división geográfica, el caso fue transferido a otro tribunal. Después de transcurrir un mes, no se tenía información sobre la familia, su dirección o el motivo por qué el niño estaba bajo custodia. Cuanto más se demoraba el caso, más difícil y desafiante se volvía la investigación. Luego de entrevistar a Margarita, Jenifer ordenó una prueba de ADN para determinar si ella era la madre de Samuel. Organizó audiencias judiciales para Margarita y Samuel. Setenta y cinco días después de que Samuel quedara puesto bajo custodia estatal, un juez le concedió a Margarita el cuidado provisional de Samuel.

En una mañana despejada en un pueblo tranquilo, Samuel regresó a casa con su madre, sus hermanos, sus tíos y su abuela. Jenifer mostró una gran sonrisa al ver a su familia reunida. Ayudó a Margarita a completar el último formulario de custodia para poner fin a su largo martirio de seis meses. Cuando los resultados de la prueba de ADN fueron positivos, la trabajadora social concluyó que para Samuel "se había restablecido el derecho a tener una identidad". Margarita miró a la trabajadora social con una sonrisa de madre y dijo: "Realmente aprecio mucho a Buckner porque hicieron un muy buen trabajo. Ahora mi bebé está conmigo. Estoy muy contenta".[8]

Desafortunadamente, el equipo de Semillas de Esperanza se encontró con muchos casos de este tipo durante el proyecto. Cada situación, una vez resuelta, se convirtió en otro momento de esperanza y celebración. Muchos de nuestros casos resultaron en reunificación familiar, como el de los bebés Sara y Samuel. Sin embargo, en algunos casos, no pudimos encontrar a la familia de origen de un niño o no pudimos reunirlo con su familia biológica. Nuestro objetivo, como la siguiente mejor opción a la reunificación de los niños con sus familias biológicas, es buscar un contexto familiar y un sistema de apoyo que se aproximen a la familia biológica genuina donde cada niño sea querido, amado y apoyado en un ambiente familiar saludable. En estas situaciones, colocamos a los niños con familias de acogimiento.

Familias marcadas por el amor

La casa de los Arroyo está marcada por el amor, literalmente. En la pared de la puerta principal, han pintado un gran corazón rojo rodeado de huellas de manos multicolores que pertenecen a cada miembro de la familia. Una huella de mano es notablemente más pequeña que las demás. Pertenece a Valeria, la nueva integrante de la familia.

Francisco Arroyo y su esposa, Mónica Alquijay, de Guatemala, se convirtieron en padres de acogida casi por accidente. Asistieron a una reunión de padres en la escuela de su hija y se encontraron un folleto sobre un nuevo programa que se estaba desarrollando en Guatemala en colaboración con la Secretaría de Bienestar Social (Secretary of Social Well-Being), Buckner y USAID. Francisco y Mónica expresaron un cortés interés en el programa mientras hablaban con la representante del gobierno que estaba distribuyendo información en la reunión escolar. Dejaron sus datos de contacto a la mujer, pero en realidad no pensaban que fuera a salir nada de ello. Pronto, una trabajadora social les llamó casi todas las noches para hacer un seguimiento y discutir el proceso de certificación con más detalle.

"Para ser sincera, al principio tenía miedo", dijo Mónica. Ella y Francisco no se comprometieron de inmediato, pero hicieron lo que siempre hacen antes de tomar grandes decisiones: discutirlo en familia. Se reunieron con sus hijas, Elisa, de diecisiete años, y Allison, de doce, y pasaron varios días discutiendo sus pensamientos y sentimientos, las cosas que podrían cambiar y los desafíos que enfrentaría la familia si aceptaban acoger a un niño. Al final, todos aceptaron emprender esta gran aventura. El sentimiento de que su familia estaba incompleta influyó en su decisión. Mónica siempre quiso tener tres hijos, pero lamentablemente por problemas de salud no pudieron hacer crecer su familia.

Tan pronto como tomaron la decisión de seguir adelante, Mónica sintió las mismas emociones que si estuviera embarazada. Hubo exámenes y pruebas, entrevistas con psicólogos y, mientras tanto, muchos nervios. Finalmente, les propusieron acoger a un niño de nueve meses. Mientras lo consideraban, recibieron otra llamada telefónica unos días después pidiéndoles que se hicieran cargo de una niña de cinco meses que había sido abandonada por su madre biológica al nacer. No habían conocido a la bebé, no habían visto fotos ni nada, pero les llamaron y les dijeron que tenían que decidir con poca información. "Al principio, queríamos un niño porque ya tenemos dos niñas, así que no sabíamos qué hacer. Luego hablamos entre nosotros y nos preguntamos: '¿Por qué estamos haciendo esto? Queremos hacerlo para ayudar y dar la oportunidad a un niño de tener una familia'". Así entonces, decidieron acoger a la niña.

Al día siguiente recogieron a Valeria en los juzgados de un distrito situado a dos horas de distancia. Durante todo el trayecto, fue como si Mónica estuviera en labor de parto. Tenía náuseas, mareos y estaba abrumada por los nervios. Sin embargo, al momento que vieron a Valeria, ambos se enamoraron perdidamente de ella. Regresaron a casa a una gran fiesta de bienvenida con toda su familia extensa.

Todos han aceptado a Valeria y la han tratado como si estuviera emparentada con ellos por sangre. La prima de Mónica con mucho gusto le proporcionó a la pareja la cuna en la que había dormido su bebé y la madre de Mónica compró ropa nueva para la bebé. Una de las tías de Francisco, católica devota, se esforzó por conseguir el permiso para bautizar a Valeria en la iglesia a pesar de que los Arroyo no tenían su certificado de nacimiento. Había muestras de amor por todas partes, incluido el pequeño espacio de

Valeria que Mónica preparó con orgullo en un rincón de su dormitorio principal. Ella y Francisco están orgullosos de lo bien que le va a Valeria con su motricidad fina, de lo mucho que le encanta bailar, de lo inteligente que es y de cómo imita a sus hermanas cuando hacen sus tareas escolares sacando sus propios libros de cuentos o pintando dibujos junto a ellas mientras trabajan.

Un álbum de fotos encuadernado en tela verde les recuerda el primer baño de Valeria en su casa de acogida, su primera prueba de puré de zanahorias, sus hermanas ayudándola a cepillarse los dientes y su primer árbol de Navidad. Aunque son muy conscientes de que Valeria podría ser trasladada y colocada en otro lugar a cualquier momento, Francisco y Mónica están comprometidos a amarla y valorarla tanto como sea posible en cada momento que pasen con ella. La tratan como si fuera suya.[9]

La historia de Valeria es un ejemplo entre cientos de situaciones que encontramos con el objetivo de hacer la transición de los niños de un orfanato a un ambiente familiar saludable. Algunos niños se perdieron y fueron separados de sus familias pero fueron reunidos. Otros niños fueron secuestrados, encontrados y devueltos a sus padres; otros fueron integrados en familias de acogida y otros fueron adoptados en familias permanentes. Una vez que el impulso de Semillas de Esperanza comenzó a acelerarse, el equipo de Buckner tomó impulso y el proyecto se convirtió en una misión que perseguir y una causa por la que luchar. Los resultados hablan por sí mismos.

Antes de lo previsto, por debajo del presupuesto, sobre la cima

Hacia el final del segundo año de este proyecto, el equipo de Buckner en Guatemala superó el objetivo de 103 niños integrados en hogares para llegar a un ápice de 151 integraciones antes de lo previsto y por debajo del presupuesto, gracias a Tyler Technologies, quien contribuyó con el valor de su trabajo como obsequio pro bono.[10] Los resultados fueron increíbles. Nuestros líderes se comunicaron con funcionarios de USAID para preguntar dónde debíamos enviar los fondos no utilizados. Los funcionarios de USAID respondieron diciendo que nunca habían recibido este tipo de solicitud. USAID autorizó una Extensión sin Costo para los fondos no utilizados para Buckner con una extensión de cuatro meses desde el 31 de julio de 2015 hasta el 30 de noviembre de 2015, lo que elevó la duración del proyecto a veintiocho meses. El equipo de desarrollo de Buckner consiguió con éxito una donación privada de la Fundación Rees-Jones para extender el proyecto un año más y financiar la extensión.

Al final del proyecto de veintiocho meses de duración, 207 niños pasaron de una asignación institucional a cuidado en familia. De los 207 niños integrados, 154 tenían edades desde el nacimiento hasta los tres años; 53 tenían cuatro años de edad o más. En términos de integraciones, un niño fue integrado con una familia de la comunidad, treinta niños fueron integrados en familias de acogida, sesenta niños fueron reunidos con sus familias biológicas, ochenta y ocho niños fueron integrados en familias de parentesco y veintiocho niños fueron integrados en familias adoptivas.[11] El equipo de apoyo incluyó a Margaret Elizabeth Perry McKissack, Phil Brinkmeyer y Chris Cato, mientras que el equipo de implementación incluyó a Carlos Colón, Roberto Tejada y un gerente de proyecto.

El equipo de Semillas de Esperanza Buckner y el equipo de Apoyo a los Servicios Infantiles y Familiares Buckner hicieron historia en Buckner Internacional en Guatemala y con USAID en beneficio de huérfanos, niños vulnerables y familias. Era hora de que las naciones celebraran este logro. El programa Semillas de Esperanza fue evaluado por un consultor independiente con treinta y siete años de experiencia en desarrollo internacional. El evaluador afirmó: "El programa Semillas de Esperanza se completó a tiempo, por debajo del presupuesto y superó las expectativas. Rara vez un programa de desarrollo complejo logra estos tres resultados".[12]

Ceremonia protocolaria y Nación Buckner

En mayo de 2015, celebramos la culminación oficial de un proyecto Buckner de veintiocho meses en Guatemala financiado por una subvención de USAID para desarrollar la capacidad del Sistema de Bienestar Infantil en Guatemala; desarrollar la permanencia infantil (transferir a los niños del cuidado institucional/orfanatos al cuidado sano de familias biológicas, de acogida, de parentesco y adoptivas); y mejorar la infraestructura de los servicios de bienestar infantil. Se celebró una ceremonia protocolaria en Ciudad Guatemala con representantes del gobierno guatemalteco, entre ellos magistrados de la corte suprema, el fiscal general, el director ejecutivo del Consejo Nacional para la Adopción y el secretario de bienestar social (bienestar humano) en Ciudad Guatemala. Roberto Tejada, director ejecutivo interino de Buckner Guatemala y yo representamos a Buckner y Martin Hayes representó a USAID.

Roberto, Martin y yo tuvimos el privilegio de una audiencia privada con once de los trece magistrados de la Corte Suprema de Guatemala para agradecerles su esfuerzo por desinstitucionalizar a niños y huérfanos vulnerables. También tuve el honor de dirigirme a un grupo de dignatarios, funcionarios gubernamentales, personal de Buckner Guatemala y representantes de los medios de comunicación en la sala de la corte suprema para transferir equipos, el programa informático desarrollado por Tyler Technologies y manuales de capacitación al presidente de la Corte Suprema de Guatemala. La Ceremonia Protocolaria de la Corte Suprema contó con la exhibición de la bandera de la Corte Suprema de Guatemala, la bandera de Guatemala, la bandera de los Estados Unidos de América y la bandera de Buckner Internacional. Ese día, Buckner se convirtió en una "nación" que iluminaba de esperanza sobre los niños, huérfanos y familias vulnerables.

Aunque la Nación Buckner no es una nación-estado soberana, es un lugar donde brilla la esperanza, un lugar donde los niños son colocados en ambientes familiares saludables y un lugar donde las vidas son redimidas.[13] La oportunidad de ejecutar este proyecto llevó a Buckner a la escena mundial de manera única. Fuimos afortunados, como organización sin fines de lucro, de participar en un esfuerzo de colaboración entre el gobierno estadounidense, el gobierno guatemalteco y una empresa con fines de lucro para mejorar la vida de los niños que crecen en instituciones de cuidado y darles la oportunidad de crecer en el seno de una familia. Los esfuerzos y el éxito de los líderes del equipo de Buckner abrieron oportunidades para que Buckner compartiera las mejores prácticas de bienestar infantil a escala global.

El BEB y el Simposio Mundial sobre Permanencia Infantil

En 2012, me uní a la junta directiva de Both Ends Burning (Ambos Extremos Ardiendo), con siglas en inglés BEB, actualmente conocida como Both Ends Believing (Ambos Extremos Creyendo), una agencia sin fines de lucro fundada por Craig Juntunen para superar los obstáculos en la adopción internacional. Durante una reunión de la junta directiva de BEB en 2014, comenzamos a explorar nuestro propósito y las formas de perfeccionar nuestra misión para tener un impacto duradero en el bienestar infantil. Compartí la experiencia de Buckner-USAID y sugerí al grupo que se pusiera en contacto con Tyler Technologies para una posible colaboración. El equipo de liderazgo se comunicó con Bruce Graham de Tyler y comenzó a discutir una posible colaboración para enfrentar el desafío de identificar a los niños y desarrollar un proceso para ntegrarlos en familias permanentes, como las soluciones que Tyler introdujo en Guatemala como parte del proyecto Buckner-USAID.

La relación de BEB y Tyler Technologies floreció. Hoy, BEB, en colaboración con Tyler Technologies, ha establecido soluciones de programas informáticos, llamados Children First Software (Niños Primero Software), en cuatro países en desarrollo para registrar a más de diecisiete mil niños y encaminarlos hacia su integración en una familia permanente.[14] El fundador de BEB, Craig Juntunen, creó una conferencia anual llamada Simposio Global sobre Permanencia Infantil e invitó a líderes gubernamentales responsables del bienestar infantil de varios países a proyectar una visión para trasladar a los niños a familias entre naciones abiertas a aprender sobre las mejores prácticas en este campo.

En 2014, Craig me invitó a presentar las mejores prácticas de Buckner en el Simposio Global sobre Permanencia Infantil de BEB celebrado en la Universidad de Harvard el 7 de noviembre de 2014. Mi presentación, "No sólo un niño huérfano... sino todos los niños huérfanos", se presentó ante aproximadamente setenta y cinco líderes gubernamentales responsables del bienestar infantil de varios países. El título de mi presentación fue adaptado de la lápida de Robert Cooke Buckner en Dallas, Texas. Él tenía un gran corazón para todos los huérfanos de su círculo de influencia. Mi tarea consistía en presentar las mejores prácticas de Buckner en materia de permanencia infantil e incluía no sólo el "¿qué y cómo?" de nuestras mejores prácticas, sino también el "¿por qué?" Utilicé el Marco Wv3 de Thom Wolf para describir culturas y visiones del mundo como contexto para el enfoque de Buckner.[15]

El Marco Wv3 muestra cómo cada persona tiene un Mentor, que tiene una Mentalidad, una forma de analizar, y un Mazeway

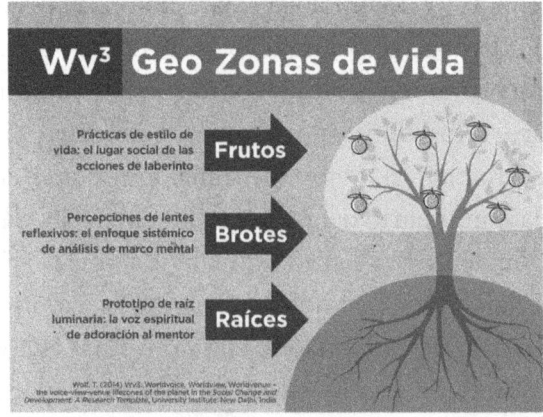

(acciones de laberinto), una forma de comportarse. A continuación apliqué el Marco Wv3 al Árbol Huérfano de Buckner.

El árbol de la orfandad de Buckner identificó a los niños en familias como el fruto de nuestro trabajo. Mi objetivo en esta presentación

era explicar nuestra filosofía de raíz: el mejor lugar para que un niño crezca y se desarrolle es en una familia segura y sana.

La presentación fue recibida con entusiasmo. De hecho, el presidente de la Junta de Gestión de Adopciones Internacionales que trabaja en el Ministerio de la Mujer, la Infancia y el Bienestar Social de Nepal se acercó a mí y me invitó a ir a su país para compartir la misma presentación. Me presentó su tarjeta comercial y añadió: "Cuando vengas a mi país, quiero que te quedes en mi casa como mi invitado personal". Sabiendo que la expresión religiosa predominante en Nepal es el hinduismo, le pregunté: "¿Está seguro de que quiere que vaya? Hablaré sobre el ministerio de Buckner y nuestro mentor, Jesús". Él dijo: "Oh, sí, Jesús hace un buen trabajo".

La presentación pareció encontrar un punto favorable en los corazones de los trabajadores sociales y funcionarios gubernamentales asignados al bienestar infantil. Desde la presentación de las mejores prácticas de Buckner en la Universidad de Harvard para el Simposio BEB, he presentado este mismo material en universidades públicas de Perú, Guatemala y la República Dominicana. La Visión Buckner para el futuro de las familias es una luz que ilumina esperanza a las vidas de los huérfanos y los niños vulnerables.

Resumen

A lo largo de esta experiencia de la subvención de USAID en Guatemala, nuestro enfoque estuvo guiado por el testimonio bíblico para la creación y sostenibilidad de unidades familiares. Hemos llegado a creer y practicar la noción de que el mejor lugar para que un niño crezca y se desarrolle es dentro de un ambiente familiar saludable donde sea amado, apreciado, deseado y pueda desarrollar su máximo potencial. "Niños en familia" se ha convertido en nuestro lema. Nuestro descubrimiento y resolución sobre esta verdad nace del modelo de creación que encontramos en Génesis y en todo el texto bíblico. Incluso con los muchos ejemplos de familias disfuncionales que aparecen en la Biblia, también encontramos la esperanza y el potencial redentor para que cada familia llegue a ser todo lo que Dios quiso que fueran. Aunque ninguna familia es perfecta, las familias pueden aprender cómo proporcionar un ambiente seguro y saludable para que los niños crezcan, se desarrollen y alcancen su máximo potencial. Cuando un niño encuentra una familia, amará y será amado toda la vida.

Esta rica historia de las mejores prácticas en el bienestar infantil no comenzó en el vacío. La historia del legado Buckner tiene raíces muy profundas. Estas raíces proporcionan una base sólida para un futuro brillante de esperanza familiar, una esperanza que se extiende hasta el siglo XXI. Sin embargo, sigue habiendo preguntas. ¿Cómo empezó todo? ¿Dónde estamos hoy? ¿Hacia dónde nos dirigimos en el futuro con respecto al bienestar infantil, la esperanza familiar y mejores sociedades donde los niños florezcan y prosperen? El siguiente capítulo busca responder a estas preguntas.

Capítulo 14

LA ESPERANZA FAMILIAR

Pasado, Presente y Futuro

"Porque yo sé los pensamientos que tengo acerca de vosotros", dice Jehová, "pensamientos de paz, y no de mal, para daros el fin que esperáis".

—Jeremías 29:11

Uno de los versículos más citados fuera de contexto es la promesa registrada en Jeremías 29:11. Aunque la promesa es cierta para todas las personas cuya fe descansa en una relación genuina con el Señor resucitado, entender el contexto proporciona un significado más profundo y relevante para el tema de este libro.

La esperanza familiar se encontraba en el núcleo de este mensaje al pueblo de Dios en cautiverio bajo el rey Nabucodonosor en Babilonia. El pueblo de Israel fue llevado a la fuerza al exilio con sus sacerdotes, profetas y líderes de Judá y Jerusalén, incluidos los artesanos. Sin embargo, Nabucodonosor no logró esto por sí solo. El profeta registra: "Así ha dicho Jehová de los ejércitos, Dios de Israel, a todos los de la cautividad que hice transportar de Jerusalén a Babilonia" (Jeremías 29:4). El profeta insiste en que Dios es el que mueve y sacude la historia humana. Él da forma a los acontecimientos de la historia humana incluso a manos de un rey que no le honra ni le reconoce. Dios permitió que esto sucediera y tenía un propósito y un diseño incluso durante este período impensable en la vida de su pueblo. Este acontecimiento no sorprendió a Dios, aunque pudo haber sido sorprendente para su pueblo en ese momento.

Las instrucciones dadas al pueblo de Israel para los siguientes setenta años de cautiverio se centraron principalmente en el futuro de la familia. Las instrucciones incluían construir casas y establecerse, plantar jardines para subsistir, formar familias mediante el matrimonio y la procreación, encontrar esposas para sus hijos, dar hijas en matrimonio y fomentar el crecimiento de su población con nietos y nietas. También se dieron instrucciones sobre cómo deberían vivir las familias. Estas instrucciones a las familias incluían buscar la paz y la prosperidad de la ciudad a la que Dios los llevó y orar por esa ciudad y su prosperidad. La promesa al pueblo de Israel en cautiverio durante setenta años fue que si su nueva ciudad prosperaba, ellos también prosperarían. Estas promesas iban acompañadas de una promesa final:

> Yo os visitaré . . . para hacernos volver. . . . Porque yo sé los pensamientos que tengo acera de vosotros. . . . pensamientos de paz, y no de mal, para daros el fin que esperáis. Entonces me invocaréis, y vendréis y oraréis a mí, y yo os oiré; y me buscaréis y me hallaréis, porque me buscaréis de todo vuestro corazón. Y seré hallado por vosotros. (Jeremías 29:10–14)

Mi punto para el futuro de la esperanza familiar es que, generalmente, es en tiempos de crisis, desesperación, pérdida, desorientación y confusión cuando encontramos esperanza en un Dios que está presente con nosotros, que nos tiende la mano y que está disponible para nosotros con planes para nuestra prosperidad y nuestro futuro. Lo mejor de la esperanza familiar es que se hace accesible en los momentos en que más necesitamos ayuda. ¿Cuáles fueron las semillas de este tipo de esperanza en una de las crisis más desafiantes a las que se enfrentó nuestra nación en su historia? ¿Cómo ha afectado esta presencia duradera de la esperanza familiar a las mejores prácticas de Buckner en la actualidad? ¿Qué nos depara el futuro de la esperanza familiar para los niños y las familias con dificultades?

Cómo empezó todo

Las semillas de la esperanza familiar comenzaron en el corazón de un joven pastor bautista, Robert Cooke Buckner, en Madisonville, Tennessee. Sus padres, Daniel y Mary Buckner, eran ambos nativos de Carolina del Sur. Daniel nació en 1801 en la casa de Henry Buckner, quien nombró a Daniel en honor a su amigo Daniel Boone. Daniel y Mary se casaron, tras lo cual él fue ordenado predicador en 1823. En 1827 se trasladaron a Madisonville, Tennessee, para fundar la Iglesia Bautista Ebenezer con veintisiete miembros. El 3 de enero de 1833, nació en su hogar Robert Cooke Buckner.[1]

R. C. Buckner creció en un hogar pastoral y misionero en Somerset, Kentucky, donde su padre servía de pastor. Buckner asistió al Seminario Brick en Somerset y comenzó a servir como ministro a la edad de diecisiete años.[2] También asistió al Georgetown College de Georgetown, Kentucky, y más tarde recibió un doctorado honorario en teología del Keachi College en Luisiana y un doctorado honorario en derecho de la Universidad de Baylor.[3] En 1853, a la edad de veinte años, R. C. Buckner fue llamado a servir como pastor de la Primera Iglesia Bautista de Albany, Kentucky.[4] Buckner tomó como esposa a Vienna Long, miembro de la Primera Iglesia Bautista de Albany, y se casaron en junio de 1854.

En esa asignación pastoral, el Dr. Buckner hizo una estrecha amistad con Sam Bell Maxey, graduado de la Academia Militar de los Estados Unidos en West Point y abogado establecido, que más tarde fue senador de los Estados Unidos. En 1856, Sam Bell Maxey se postuló como candidato a secretario del condado en Albany. Prometió que si ganaba las elecciones, él permanecería en Albany. Si perdía, se mudaría a Texas. Maxey perdió la elección por sesenta y seis votos y cumplió su palabra. Varias familias prominentes, entre ellos los Longs, Maxeys, Bramlettes y Crosses se mudaron con él a Texas, todos miembros de la Primera Iglesia Bautista de Albany desde hace mucho tiempo. Este movimiento se conoció como la "Gran Migración de 1857" de Albany, Kentucky, a París, Texas.[5]

Buckner pastoreó en Salvisa, Kentucky y en 1859 sufrió un ataque de neumonía tifoidea. En el otoño de 1859, Buckner y su esposa se mudaron a París, Texas, para que él se convirtiera en pastor de la Primera Iglesia Bautista de esa ciudad.[6] El asunto de la salud jugó un factor en el traslado de la familia Buckner de Kentucky a Texas. El factor más importante fue que Buckner sintió que el Señor lo guiaba a comenzar su ministerio pastoral en Texas. Esto fue dos años antes de la Guerra Civil en la que Texas se pondría del lado de la Confederación, defendiendo la esclavitud.

El gobernador electo de Texas en 1859 no era otro que el famoso héroe del Álamo y destacado bautista, el general Sam Houston. La historia registra que la población de Texas era de seiscientos mil habitantes, de los cuales el 70 por ciento eran anglosajones y el 30 por ciento eran afroamericanos. No hay ninguna mención de la población hispana residente, a pesar de que Texas había sido parte de México sólo veinticuatro años antes.[7]

Durante los siguientes veinte años, Buckner sirvió como pastor de la Primera Iglesia Bautista de París, fundó el *Texas Baptist*, un periódico religioso, y aumentó su influencia entre los bautistas a medida que empezaron a formar una denominación en Texas. En 1874, comenzó a publicar artículos sobre el daño causado en las familias por el conflicto de la Guerra Civil. La gente en Texas seguía afligida por los hijos y padres que fallecieron en la guerra en muchos campos de batalla. Buckner empezó a pensar en los huérfanos y las viudas que quedaban atrás y empezó a reflexionar sobre la necesidad de un hogar para huérfanos. En aquella época, Dallas era un pueblo fronterizo a orillas del río Trinity.

Buckner conocía el poder de las palabras para unir a la gente hacia una visión. Escribió estas palabras en una publicación de 1876 del *Texas Baptist*: "Supongamos, hermano diácono, que ese hubiera sido su hijo y usted está muerto". Con esas palabras, convocó una convención de diáconos en París, Texas el 17 de julio de 1877. El diácono Rice Maxey, padre de Sam Bell Maxey, presidió la reunión con un centenar de bautistas de muchos pueblos y condados. La asamblea votó unánimemente a favor de iniciar el Hogar de Huérfanos Buckner en el norte de Texas, y R. C. Buckner fue elegido superintendente general. R. C. Buckner, B. H. Carroll y J. R. Rogers fueron nombrados miembros de un comité para desarrollar un plan.[8] El comité propuso que cuando se tuvieran 2.000 dólares, se podría comenzar el hogar de huérfanos.

La convención de diáconos se llevó a cabo un miércoles y el domingo siguiente se llevó a cabo una conferencia de escuela dominical en la Primera Iglesia Bautista de París. Ese domingo, alrededor de la una, algunos ministros se reunieron alrededor de un roble no lejos de la casa de reuniones de la conferencia y recogieron los primeros dólares. R. C. Buckner dijo: "Sólo para darle un comienzo a esto", y contribuyó con el primer dólar, seguido por B. H. Carroll y otros hasta llegar a una suma de veintisiete dólares.

Durante los dos años siguientes, Buckner recaudó 1.200 dólares y ejecutó un préstamo personal por 800 dólares para empezar. El Hogar de Huérfanos Buckner comenzó en Dallas, Texas, el 2 de diciembre de 1879. Buckner no se contentaba sólo con contar, predicar y anunciar las buenas nuevas del evangelio, sino que también se centraba en vivir el evangelio, especialmente entre las personas más desfavorecidas de la sociedad en la que vivía. Su teología exigía la práctica de la Gran Comisión (Mateo 28:19–20) y el Gran Mandamiento (Mateo 22:34–40), ambos sellos distintivos del histórico ministerio bautista de Texas. Buckner pronto encontró un hogar para los huérfanos al comprar cuarenta y cuatro acres de tierra en el este de Dallas en 1880 y establecer a Buckner como la organización benéfica para niños más antigua en la historia de Dallas.[9]

Buckner siguió reflejando las buenas nuevas del evangelio para todas las personas al iniciar la primera escuela secundaria en el norte de Texas para afroamericanos. También fundó la Dallas Humane Society, el Children's Hospital en Dallas y fue miembro de la junta directiva fundadora del Baptist Sanitorium, actualmente conocido como Baylor Scott & White Health.[10]

En 1914, Buckner, que había servido durante diecinueve años consecutivos como presidente de la Convención General Bautista de Texas, un cargo de elección voluntaria, hizo un sorprendente anuncio a los mensajeros que asistían a la reunión anual. Ese año, anunció en la convención celebrada en Abilene, Texas, que el gobierno del Hogar de Huérfanos Buckner pasaría a manos de la Convención General Bautista de Texas.[11] En 1919, después del fallecimiento del Dr. R. C. Buckner, el Hogar de Huérfanos Buckner servía a más de seiscientos huérfanos con los hermanos Joe y Hal Buckner codirigiendo el ministerio.[12] Los siguientes presidentes que sirvieron a Buckner también fueron pastores bautistas de Texas, pero no miembros de la familia Buckner: los doctores Ellis Carnett, R. C. Campbell, Kenneth L. Hall y yo.

En 1953, el Dr. Carnett dedicó su tiempo en los primeros seis meses de su mandato a recaudar apoyo para el Hogar de Huérfanos Buckner en Dallas visitando veintitrés iglesias, cuatro campamentos y diecinueve reuniones de la Varonil, la Unión Femenil Misionera y convenciones de Escuela Dominical, viajando generalmente en automóvil, tren y autobús a lo largo de 18,500 millas. Escribía doce cartas diarias instando a las personas bautistas a orar y hacer contribuciones para este ministerio vital. A finales de 1953, casi 3,500 iglesias hicieron donaciones presupuestarias al ministerio y otras 1,400 dieron una ofrenda especial.

El ministerio creció con la incorporación del Buckner Boy's Ranch cerca de Marble Falls, actualmente conocido como Camp

Buckner. La primera expresión formal de vida para personas mayores se estableció en Trew Home en Dallas en 1954, más tarde conocida como Buckner Retirement Village, un hogar para personas mayores. Los líderes de Buckner asumieron el control de Buckner Baptist Haven en Houston, actualmente conocido como Parkway Place, en 1955. En 1957, Buckner abrió Milan Girls Home en Lubbock, Texas.

En 1961, los fideicomisarios de Buckner tomaron dos decisiones que definieron aún más el ministerio de Buckner. Decidieron eliminar la frase "Parentesco Anglosajón" de sus estatutos para que no hubiera referencia a grupo étnico o raza, y cambiaron el nombre de Buckner Orphans Home (Hogar para Huérfanos Buckner) a Buckner Baptist Benevolences (Benevolencias Bautistas Buckner). Al final del mandato del Dr. Carnett, Buckner operaba el ministerio entre niños y personas mayores en Dallas, Houston, San Antonio, Burnet y Lubbock, Texas. El Dr. Carnett se jubiló en 1962 después de una década de crecimiento, expansión y construcción.[13]

El Dr. Robert Clinton Campbell fue elegido presidente en 1963. Entre las muchas innovaciones introducidas por el Dr. Campbell, en 1969 se desarrolló un segundo hogar de acogida en San Antonio en colaboración con la Iglesia Bautista Trinity bajo el liderazgo del pastor principal, Dr. Buckner Fanning. Los miembros de la Iglesia Bautista Trinity proporcionaron guía espiritual, actividades recreativas y educativas y muchas familias amorosas para los niños en residencia. Además de los recursos humanos y el apoyo, el hogar de acogida contaba con servicios profesionales, padres de familia y trabajo social por parte de Buckner y necesidades materiales de la Iglesia Bautista Trinity.[14] En 1970, la junta de Buckner aprobó la transferencia de dos operaciones de hogares de ancianos en Austin, Texas, conocida como las residencias de ancianos Villa Siesta y Monte Siesta, actualmente conocidas como Buckner Villas en Austin. Bajo el liderazgo del Dr. Campbell, el ministerio Buckner se expandió a trece lugares en Texas, y para 1971, el informe anual del ministerio registró los servicios proporcionados a más de cuatro mil personas con un enfoque en la rehabilitación familiar para los niños que regresaban a sus familias de origen o acogimiento familiar, adopción o vida independiente. Ese año, 873 niños lograron este objetivo.[15]

Uno de los acontecimientos más históricos durante el mandato del Dr. Campbell tuvo lugar en 1975, cuando todo un orfanato vietnamita huyó del régimen comunista y fue trasladado por vía aérea al histórico campus del Hogar Infantil Buckner en Dallas. A través de muchos obstáculos, barreras y escapes estrechos, sesenta y nueve huérfanos de Vietnam llegaron en dos autobuses Greyhound al campus de Buckner en Dallas el 12 de junio de 1975.[16] Después de treinta años al mando de Buckner, R. C. Campbell anunció su decisión de retirarse como cuarto presidente del ministerio en 1992 y sirvió hasta finales de 1993 para darle tiempo a la junta para encontrar a su sucesor.

El Dr. Kenneth L. Hall fue elegido por la junta directiva de Buckner en el otoño de 1993 para comenzar como presidente de Buckner Baptist Benevolences en enero de 1994. Sus primeras medidas fueron lanzar un plan estratégico para el siglo XXI y trasladar la sede corporativa al centro de Dallas. Otra innovación fue llevar a Buckner a realizar "adopciones abiertas", en las que el conocimiento público de los padres biológicos estaría disponible previa solicitud. El Dr. Hall acuñó la frase "encontrando familias para los niños en lugar de encontrando niños para las familias". Al principio de su mandato, el Dr. Hall llevó a Buckner a expandirse a entornos internacionales y a comenzar adopciones internacionales desde Europa del Este. En Texas, Hall expandió el ministerio de Buckner a Midland, con la transferencia de Hearthstone Shelter del Texas Baptist Children's Home y la adición de un lugar familiar, actualmente conocido como el Ministerio Senderos Familiares Buckner en Lufkin, Texas, en colaboración con Angelina Community College en 1996. Senderos Familiares era una comunidad de vida de transición con veintiséis apartamentos para padres monoparentales que necesitaban apoyo. Ese mismo año, Buckner añadió servicios a familias en Amarillo, Texas, incluida una ubicación adicional de Senderos Familiares allí.

El Dr. Hall dirigió la junta directiva de Buckner a través del desafío de reconfigurar el histórico Campus Buckner con nuevos propósitos a través de una campaña de 13 millones de dólares para demoler edificios históricos y construir nuevas cabañas de tipo familiar para familias monoparentales. Los ministerios de cuidado de personas mayores también se ampliaron para incluir ubicaciones en Longview, reubicación en Houston y una nueva comunidad de jubilados en Beaumont, Texas.

A partir de 2001, el ministerio de Buckner fuera de los Estados Unidos se expandió a Rumanía, Kenia, Rusia, Guatemala, Letonia, la frontera de Texas con México, China, Perú, Etiopía, Honduras y México. Inicialmente, el ministerio en muchos de estos países se centró en el apoyo a los orfanatos e incluyó el trabajo con funcionarios gubernamentales y jefes de estado para mejorar las condiciones de los huérfanos y sus familias. El ministerio también incluyó las adopciones internacionales a los Estados Unidos. En 2007, la junta de Buckner votó a favor de cambiar el nombre de Buckner Baptist Benevolences a Buckner Internacional para reflejar con mayor precisión el crecimiento y el alcance de este ministerio.[17]

En 2007, me uní a Buckner como presidente de los Servicios Infantiles y Familiares Buckner, Incorporado. En 2010 fui elegido sexto presidente de Buckner Internacional y en 2012, tras la jubilación del Dr. Hall, me convertí en presidente y director ejecutivo de Buckner Internacional.

Buckner hoy

La esperanza familiar en Buckner continúa encontrando su impulso para el servicio en el ejemplo de Jesús, quien sirvió a niños, familias y personas mayores vulnerables. Pensamos en nuestro trabajo desde el vientre hasta la tumba, desde el principio hasta el final de la vida y todo lo que hay entremedio. Los dos objetos de la religión pura y sin mancha de Santiago 1:27 señalan las dos áreas de enfoque de Buckner durante las últimas catorce décadas: los niños y las familias, así como los adultos mayores. Los Servicios de Retiro Buckner se aventuró en la primera comunidad formal de viviendas para personas mayores en Dallas en 1954. Al momento de escribir estas líneas, nuestra red de comunidades de viviendas para personas mayores se ha expandido a otras cinco ubicaciones, incluidas San Angelo, Longview, Beaumont, Houston y Austin. Cada una de estas comunidades cuenta con vida independiente, vida asistida, enfermería especializada y cuidado de la memoria, también conocidas como CCRC (Continuing Care Retirement Community). Este enfoque del ministerio entre las personas mayores es para permitir que el aumento de las necesidades se satisfagan en el mismo campus a lo largo del tiempo y minimizar las interrupciones. La vida de las personas mayores es un ministerio altamente regulado y con uso intensivo de personas, lo que constituye dos tercios del presupuesto y la dotación de personal de Buckner. Creemos que existe un enorme potencial de crecimiento para ampliar nuestros ministerios de servicios de jubilación en los próximos años a medida que más y más personas envejecen.

Las personas mayores son personas vulnerables en la etapa final de sus vidas. Nuestro tema para estos lugares ministeriales es "Inspirando Felicidad". Nuestro ingrediente secreto es que nos basamos en la fe. Nuestra misión es "seguir el ejemplo de Jesús sirviendo a las personas mayores". Modelamos nuestro ministerio según el ejemplo de Jesús, quien en la cruz se propuso confiar el cuidado de su madre en manos de un discípulo sin parentesco (Juan 19:25–27). Animo a nuestros colegas en los servicios de jubilación que consideren ocuparse de las personas mayores como si fueran nuestros propios padres. Cada campus cuenta con servicio de limpieza, servicios culinarios, actividades y eventos, un centro de bienestar con equipo de ejercicio, ministerio de capellán y una amplia gama de experiencias de vida activa que proporciona a las personas mayores una experiencia floreciente a medida que envejecen. Atendemos aproximadamente a 2.500 adultos mayores de sesenta y dos años o más.

La otra parte de la enseñanza de Santiago se centra en los huérfanos. Aunque Buckner fue la primer casa hogar al oeste del río Mississippi en los Estados Unidos, ya no nos consideramos una forma institucional de cuidado de niños. Más bien, hemos adoptado la filosofía de que el mejor lugar para que un niño aprenda, crezca y se desarrolle es en una familia. Hemos reducido sesenta y cuatro prestaciones de servicios a tres. Los "Tres Grandes" incluyen el cuidado de acogimiento familiar y adopción, Senderos Familiares Buckner, y los Centros de Esperanza Familiar Buckner. Nuestra misión es "seguir el ejemplo de Jesús sirviendo a niños y familias vulnerables". El enfoque de nuestro trabajo es garantizar que los niños crezcan en una familia sana y segura. El acogimiento familiar se proporciona en colaboración con el estado de Texas a través del Departamento de Servicios de Familia y Protección (DFPS: siglas en inglés). El DFPS subcontrata para el acogimiento familiar a Buckner como una de las muchas agencias para integraciones autorizadas. Cuando se denuncia abuso, abandono o negligencia al DFPS, el estado solicita apoyo a agencias como Buckner. Aproximadamente 601 niños fueron integrados en acogimiento familiar y cien niños fueron adoptados a través de los Servicios Infantiles y Familiares Buckner en nueve localidades de Texas en 2022.

Nuestro objetivo es la reunificación de un niño en acogimiento familiar con su familia de origen. Sin embargo, en muchos casos esto no es posible. Si un niño no puede regresar con su familia de origen, una familia permanente puede considerar la adopción de un niño antes de que crezca y salga del sistema de acogimiento familiar de Texas. Buckner colabora estrechamente con las iglesias locales para identificar a posibles padres de acogida y les invita a una reunión informativa, sesiones de capacitación y actividades que los conducen a la certificación y a una integración formal. El personal de Buckner ayuda a las familias a lo largo del proceso y continúa apoyándolas después de la integración para garantizar una experiencia positiva para el niño y la familia. La última innovación en este campo de trabajo es la integración de la "atención informada sobre el trauma" para ayudar a las familias a comprender el trauma que enfrentan los niños durante la interrupción y la integración familiar. Contamos con una amplia gama de programas de prevención financiados por el estado para ayudar a las familias a mantenerse saludables y evitar la separación de sus hijos. También hemos puesto en marcha un programa financiado por donantes llamado Next Step (Pasos Siguientes), para jóvenes de entre dieciocho y veintidós años que necesitan ayuda después de salir del sistema de acogimiento familiar para hacer la transición a la vida adulta y a una vida independiente.

Senderos Familiares es un programa para familias monoparentales, tanto hombres como mujeres, que proporciona un puente educativo y apoyo para una vida independiente. Las familias monoparentales a veces enfrentan desafíos económicos, falta de vivienda y, en ocasiones, violencia doméstica y trastornos, por lo que necesitan ayuda crítica para estabilizarse. Senderos Familiares es un programa situado en el campus que proporciona vivienda, acceso a la educación a través de un colegio comunitario local y apoyo familiar para padres con hijos. El objetivo de este programa de dos años es que los padres obtengan un título asociado en artes en una especialidad de su elección, adquieran educación financiera, encuentren una oportunidad vocacional y hagan la transición a una vida independiente. Otros servicios incluyen asesoramiento a través de un consejero profesional autorizado, entrenamiento y tutoría hacia la independencia. En algunos casos, los clientes continúan el programa hasta obtener una licenciatura en letras o ciencias, y algunas excepciones incluyen la obtención de una maestría. En 2022, prestamos estos servicios en siete ubicaciones en Texas, atendiendo a

LA ESPERANZA FAMILIAR

aproximadamente 487 padres y niños en 166 familias. Celebramos a treinta y una familias que se graduaron con una tasa de éxito del 94 por ciento. Integramos "atención informada sobre traumas" en estos servicios para ayudar a las familias a superar los problemas generacionales que les impiden tener éxito como familia. Este programa mantiene a los niños y a las familias fuera del sistema de acogimiento familiar.

Los Centros de Esperanza Familiar proporcionan a las familias el apoyo que necesitan para mantenerse saludables, fuertes y prósperos antes de que ocurra una crisis. En el capítulo 12 describí cómo empezó este programa. Un Centro de Esperanza Familiar atiende a familias frágiles pero que tienen un gran potencial para triunfar. Impactamos 19,883 vidas a través de este programa en 2022 con una tasa de éxito del 90 por ciento para las familias que ingresaron al programa en nueve ubicaciones en Texas. El ingrediente secreto es el "family coaching (asesoría familiar)" que proporciona soluciones personalizadas a las necesidades de cada familia. Involucramos a las congregaciones locales a través de oportunidades de voluntariado para brindar actividades de desarrollo espiritual como estudios bíblicos, escuela bíblica de vacaciones y otras actividades divertidas para servir a familias desfavorecidas en su comunidad. En muchos casos, cuando estas familias solicitan apoyo y ayuda espiritual adicional, recurren a estas iglesias. No es raro que cada año recibamos más de trecientos compromisos de fe de personas a las que atendemos en todos nuestros programas.

A nivel internacional, ofrecemos asesoramiento en materia de acogimiento familiar y adopción, servicios de hogar de transición, ayuda humanitaria y apoyo de los Centros de Esperanza Familiar, conocido como fortalecimiento familiar. Desde 1994, hemos recolectado y distribuido más de cinco millones de pares de zapatos de tenis entre noventa países gracias a la generosidad de los donantes al programa Buckner Shoes for Orphan Souls. Los funcionarios de Bienestar Infantil de Kenia han registrado a Buckner como una agencia autorizada de integración de niños y nos han permitido integrar niños en Kenia para un total de cuarenta y ocho integraciones en 2022.

Dado que no somos una agencia de derivaciones de niños autorizada en algunos de los países en los que servimos, ofrecemos asesoramiento y apoyo a los gobiernos que lo solicitan. En algunos países, ofrecemos un programa residencial para mujeres adolescentes que han salido del sistema de bienestar infantil y las escuelas formales debido a las necesidades locales. La forma más común de servicio que proporcionamos a nivel internacional es a través de los Centros de Esperanza Familiar. Estos servicios están disponibles en Perú, Honduras, Guatemala, México, la República Dominicana y Kenia. Prestamos servicios a varias ciudades dentro de cada país a través de organizaciones no gubernamentales afiliadas con juntas directivas independientes y personal indígena que conoce la cultura y el idioma local para servir a niños y a familias. Ofrecemos oportunidades de viajes misioneros a los voluntarios de Buckner que deseen visitar estos lugares para servir a niños y familias, así como apoyar al personal local de Buckner. En 2022, el número total de vidas impactadas por el ministerio internacional fue de 20,611 más 40,911 atendidas a través de ayuda humanitaria para un total de 61,172.

El cambio general en el ministerio de Buckner, tanto nacional como internacional, ha sido el de crecer más profundamente en los lugares donde servimos en lugar de expandirse. Hemos destinado nuestros esfuerzos y energía a lograr un impacto más profundo y más duradero entre los niños y las familias de las comunidades a las que ya servimos, en lugar de tener un impacto menor en una área y una ubicación geográfica más amplia. Sin embargo, a medida que hemos crecido más profundamente y hemos desarrollado estándares, resultados e impacto consistentes, estamos listos para el crecimiento de expansión, dados los criterios de entrada y salida de la expansión para garantizar una expansión sostenible. El futuro es brillante tanto para los niños y las familias como para las personas mayores.

Futuro de Buckner

¿Cómo será la esperanza familiar durante el resto del siglo XXI? Ninguno de nosotros puede predecir el futuro, pero las tendencias, las investigaciones y el trabajo de los futuristas nos ayudan a imaginar el futuro de la esperanza familiar para los años venideros. Veamos lo que le espera a la familia dentro de cinco, diez y veinte años.

En los próximos cinco años, experimentaremos una población cada vez más diversa en los Estados Unidos y un movimiento constante de migración global. Paul Collier, profesor de economía en la Universidad de Oxford, sostiene que la migración es un fenómeno global, no exclusivo de la frontera entre Estados Unidos y México. Afirma que los jóvenes toman conciencia de una vida más rica en otros lugares y están desesperados por irse por medios legales o ilegales. Cada éxodo de su situación de vida actual representa un triunfo del espíritu humano, el valor y el ingenio para superar obstáculos y barreras para llegar a un lugar donde puedan prosperar. Paul Collier sugiere que existe una "clara obligación moral de ayudar a las personas muy pobres que viven en otros países, y permitir que algunos de ellos se trasladen a sociedades ricas es una forma de ayudar. Sin embargo, la obligación de ayudar a los pobres no puede implicar una obligación generalizada de permitir la libre circulación de personas a través de las fronteras".[18] De hecho, este movimiento migratorio global ha llegado al estado natal de Buckner Internacional.

Stephen Klineberg, profesor jubilado de sociología de la Universidad Rice, documenta que "todos los residentes del área de Houston son ahora minorías; todos están llamados a construir algo que nunca antes ha existido en la historia de la humanidad: una sociedad multiétnica verdaderamente exitosa, inclusiva, equitativa y unida, compuesta por casi todas las etnias y todas las religiones del mundo, reunidas juntos en este lugar extraordinario".[19] Klineberg se refirió al cambio en la composición de la población de Houston, Texas y los principales centros urbanos en los Estados Unidos como una "transformación demográfica épica" y además comentó que "no hay nada humanamente posible que pueda cambiar este futuro".[20] El futuro ya está aquí. Ya estamos experimentando cambios demográficos en nuestro estado y en nuestra nación.

En los próximos diez años, los rápidos cambios seguirán modificando el panorama. El año 2023 marca una cadencia de diez años hasta 2033, cuando el mundo entero reconocerá el segundo milenario de la muerte, sepultura y resurrección de Jesucristo de Nazaret. Elijah Brown sostiene que se avecinan seis vientos de cambio para la próxima década.

Cambios demográficos

Los cambios demográficos afectarán a todo el planeta: la población mundial aumentará a 9 mil millones de personas, de las cuales 1 mil millón corresponderán a personas mayores de sesenta años o más para 2050. La mitad de la población mundial vivirá en los Estados Unidos, Brasil, Nigeria, India, Pakistán, China e Indonesia.

Aumento de la urbanización

Brown predice que el aumento de la urbanización continuará en la próxima década y crecerá del 55 por ciento en 2020 al 68 por ciento que vivirá en centros urbanos en 2050. El número de mega ciudades con 10 millones de habitantes o más crecerá a treinta y nueve, veinte de ellas en Asia.

Culturas plurales y turbulentas

En la próxima década veremos surgir culturas plurales y turbulentas. La ira, los conflictos políticos y la violencia aumentarán a medida que las sociedades se vuelvan cada vez más seculares. La próxima gran guerra cultural se centrará en la educación en las escuelas públicas.

Poblaciones vulnerables y democracias vulnerables

Las poblaciones y democracias vulnerables seguirán proliferando. Cada año, más de 100 millones de personas son desplazadas por la fuerza de sus hogares, lo que genera más migraciones que en cualquier otro momento de la historia de la humanidad. El producto interno bruto per cápita en los Estados Unidos de América es de 49,000 dólares, mientras que en la América Latina es de sólo 7,000 dólares, lo que aumenta el desequilibrio de la prosperidad económica.

Cambio de potencia y dinámicas organizativas

El futuro consistirá en cambio de potencia y dinámicas organizativas. Los centros de autoridad de mando y control disminuirán, mientras que organizaciones comunitarias surgirán con objetivos comunes. Los líderes organizativos más eficaces del siglo XXI crearán sistemas de colaboración dentro de sus organizaciones, construirán redes de colaboración y aprovecharán esas redes para abordar los desafíos más complejos del momento. Las instituciones tendrán que adaptarse a las asociaciones de colaboración.

Tecnología e inteligencia artificial

La expansión de la tecnología y la inteligencia artificial en la vida cotidiana seguirá creciendo. El contenido abunda, mientras que la sabiduría seguirá siendo escasa.[21] Estos vientos de cambio ya se están reuniendo para formar una fuerza poderosa en los años venideros.

En los próximos veinticinco a treinta años, el mundo tal como lo conocemos habrá cambiado radicalmente. Mauro Guillén, profesor de gestión internacional en Wharton School de la Universidad de Pensilvania, sostiene que para 2030

> antes de que nos demos cuenta, habrá más abuelos que nietos en la mayoría de los países. . . . Los mercados asiáticos, excluyendo a Japón, serán tan grandes que el centro de gravedad del consumo global se desplazará hacia el este. . . . La generación más numerosa será la población mayor de sesenta años, que hoy posee el 80 por ciento de la riqueza de los Estados Unidos y está dando lugar al "mercado gris". . . . Menos bebés, nuevas generaciones de personas, nuevas clases medias, más mujeres ricas, estilos de vida urbanos, disrupción tecnológica, economía colaborativa [y] criptomonedas [pintarán el panorama de un nuevo futuro desconocido para nosotros hoy]. En pocas palabras, el mundo tal y como lo conocemos hoy habrá desaparecido en 2030.[22]

Philip Jenkins predice un mundo en el que el centro del cristianismo se habrá desplazado hacia el sur global: África, Asia y América Latina. Sostiene que el cristiano típico "es una mujer que vive en un pueblo de Nigeria o en una *favela* brasileña. . . . Para 2050, sólo alrededor de una quinta parte de los 3,200 millones de cristianos del mundo serán blancos no hispanos. . . . En general, podemos decir que muchos cristianos del sur global son más conservadores. . . que las principales iglesias del norte global".[23]

Los futuristas afirman que el mundo cambiará en los próximos cinco, diez, veinticinco y treinta años. Este nuevo mundo requerirá soluciones innovadoras para la esperanza familiar. Mi sensación es que la familia del futuro necesitará esperanza para sobrevivir y prosperar en este nuevo mundo futuro. Necesitarán principios inmutables y sabiduría como punto de referencia para el éxito. Necesitarán una agencia como Buckner Internacional que lidere el camino, que ayudé, que sea un puente hacia el futuro y que continúe desarrollando soluciones innovadoras inspiradas en el ejemplo de Jesús y ancladas en los principios intemporales que se encuentran en las Sagradas Escrituras.

Principios de la esperanza familiar

Un repaso al pasado, presente y futuro de Buckner Internacional ofrece la oportunidad de marcar principios y mejores prácticas desde la profundidad de esta rica historia de servicios de bienestar infantil y vida para personas mayores. Cómo empezó todo abarca catorce décadas, 145 años de fiel servicio. Incluso en el presente, los líderes de Buckner Internacional están descubriendo nuevas lecciones sobre la mejor manera de "cuidar a los huérfanos y a las viudas en su desamparo".

Semillas de esperanza. La semilla de esperanza comenzó en el corazón de un pastor bautista enfocado no sólo en la proclamación del evangelio, sino también en la práctica del mismo. R. C. Buckner basó su ministerio en lo que vio en las escrituras. Habló, escribió, predicó, publicó y animó a todos los que le rodeaban a repetir el evangelio, y los involucró a todos a hacer algo al respecto para acercar el reino de Dios a los niños, las familias y las personas mayores vulnerables. Nunca olvidemos cómo arraigó raíces la semilla de la Palabra de Dios en el corazón de este hombre, dónde creció la semilla, cómo se plantó, y cómo se ha multiplicado mediante la simple obediencia a la Palabra de Dios.

Iglesias estratégicas. A lo largo del camino, pastores e iglesias asumieron el llamado de servir a los huérfanos y a las viudas en sus comunidades. Las iglesias y las personas en las iglesias marcaron la diferencia en este ministerio. Respondieron a la visión de servir a huérfanos, niños, familias y personas mayores. Este mandato bíblico y ejemplo de Jesús son tan aplicables a nosotros hoy como lo fueron en 1879.

Generosidad. El ministerio de Buckner nunca habría ganado impulso, y mucho menos habría durado tanto tiempo, si no hubiera sido por la generosidad del pueblo de Dios. Los líderes empresariales, los líderes gubernamentales y las personas con mentalidad comunitaria y las sociedades cívicas también han contribuido decisivamente al promover el bien común para los ciudadanos desfavorecidos. Los donantes de Buckner continúan aportando sus recursos para que, juntos, podamos proteger a los niños, fortalecer a las familias, transformar generaciones y servir a las personas mayores.

Valor añadido. El ministerio de Buckner ha añadido valor a las congregaciones y convenciones de iglesias a medida que ha crecido y prosperado. El Dr. R. C. Buckner sirvió durante diecinueve años consecutivos como presidente de la Convención General Bautista de Texas y condujo a la convención hacia estabilidad, unidad y propósito. Buckner Internacional continúa aportando valor a los bautistas de Texas, a los bautistas de todo el país, a la familia bautista mundial afiliada a la Alianza Mundial Bautista y a otros grupos eclesiales con ideas afines que desean marcar una diferencia en las vidas de los niños, las familias y las personas mayores. Trabajamos con grupos cristianos de múltiples denominaciones y sin conexión denominacional.

Liderazgo Buckner. Buckner ha sido bendecido con presidentes que sirven a la misión de Buckner Internacional junto con juntas directivas que aportan su talento, tiempo y tesoro para contribuir a este precioso ministerio. El liderazgo se compone de un liderazgo ejecutivo y un liderazgo gobernante que desempeña funciones fiduciarias, generativas y estratégicas para avanzar en la misión de Buckner.

Adaptabilidad. Buckner continúa prosperando y ofreciendo soluciones ministeriales relevantes para huérfanos, niños, familias y personas mayores porque nunca ha dudado en cambiar, adaptarse y buscar soluciones flexibles a los problemas actuales. Buckner ha tenido la misma misión a lo largo de los años, pero ha estado dispuesto a cambiar sus métodos, sus edificios, su geografía, su gobierno y su nombre para satisfacer las necesidades de la sociedad contemporánea.

Soluciones basadas en la Biblia. Buckner International ha estado dispuesto a aprender y adaptarse a la ciencia y la práctica actuales del trabajo social en el contexto de las necesidades y los cambios sociales contemporáneos, al mismo tiempo que se adhiere a una cosmovisión judeocristiana y a los principios bíblicos para fundar sus valores, misión y visión. La Biblia sigue proporcionando un marco y un cimiento para todo lo que hacemos en el ministerio. Nuestra esperanza surge de las páginas de las escrituras y de una relación profunda y duradera con Jesucristo, el Señor viviente.

Niños vulnerables y familias con dificultades. El futuro parece indicar una complejidad creciente y nuevas series de desafíos para los niños vulnerables y las familias con dificultades. El acceso a las necesidades humanas básicas como alimentos, ropa, vivienda, agua y estabilidad crecerá y pondrá a las familias en riesgo de desintegración. En consecuencia, esta tendencia afectará a más niños. El acceso a oportunidades económicas para las familias también se convertirá en un desafío que impactará aún más la migración global de familias que buscan una vida mejor, huyen de lugares donde aumenta la inestabilidad política y, en algunos casos, huyen de la guerra, el hambre y el peligro.

Buckner Internacional. Buckner empezó a ofrecer servicios fuera de los Estados Unidos en la década de 1990. Hoy estamos en seis países ofreciendo una amplia gama de servicios. La demanda de servicio dentro y fuera de Texas en los Estados Unidos, seguirá creciendo. La demanda de los servicios de Buckner también crecerá en muchos otros países del mundo. El desafío para Buckner será determinar cómo escalar el crecimiento y posicionarse para ofrecer servicios o consultas de las mejores prácticas de una manera económica y eficiente.

Conclusión

REINICIO FAMILIAR PARA EL FUTURO

Escribí la mayor parte de este libro durante la pandemia mundial de Covid-19. Esta época de la historia humana ha demostrado ser diferente a cualquier otra en el transcurso de mi vida. La pandemia nos envió de regreso a casa, con nuestras familias, sin previo aviso, sin advertencia, sin tiempo para prepararnos. A las pocas semanas, quedamos aislados. Trabajar de forma remota desde casa era una nueva iniciativa que sólo unas pocas empresas innovadoras habían probado. Buckner ya se había aventurado en estas aguas de forma limitada. Covid-19 cambió esta práctica para muchos de nuestros colegas, excepto para aquellos asignados a viviendas para personas mayores. Las familias fueron puestas a prueba. Las madres y los padres tuvieron que reconfigurar la forma en que manejar la vida laboral y familiar. Se introdujeron nuevos temores y preocupaciones. Los niños permanecieron en casa y la mayoría de ellos se vieron obligados a ir a la escuela en casa. Los padres se enfrentaron a nuevas realidades, nuevas presiones, nuevos temores, nuevas preocupaciones y nuevos patrones y caminos familiares. Citando las palabras del Dr. Rick Warren, "Covid es un reinicio importante para todos nosotros. No vamos a volver al pasado".[1] Este reinicio ofrece muchas oportunidades nuevas para rehacer nuestras vidas para el nuevo futuro que tenemos por delante.

Este proyecto literario me llevó al texto de la Sagradas Escrituras para redescubrir la experiencia vivida por las familias de la Biblia. Debo admitir que el viaje estuvo lleno de sobresaltos y sorpresas. Mientras usaba el microscopio de la investigación bíblica en profundidad, me sentía decepcionado, frustrado, esperanzado y alentado mientras exploraba las historias de las familias de la Biblia. Llegué a darme cuenta de que todas las familias humanas son defectuosas, hasta cierto punto disfuncionales y necesitan un redentor. Y sin embargo, nuestras deficiencias humanas al ser una familia no niegan la elección del Creador de la familia como el principio organizador básico de la humanidad. Muchas de las lecciones que encontré fueron lecciones que nos advertían de lo que no debíamos hacer. Algunas de las lecciones fueron ejemplos brillantes de lo que hacen las familias buenas, fuertes y saludables. Todas las lecciones fueron útiles para mí personalmente y confío que serán útiles para su familia.

Hoy hay esperanza para la familia. Las familias de la Biblia proporcionan ayuda, esperanza y un diseño para la vida familiar. Tuve que enfrentar la humanidad de las familias de la Biblia para descubrir el diseño de Dios para la humanidad. También debemos enfrentar la humanidad de nuestras propias familias. Debemos enfrentarnos cara a cara con nuestros propios defectos y estar dispuestos a acudir al Redentor de la historia humana en busca de ayuda, guía, instrucción, sabiduría y bendición.

Con ese fin, la segunda parte de este libro tiene la intención de describir lo que Buckner Internacional ha hecho y está haciendo para hacer brillar la esperanza en las vidas de las familias e inspirar felicidad entre los adultos mayores ayer, hoy y mañana. Parte de mi motivo para incluir estos capítulos fue documentar la historia y la trayectoria de la innovación al servicio de los niños, las familias y las personas mayores. Buckner sigue aquí porque no tenemos miedo al cambio. En la próxima temporada de nuestra historia, esperaremos ser transformados por la renovación de nuestra mente, para reiniciarnos, para entender nuestro contexto, para conocer el diseño de Dios para las familias, para comprender el futuro en el que viviremos y para servir de tal manera que proporcionemos esperanza a los niños, a las familias y a las personas mayores con soluciones en tiempo real.

La familia significa que usted nunca está solo.

Las familias tienen el poder de inspirar esperanza hoy y en el futuro.

ACERCA DE BUCKNER INTERNACIONAL

Quiénes somos

Buckner International es un ministerio cristiano dedicado a seguir el ejemplo de Jesús al servir a niños, familias y personas mayores vulnerables. Protegemos a los niños, fortalecemos a las familias y transformamos generaciones. A medida que los adultos mayores llegan al ocaso de la vida, les servimos para inspirarles felicidad.

Por qué servimos

Nos impulsa la enseñanza de Santiago 1:27: "La religión pura y sin mácula delante de Dios el Padre es esta: Visitar a los huérfanos y a las viudas en sus tribulaciones y guardarse sin mancha del mundo". Seguimos a Jesús yendo a las aldeas, las comunidades y las ciudades donde viven los más vulnerables. Hacemos brillar la esperanza que se encuentra en Cristo. Inspiramos felicidad a los ancianos en comunidades de viviendas para personas mayores. Buscamos colaborar con agencias gubernamentales, iglesias y voluntarios en los Estados Unidos de América y en el extranjero.

Cómo servimos

Nuestra misión es "seguir el ejemplo de Jesús sirviendo a los niños, las familias y las personas mayores vulnerables". Nuestra visión es "establecer el estándar de excelencia en el servicio a niños, familias y personas mayores vulnerables". Fundada en 1879, somos la organización benéfica para niños más antigua de Dallas y centramos nuestro trabajo en niños vulnerables, huérfanos, familias

ACERCA DE BUCKNER INTERNACIONAL

y adultos mayores. Brindamos tres servicios principales entre los niños: Acogimiento Familiar y Adopción, Senderos Familiares y Centros de Esperanza Familiar. También brindamos servicios de acogimiento familiar y adopción y apoyo a nivel internacional. Senderos Familiares es un programa que sirve a madres solteras con hijos para alcanzar independencia y sostenibilidad económica en colaboración con colegios y universidades para equiparlas para una vocación y la salud familiar. Los Centros de Esperanza Familiar son lugares donde las familias en dificultades pueden ser fortalecidas y apoyadas a partir de un modelo basado en sus habilidades, presentando factores de protección que todas las familias necesitan para tener éxito. Servimos a personas mayores en comunidades que ofrecen vida independiente, vida asistida, enfermería especializada y cuidado de la memoria en seis ubicaciones en Texas.

Cómo puede ayudar

Su asociación con Buckner Internacional proporciona oportunidades tangibles de acercar el reino de Dios, de hacer brillar la esperanza, de traer paz, sanidad y justicia a quienes servimos. Necesitamos voluntarios para servir a los niños y a las familias. Tal vez desee trabajar como voluntario en su comunidad, realizar una colecta de zapatos, clasificar zapatos, entregar zapatos o contribuir financieramente a través de nuestros programas. Juntos, con su apoyo, podemos marcar la diferencia para los niños, las familias y las personas mayores. Para obtener más información sobre cómo puede ayudar, visite www.buckner.org.

AGRADECIMIENTOS

Escribir un libro es una labor de amor compartida no sólo por el escritor, sino también por su familia. Fue un asunto familiar. Mi familia ha tenido que soportar que hablara de las lecciones que aprendía de las familias de la Biblia. Fueron mi primera audiencia. He contado con el apoyo de la Dra. Belinda Reyes, mi esposa y de nuestros hijos adultos. Gracias por su aliento y por escucharme hablar sobre este libro y por contribuir con sus comentarios.

El consejo directivo de Buckner Internacional esperó pacientemente la publicación de este libro. Me apoyaron mientras dirigía Buckner Internacional durante los últimos tres años. Deseo agradecerles por animarme a terminar este libro. Estoy en deuda con la guía del Dr. E. David Cook mientras escribía este libro. Él es el fundador del Instituto Whitfield en Oxford, Inglaterra. El Dr. Cook ha seguido proporcionándome comentarios e influencias esenciales para producir el mejor manuscrito posible que yo pudiera escribir sobre este tema.

Liderar Buckner Internacional es un esfuerzo integral que no es apto para los débiles de corazón. Servir a más de 100,000 niños, familias y personas mayores a través de 1,400 empleados en Texas y 1,000 empleados de organizaciones no gubernamentales afiliadas en seis países requiere lo mejor del liderazgo. No puedo hacer este trabajo solo. Me acompaña un increíble equipo de profesionales como Arnie Adkison, quien se desempeña como vicepresidente sénior y director de desarrollo del equipo de promoción de impacto y Scott Collins, vicepresidente sénior del equipo de comunicaciones, ambos centrados en asuntos externos.

Renee Reimer, vicepresidenta sénior y asesora general; Jeff Gentry, vicepresidente sénior de administración y director financiero,

AGRADECIMIENTOS

que dirige nuestros equipos de finanzas, tecnologías de información, instalaciones y operaciones de personal; Jen Mann, nuestra nueva líder ejecutiva, se desempeña como directora de recursos humanos y apoya todo lo que hacemos a través de nuestros increíbles colegas y asociados; Kandyce Ormes Ripley, vicepresidenta asociada de análisis de datos y estrategia, brinda apoyo interno al ministerio Buckner. Charlie Wilson, presidente de los Servicios de Retiro Buckner, Inc. y Henry Jackson, presidente de los Servicios Infantiles y Familiares Buckner, Inc. proporciona liderazgo para las dos unidades operativas que componen el ministerio central de Buckner. Cada uno de estos líderes sénior también cuenta con el apoyo de otros equipos de líderes increíbles. Estoy agradecido por su apoyo y espero que este libro aporte valor a sus familias.

Este libro se hizo realidad gracias al esfuerzo de Julie Grabeel, asistente ejecutiva sénior. Julie hizo un trabajo increíble al ayudarme a gestionar mi trabajo diario y al mismo tiempo dejarme espacio para escribir. Administrar mi calendario fue un arte que ella dominó durante este proyecto. Todo lo que pude escribir contó con el extraordinario apoyo de Michelle Volk, asesora ejecutiva de investigación. Michelle prestó impecable atención a los detalles, recopiló documentos valiosos y elaboró recursos increíbles para que yo los utilizara. Julie y Michelle fueron de gran ayuda a la hora de recopilar todos los documentos de apoyo al final de este proyecto. Agradezco profundamente su esfuerzo, su disponibilidad, su atención y por seguirme en esta aventura.

NOTAS

Introducción: Un futuro sin familia

1. Edward E. Hale, *The Man Without a Country and Other Tales* (Boston: Roberts Brothers, 1891), 13.
2. "The Man Without a Country", Wikipedia, https://en.wikipedia.org/wiki/The_Man_Without_a_Country.
3. Leonard I. Sweet, "Feb 10, 2017—Leonard Sweet", PLNU Chapel, 13 de febrero de 2017, https://www.youtube.com/watch?v=r4hkKIeFOPE.
4. Platón, *The Republic: Book V*, Webster's Thesaurus Edition (San Diego: Icon Classics, 2005), 425.
5. Platón, *Republic*, 429.
6. Platón, *Republic*, 435.
7. Richard Weikart, "Marx, Engels, and the Abolition of the Family", *History of European Ideas* 18, no. 5 (1994): 657–58, https://www.csustan.edu/sites/default/files/History/Faculty/Weikart/Marx-Engels-and-the-Abolition-of-the-Family.pdf.
8. "Oneida Community (1848–1880): A Utopian Community", VCU Libraries Social Welfare History Project, junio de 2017, http://socialwelfare.library.vcu.edu/religious/the-oneida-community-1848-1880-a-utopian-community/.
9. "Oneida Community (1848–1880)".
10. "Oneida Community (1848–1880)".
11. Melford E. Spiro, "Is the Family Universal?" *American Anthropologist* 56, no. 5, part 1 (octubre de 1954): 839–46, https://doi.org/10.1525/aa.1954.56.5.02a00080.
12. Spiro, "Is the Family Universal?" 839.
13. Spiro, "Is the Family Universal?" 840–42.
14. Lee Cronk, *That Complex Whole: Culture and the Evolution of Human Behavior* (New York: Routledge, 1999), 31.

15. Elizabeth Elizalde, "NYC School Encourages Kids to Stop Using Words like 'Mom,' 'Dad,' in 'Inclusive Language Guide", *New York Post*, 10 de marzo de 2021, http://www.nypost.com/2021/03/10/nyc-school-encourages-kids-to-stop-using-words-mom-dad/.
16. Elizalde, "NYC School Encourages Kids".
17. Véronique Munoz-Dardé, "Is the Family to Be Abolished Then?" *Proceedings of the Aristotelian Society* 99 (1999): 37–56, http://www.jstor.org/stable/4545294.

1. El diseño para la humanidad

1. Torley Wong, "Behind the Design: 5 Stories of Great Inspiration", *Smashing Magazine*, 1 de octubre de 2008, https://www.smashingmagazine.com/2008/10/behind-the-design-5-stories-of-great-inspiration/.
2. "The Gardens: The Art of Perspective", Chateau de Versailles, https://en.chateauversailles.fr/discover/estate/gardens.
3. "About", Seaside, https://seasidefl.com/about#timeline.
4. "About", Seaside.
5. "About", Seaside.
6. "About", Seaside, ver bajo "Explore Seaside Architecture".
7. Genesis 4:17–26; Genesis 5; Genesis 10; Genesis 36; Genesis 46:5–26; Numbers 1; Numbers 34:16–29; 1 Chronicles 1; 1 Chronicles 2; 1 Chronicles 3; 1 Chronicles 4–9; 1 Chronicles 12:23–38; and Matthew 1:1–17.
8. Jim Denison, " 'The Nuclear Family Was a Mistake': My Response to an Article of Seismic Significance", Denison Forum, 13 de febrero 2020, https://www.denisonforum.org/daily-article/the-nuclear-family-was-a-mistake-my-response-to-an-article-of-seismic-significance/.
9. L. Murray and M. Barnes, "Have Families Been Rethought? Ethic of Care, Family and 'Whole Family' Approaches", *Social Policy and Society* 9, no. 4 (4 de septiembre de 2010): 533–44.
10. Mitchell Sviridoff and William Ryan, "Community-Centered Family Service", *Families in Society* 78, no. 2 (marzo-abril de 1997): 128–33, 138–39.
11. J. Laird, "Family-Centered Practice in the Post-Modern Era", *Families in Society* 76, no. 3 (marzo de 1995): 150.

12. Suzanne Dixon, *The Roman Family* (Baltimore: Johns Hopkins University Press, 1992), 3.
13. Dixon, *Roman Family*, 29.
14. Stevan Harrell, *Human Families* (New York: Routledge, 2018), 552-53.
15. Inter-American Commission on Human Rights, "The Right of Girls and Boys to a Family. Alternative Care. Ending Institutionalization in the Americas". Organization of American States (17 de octubre de 2013): 17, https://www.oas.org/en/iachr/reports/pdfs/Report-Right-to-family.doc.
16. Brad Wilcox and Hal Boyd, "The Nuclear Family Is Still Indispensable", *The Atlantic*, 21 de febrero de 2020, https://www.theatlantic.com/ideas/archive/2020/02/nuclear-family-still-indispensable/606841/.
17. Wilcox and Boyd, "Nuclear Family".
18. Wilcox and Boyd, "Nuclear Family".
19. Kurt Jefferson, "The American Family: The Stabilizing Factor in a Changing Society". Daily Life Through History, 2020, ABC-CLIO.
20. Brent Waters, *The Family in Christian Social and Political Thought* (Oxford, England: Oxford University Press, 2007), 9.
21. Waters, *Family in Christian Social and Political Thought*, 204

2. La familia divina

1. J. Paul Sampley, Joseph Burgess, Gerhard Krodel, y Reginald H. Fuller, *Ephesians, Colossians, 2 Thessalonians, The Pastoral Epistles*, The Proclamation Series: The New Testament Witnesses for Preaching, ed. Gerhard Krodel (Philadelphia: Fortress, 1978), 49-55.
2. David E. Garland, *Colossians/Philemon: The NIV Application Commentary* (Grand Rapids, MI: Zondervan, 1998), 87.
3. Kenneth L. Barker y John Kohlenberger III, *New Testament*, vol. 2, Zondervan NIV Bible Commentary (Grand Rapids, MI: Zondervan, 1994), 819.
4. Richard R. Melick, Jr., *Philippians, Colossians, Philemon*, vol. 32, New American Commentary (Nashville: Broadman, 1991), 214.
5. Garland, *Colossians/Philemon*, 87.

6. Scot McKnight, *The Letter to the Colossians*, The New International Commentary on the New Testament (Grand Rapids, MI: Eerdmans, 2018), 147.
7. G. K. Beale, *Colossians and Philemon*, Baker Exegetical Commentary on the New Testament (Grand Rapids, MI: Baker Academic, 2019), 81–84, 95.
8. Melick, *Philippians, Colossians, Philemon*, 217.
9. David M. Hay, *Colossians*, Abingdon New Testament Commentaries (Nashville: Abingdon, 2000), 62–65.
10. Andreas J. Köstenberger, *John*, Baker Exegetical Commentary on the New Testament (Grand Rapids, MI: Baker Academic, 2004), 304.
11. Margaret Aymer, Cynthia Briggs Kittredge, y David A. Sánchez, eds., *The Gospels and Acts*, Fortress Commentary on the Bible Study Edition (Minneapolis: Fortress, 2016), 287.
12. George Cladis, *Leading the Team-Based Church: How Pastors and Church Staffs Can Grow Together into a Powerful Fellowship of Leaders* (SanFrancisco: Josey-Bass, 1999), 4.
13. Cladis, *Leading the Team-Based Church*.
14. Millard J. Erickson, *Christian Theology* (Grand Rapids, MI: Baker, 1985), 342.

3. La primera familia

1. Dietrich Bonhoeffer, *Creation and Fall: A Theological Exposition of Genesis 1–3*, vol. 3, Dietrich Bonhoeffer Works (Minneapolis: Fortress, 1997), 28.
2. John H. Sailhamer et al., *Genesis, Exodus, Leviticus, Numbers*, vol. 2, The Expositor's Bible Commentary, ed. Frank E. Gaebelein (Grand Rapids, MI: Zondervan, 1990), 60.
3. Victor P. Hamilton, *The Book of Genesis: Chapters 1–17*, The New International Commentary on the Old Testament (Grand Rapids, MI: Eerdmans, 1990), 220.
4. Hamilton, *Book of Genesis: Chapters 1–17*, 220.
5. Kenneth A. Mathews, *Genesis 1–11:26*, vol. 1A, The New American Commentary (Nashville: Broadman and Holman, 1996), 265.
6. Hamilton, *Book of Genesis: Chapters 1–17*, 222.

7. Hamilton, *Book of Genesis: Chapters 1–17*.
8. Hamilton, *Book of Genesis: Chapters 1–17*, 223.
9. Gordon J. Wenham, *Genesis 1–15*, vol. 1, Word Biblical Commentary (Waco: Word Books, 1987), 104.
10. Wenham, *Genesis 1–15*, 103.
11. Wenham, *Genesis 1–15*.
12. Wenham, *Genesis 1–15*, 104.
13. Mathews, *Genesis 1–11:26*, 268.
14. Hamilton, *Book of Genesis: Chapters 1–17*, 223.
15. Gerhard Von Rad, *Genesis: A Commentary*, rev. ed. (Philadelphia: Westminster, 1972), 103.
16. Von Rad, *Genesis*, 105.
17. Von Rad, *Genesis*.
18. Hamilton, *Book of Genesis: Chapters 1–17*, 226.
19. Hamilton, *Book of Genesis: Chapters 1–17*.
20. Wenham, *Genesis 1–15*, 106.
21. Wenham, *Genesis 1–15*, 105.
22. Hamilton, *Book of Genesis: Chapters 1–17*, 230.
23. Albertus Pieters, *Notes on Genesis: For Ministers and Serious Bible Students* (Grand Rapids, MI: Eerdmans, 1943), 104.
24. Wenham, *Genesis 1–15*, 106.
25. Wenham, *Genesis 1–15*.
26. Hamilton, *Book of Genesis: Chapters 1–17*, 231.
27. Wenham, *Genesis 1–15*, 107.
28. Wenham, *Genesis 1–15*.
29. Hamilton, *Book of Genesis: Chapters 1–17*, 231.
30. Wenham, *Genesis 1–15*, 107.
31. Von Rad, *Genesis*, 106.
32. Gale A. Yee, Hugh R. Page Jr., y Matthew J. M. Coomber, eds., *The Old Testament and Apocrypha*, Fortress Commentary on the Bible (Minneapolis: Fortress, 2014), 94.
33. Wenham, *Genesis 1–15*, 107.
34. Hamilton, *Book of Genesis: Chapters 1–17*, 232.
35. Hamilton, *Book of Genesis: Chapters 1–17*, 233.
36. Wenham, *Genesis 1–15*, 108–10.

37. Von Rad, *Genesis*, 107.
38. Hamilton, *Book of Genesis: Chapters 1–17*, 234.
39. Hamilton, *Book of Genesis: Chapters 1–17*, 235.
40. Jim Denison, "Where Did Cain Get His Wife?" Denison Forum, 1 de febrero de 2020, https://www.denisonforum.org/resources/where-did-cain-get-his-wife/.
41. Georgia Purdom, "Where Did Cain Get His Wife?" Answers in Genesis, 1 de julio de 2014, https://answersingenesis.org/bible-characters/cain/creation-basics/.
42. Sailhamer et al., *Genesis, Exodus, Leviticus, Numbers*, 62.
43. Sailhamer et al., *Genesis, Exodus, Leviticus, Numbers*, 60.
44. Yee et al., *Old Testament and Apocrypha*, 96.
45. Thomas O. Chisolm, "Great Is Thy Faithfulness," Hymnary.org, https://hymnary.org/text/great_is_thy_faithfulness_o_god_my_father.

4. La familia prometida: Abraham

1. Albertus Pieters, *Notes on Genesis: For Ministers and Serious Bible Students* (Grand Rapids, MI: Eerdmans, 1943), 139.
2. John H. Sailhamer et al., *Genesis, Exodus, Leviticus, Numbers*, vol. 2 of The Expositor's Bible Commentary, ed. Frank E. Gaebelein (Grand Rapids, MI: Zondervan, 1990), 111.
3. Sailhamer et al., *Genesis, Exodus, Leviticus, Numbers*.
4. John H. Marks et al., *The Pentateuch: A Commentary on Genesis, Exodus, Leviticus, Numbers, Deuteronomy*, Interpreter's Concise Commentary, ed. Charles M. Laymon (Nashville: Abingdon, 1971), 30.
5. Pieters, *Notes on Genesis*, 139.
6. Sailhamer et al., *Genesis, Exodus, Leviticus, Numbers*, 112.
7. Kenneth A. Mathews, *Genesis 11:27–50:26*, vol. 1B, The New American Commentary (Nashville: Broadman Holman, 2005), 105.
8. Gordon J. Wenham, *Genesis 1–15*, vol. 1, Word Biblical Commentary (Waco: Word Books, 1987), 274.
9. Wenham, *Genesis 1–15*.
10. Mathews, *Genesis 11:27–50:26*, 109.

11. Victor P. Hamilton, *The Book of Genesis: Chapters 1-17*, The New International Commentary on the Old Testament (Grand Rapids, MI: Eerdmans, 1990), 371.
12. Mathews, *Genesis 11:27-50:26*, 113.
13. Wenham, *Genesis 1-15*, 275.
14. Gerhard Von Rad, *Genesis: A Commentary* (Philadelphia: Westminster, 1972), 160.
15. Von Rad, *Genesis*.
16. Mathews, *Genesis 11:27-50:26*, 114.
17. Wenham, *Genesis 1-15*, 275.
18. Mathews, *Genesis 11:27-50:26*, 115.
19. Hamilton, *Book of Genesis: Chapters 1-17*, 373.
20. Hamilton, *Book of Genesis: Chapters 1-17*, 374.
21. Mathews, *Genesis 11:27-50:26*, 118.
22. Marcus Dods, *The Book of Genesis* (New York: A. C. Armstrong & Son, 1902), 136.
23. John Skinner, *A Critical and Exegetical Commentary on Genesis* (Edinburgh, Scotland: T & T Clark, 1994), 279.
24. Wenham, *Genesis 1-15*, 327.
25. Hamilton, *Book of Genesis: Chapters 1-17*, 418.
26. Hamilton, *Book of Genesis: Chapters 1-17*, 418.
27. Wenham, *Genesis 1-15*, 327.
28. Hamilton, *Book of Genesis: Chapters 1-17*, 419.
29. Hamilton, *Book of Genesis: Chapters 1-17*, 418.
30. Sailhamer et al., *Genesis, Exodus, Leviticus, Numbers*, 127.
31. Wenham, *Genesis 1-15*, 329.
32. Mathews, *Genesis 11:27-50:26*, 165.
33. Mathews, *Genesis 11:27-50:26*, 166.
34. Pieters, *Notes on Genesis*, 145.
35. Wenham, *Genesis 1-15*, 329.
36. Pieters, *Notes on Genesis*, 147.
37. Marks et al., *Pentateuch*, 41.
38. Pieters, *Notes on Genesis*, 147.
39. Skinner, *Critical and Exegetical Commentary*, 284.
40. Hamilton, *Book of Genesis: Chapters 1-17*, 443.

41. Sailhamer et al., *Genesis, Exodus, Leviticus, Numbers*, 135.
42. Von Rad, *Genesis*, 191.
43. Hamilton, *Book of Genesis: Chapters 1–17*, 444.
44. Mathews, *Genesis 11:27–50:26*, 185.
45. Hamilton, *Book of Genesis: Chapters 1–17*, 446.
46. Sailhamer et al., *Genesis, Exodus, Leviticus, Numbers*, 135.
47. Mathews, *Genesis 11:27–50:26*, 184.
48. Mathews, *Genesis 11:27–50:26*, 185.
49. Dods, *Book of Genesis*, 151.
50. Pieters, *Notes on Genesis*, 147.
51. Pieters, *Notes on Genesis*, 148.
52. Dods, *Book of Genesis*, 151.
53. Hamilton, *Book of Genesis: Chapters 1–17*, 446.
54. Skinner, *Critical and Exegetical Commentary*, 286.
55. Mathews, *Genesis 11:27–50:26*, 182.
56. Mathews, *Genesis 11:27–50:26*, 178.
57. Dods, *Book of Genesis*, 147.
58. Mathews, *Genesis 11:27–50:26*, 182.
59. Marks, *Pentateuch*, 41.
60. Pieters, *Notes on Genesis*, 148.
61. Pieters, *Notes on Genesis*.
62. Mathews, *Genesis 11:27–50:26*, 179.
63. Pieters, *Notes on Genesis*, 148.
64. Dods, *Book of Genesis*, 154.
65. Pieters, *Notes on Genesis*, 148.
66. Dods, *Book of Genesis*, 159.
67. Marks, *Pentateuch*, 42.
68. Mathews, *Genesis 11:27–50:26*, 201.
69. Pieters, *Notes on Genesis*, 149.
70. Marks, *Pentateuch*, 43.
71. Marks, *Pentateuch*.
72. Sailhamer et al., *Genesis, Exodus, Leviticus, Numbers*, 138–39.
73. Hamilton, *Book of Genesis: Chapters 1–17*, 463.
74. Hamilton, *Book of Genesis: Chapters 1–17*, 464.
75. Sailhamer et al., *Genesis, Exodus, Leviticus, Numbers*, 139.

76. Hamilton, *Book of Genesis: Chapters 1–17*, 465.
77. Dods, *Book of Genesis*, 168.
78. Dods, *Book of Genesis*, 171.
79. Dods, *Book of Genesis*.

5. La familia prometida: Isaac

1. John H. Sailhamer et al., *Genesis, Exodus, Leviticus, Numbers*, vol. 2, The Expositor's Bible Commentary, ed. Frank E. Gaebelein (Grand Rapids, MI: Zondervan, 1990), 168.
2. Albertus Pieters, *Notes on Genesis: For Ministers and Serious Bible Students* (Grand Rapids, MI: Eerdmans, 1943), 157.
3. Pieters, *Notes on Genesis*, 158.
4. Sailhamer et al., *Genesis, Exodus, Leviticus, Numbers*, 168.
5. Sailhamer et al., *Genesis, Exodus, Leviticus, Numbers*, 168.
6. Kenneth A. Mathews, *Genesis 1–11:26*, vol. 1A, The New American Commentary (Nashville: Broadman and Holman, 1996), 295.
7. Marcus Dods, *The Book of Genesis* (New York: A. C. Armstrong & Son, 1902), 201.
8. Dods, *Book of Genesis*, 205–6.
9. John Skinner, *A Critical and Exegetical Commentary on Genesis* (Edinburgh, Scotland: T & T Clark, 1994), 330.
10. Dods, *Book of Genesis*, 208–9.
11. Richard Oxenburg, "The Teleological Suspension of the Ethical: Abraham, Isaac, and the Challenge of Faith," PhilArchive, 2018, https://philarchive.org/archive/OXETTS.
12. Mathews, *Genesis 1–11:26*, 355.
13. Gerhard Von Rad, *Genesis: A Commentary*, rev. ed. (Philadelphia: Westminster, 1972), 262.
14. John H. Marks et al., *The Pentateuch: A Commentary on Genesis, Exodus, Leviticus, Numbers, Deuteronomy*, Interpreter's Concise Commentary, ed. Charles M. Laymon (Nashville: Abingdon, 1971), 55.
15. Sailhamer et al., *Genesis, Exodus, Leviticus, Numbers*, 182.
16. Von Rad, *Genesis*, 264.

17. Victor P. Hamilton, *The Book of Genesis: Chapters 18–50*, The New International Commentary on the Old Testament (Grand Rapids, MI: Eerdmans, 1990), 177.
18. Dods, *Book of Genesis*, 256.
19. Hamilton, *Book of Genesis: Chapters 18–50*, 181.
20. Mathews, *Genesis 1–11:26*, 391.
21. Sailhamer et al., *Genesis, Exodus, Leviticus, Numbers*, 182.
22. Mathews, *Genesis 1–11:26*, 388.
23. Mathews, *Genesis 1–11:26*, 391.
24. Mathews, *Genesis 1–11:26*, 387–88.
25. Sailhamer et al., *Genesis, Exodus, Leviticus, Numbers*, 182–83.
26. Marks et al., *Pentateuch*, 56.
27. Mathews, *Genesis 1–11:26*, 393.
28. Skinner, *Critical and Exegetical Commentary on Genesis*, 362.
29. Sailhamer et al., *Genesis, Exodus, Leviticus, Numbers*, 183.
30. Mathews, *Genesis 1–11:26*, 392.
31. Hamilton, *Book of Genesis: Chapters 18–50*, 182.
32. Pieters, *Notes on Genesis*, 162.
33. Hamilton, *Book of Genesis: Chapters 18–50*, 183.
34. Pieters, *Notes on Genesis*, 162.
35. Hamilton, *Book of Genesis: Chapters 18–50*, 186.
36. Dods, *Book of Genesis*, 264.
37. Mathews, *Genesis 1–11:26*, 417.
38. Marks et al., *Pentateuch*, 57.
39. Mathews, *Genesis 1–11:26*, 417.
40. Mathews, *Genesis 1–11:26*.
41. Marks et al., *Pentateuch*, 57.
42. Dods, *Book of Genesis*, 271.
43. Mathews, *Genesis 1–11:26*, 423.
44. Dods, *Book of Genesis*, 274.
45. Matthews, *Genesis 1–11:26*, 437.
46. Von Rad, *Genesis*, 279.
47. Dods, *Book of Genesis*, 278.
48. Dods, *Book of Genesis*.
49. Dods, *Book of Genesis*, 158.

6. La familia redentora

1. Gale A. Yee, Hugh R. Page Jr., y Matthew J. M. Coomber, eds., *The Old Testament and Apocrypha*, Fortress Commentary on the Bible (Minneapolis: Fortress, 2014), 128.
2. Yee et al., *Old Testament and Apocrypha*.
3. Victor P. Hamilton, *The Book of Genesis: Chapters 18–50*, The New International Commentary on the Old Testament (Grand Rapids, MI: Eerdmans, 1995), 702.
4. Kenneth A. Mathews, *Genesis 11:27–50:26*, vol. 1B, The New American Commentary (Nashville: Broadman Holman, 2005), 921.
5. Gerhard Von Rad, *Genesis: A Commentary*, rev. ed. (Philadelphia: Westminster, 1972), 431.
6. Yee et al., *Old Testament and Apocrypha*, 131.
7. Hamilton, *Book of Genesis: Chapters 18–50*, 704–5.
8. Mathews, *Genesis 11:27–50:26*, 921.
9. Hamilton, *Book of Genesis: Chapters 18–50*, 707.
10. Von Rad, *Genesis*, 432.
11. John H. Sailhamer et al., *Genesis, Exodus, Leviticus, Numbers*, vol. 2, The Expositor's Bible Commentary, ed. Frank E. Gaebelein (Grand Rapids, MI: Zondervan, 1990), 283.
12. John H. Marks et al., *The Pentateuch: A Commentary of Genesis, Exodus, Leviticus, Numbers, and Deuteronomy*, Interpreter's Concise Commentary, ed. Charles M. Laymon (Nashville: Abingdon, 1971), 88.
13. Yee et al., *Old Testament and Apocrypha*, 131–32.
14. Mathews, *Genesis 11:27–50:26*, 922.
15. Yee et al., *Old Testament and Apocrypha*, 132.
16. Yee et al., *Old Testament and Apocrypha*, 134.

7. La familia liberadora

1. Douglas K. Stuart, *Exodus*, vol. 2 of The New American Commentary (Nashville: Broadman & Holman, 2006), 85.
2. William H. C. Propp, *Exodus 1–18*, The Anchor Yale Bible Commentaries (New York: Doubleday, 1999), 149.
3. Stuart, *Exodus*, 87–88.

4. John I. Durham, *Exodus*, vol. 3, Word Biblical Commentary (Waco: Word, 1987), 16.
5. Propp, *Exodus 1–18*, 149.
6. Terence E. Fretheim, *Exodus*, Interpretación: A Bible Commentary for Teaching and Preaching (Louisville: John Knox, 1991), 36–37.
7. Stuart, *Exodus*, 87.
8. Stuart, *Exodus*, 90.
9. John H. Sailhamer et al., *Genesis, Exodus, Leviticus, Numbers*, vol. 2, The Expositor's Bible Commentary, ed. Frank E. Gaebelein (Grand Rapids, MI: Zondervan, 1990), 309.
10. Durham, *Exodus*, 16.
11. Sailhamer et al., *Genesis, Exodus, Leviticus, Numbers*, 309.
12. Stuart, *Exodus*, 91–92.
13. Durham, *Exodus*, 16.
14. Stuart, *Exodus*, 89.
15. Stuart, *Exodus*, 92.
16. Durham, *Exodus*, 16.
17. Durham, *Exodus*, 17.
18. Lester Meyer, *The Message of Exodus: A Theological Commentary* (Minneapolis: Augsburg, 1983), 37.
19. Stuart, *Exodus*, 93.
20. Stuart, *Exodus*, 93.
21. Stuart, *Exodus*, 85.
22. Fretheim, *Exodus*, 39.
23. Michael V. Fox, *Proverbs 10–31*, The Anchor Yale Bible Commentaries (New Haven, CT: Yale University Press, 2009), 894.
24. Bruce K. Waltke, *The Book of Proverbs: Chapters 15–31*, The New International Commentary on the Old Testament (Grand Rapids, MI: Eerdmans, 2005), 524.
25. Fox, *Proverbs 10–31*, 912.
26. Roland Murphy, *Proverbs*, vol. 22, Word Biblical Commentary (Nashville: Thomas Nelson, 1998), 245.
27. Murphy, *Proverbs*.
28. Waltke, *Book of Proverbs: Chapters 15–31*, 525.
29. Fox, *Proverbs 10–31*, 890.

30. Waltke, *Book of Proverbs: Chapters 15–31*, 532.
31. Murphy, *Proverbs*, 245–46.
32. Ernest C. Lucas, *Proverbs*, The Two Horizons Old Testament Commentary (Grand Rapids, MI: Eerdmans, 2015), 196.
33. Milton P. Horne, *Proverbs-Ecclesiastes*, Smyth & Helwys Bible Commentary (Macon, GA: Smyth & Helwys, 2003), 365.
34. R. F. Horton, *The Expositor's Bible: The Book of Proverbs* (New York: A. C. Armstrong & Son, 1908), 398.
35. Horton, *Book of Proverbs*, 399.
36. Horton, *Book of Proverbs*, 409.

8. La familia real

1. Gale A. Yee, Hugh R. Page Jr., y Matthew J. M. Coomber, *The Old Testament and Apocrypha*, Fortress Commentary on the Bible (Minneapolis: Fortress, 2014), 393.
2. P. Kyle McCarter Jr., *II Samuel*, The Anchor Yale Bible Commentaries (Garden City, NY: Doubleday, 1984), 405.
3. Walter Brueggemann, *First and Second Samuel*, Interpretación: A Bible Commentary for Teaching and Preaching (Louisville: John Knox, 1990), 317.
4. Yce et al., *Old Testament and Apocrypha*, 392.
5. Brueggemann, *First and Second Samuel*, 319.
6. Robert D. Bergen, *1, 2 Samuel*, The New American Commentary (Nashville: Broadman & Holman, 1996), 421.
7. Hans Wilhelm Hertzberg, *I & II Samuel*, The Old Testament Library (Philadelphia: Westminster, 1964), 359.
8. Henry Preserved Smith, *A Critical and Exegetical Commentary on the Books of Samuel* (New York: Charles Scribner's Sons, 1899), 361.
9. John H. Sailhamer et al., *Genesis, Exodus, Leviticus, Numbers*, vol. 2, The Expositor's Bible Commentary, ed. Frank E. Gaebelein (Grand Rapids, MI: Zondervan, 1990), 1020.
10. McCarter, *II Samuel*, 407.
11. W. G. Blaikie, *The Expositor's Bible: The Second Book of Samuel* (New York: A. C. Armstrong and Son, 1908), 274.
12. Blaikie, *Second Book of Samuel*, 274–75.

13. McCarter, *II Samuel*, 411.
14. Sailhamer et al., *Genesis, Exodus, Leviticus, Numbers*, 1028.
15. Blaikie, *Second Book of Samuel*, 281–82.
16. A. A. Anderson, *2 Samuel*, vol. 11, Word Biblical Commentary (Dallas: Word, 1989), 228.
17. Brueggemann, *First and Second Samuel*, 322–23.
18. McCarter, *II Samuel*, 409.
19. Blaikie, *Second Book of Samuel*, 282.
20. Tony W. Cartledge, *1 & 2 Samuel*, Smyth & Helwys Bible Commentary (Macon, GA: Smyth & Helwys, 2001), 608.
21. Blaikie, *Second Book of Samuel*, 282–83.
22. Blaikie, *Second Book of Samuel*, 283.
23. Yee et al., *Old Testament and Apocrypha*, 394.
24. Para una excelente herramienta para desarollar relaciones sanas con los adolescentes, véase Dr. Richard Ross y Dr. Gus Reyes, *30 Days: Turning the Hearts of Parents and Teenagers Toward Each Other* (Nashville: Lifeway, 2007).

9. La familia sagrada

1. John Nolland, *Luke 1–9:20*, vol. 35A of Word Biblical Commentary (Dallas: Word, 1989), 105.
2. Darrell L. Bock, *Luke*, The NIV Application Commentary (Grand Rapids, MI: Zondervan, 1996), 92.
3. Fred B. Craddock, *Luke*, Interpretación: A Bible Commentary for Teaching and Preaching (Louisville: John Knox, 1990), 41.
4. D. B. J. Campbell, *The Synoptic Gospels: A Commentary for Teachers and Students* (New York: Seabury, 1966), 21–22.
5. F. Scott Spencer, *Luke*, The Two Horizons New Testament Commentary (Grand Rapids, MI: Eerdmans, 2019), 79.
6. Nolland, *Luke 1–9:20*, 134.
7. J. R. H. Moorman, *The Path to Glory: Studies in the Gospel According to Saint Luke* (London: Society for Promoting Christian Knowledge, 1960), 28.
8. Alfred Plummer, *A Critical and Exegetical Commentary on the Gospel According to St. Luke* (New York: Charles Scribner's Sons, 1902), 75.

9. Robert C. Tannehill, *Luke*, Abingdon New Testament Commentaries (Nashville: Abingdon, 1996), 75.
10. Spencer, *Luke*, 79.
11. Nolland, *Luke 1–9:20*, 130.
12. Bock, *Luke*, 100.
13. Richard Vinson, *Luke*, Smith & Helwys Bible Commentary (Macon, GA: Smyth & Helwys, 2008), 77.
14. Spencer, *Luke*, 82–83.
15. Spencer, *Luke*, 83.
16. Norval Geldenhuys, *Commentary on the Gospel of Luke: The English Text with Introduction, Exposition, and Notes* (Grand Rapids, MI: Eerdmans, 1988), 127–28.
17. Tannehill, *Luke*, 77.
18. Moorman, *Path to Glory*, 29.
19. Nolland, *Luke 1–9:20*, 134.
20. Joseph A. Fitzmyer, *The Gospel According to Luke I-IX*, The Anchor Bible (Garden City, NY: Doubleday, 1981), 439.
21. William F. Arndt, *Luke*, Concordia Classic Commentary Series (St. Louis: Concordia, 1956), 102.
22. Tannehill, *Luke*, 75.
23. Nolland, *Luke 1–9:20*, 131.
24. Arndt, *Luke*, 98.
25. Spencer, *Luke*, 85.
26. Geldenhuys, *Commentary on the Gospel of Luke*, 129.

10. La familia transformada

1. Albert L. Reyes, *The Jesus Agenda: Becoming an Agent of Redemption* (Nashville: Believers, 2015), 55.
2. Reyes, *Jesus Agenda*, 56.
3. A. T. Robertson, *Acts*, vol. 3, Word Pictures in the New Testament (Nashville: Broadman, 1930), 260.
4. Robertson, *Acts*, 260.
5. Robertson, *Acts*, 261.
6. Ajith Fernando, *Acts*, The NIV Application Commentary (Grand Rapids, MI: Zondervan, 1998), 446.

7. Fernando, *Acts*, 445.
8. J. Bradley Chance, *Acts*, Smith & Helwys Bible Commentary (Macon, GA: Smyth & Helwys, 2007), 290.
9. Robertson, *Acts*, 262.
10. Beverly Roberts Gaventa, *Acts*, Abingdon New Testament Commentaries (Nashville: Abingdon, 2003), 240.
11. I. Howard Marshall, *The Book of Acts: An Introduction and Commentary*, Tyndale New Testament Commentaries (Grand Rapids, MI; Cambridge, UK: Eerdmans, 1980), 273.
12. Darrell L. Bock, *Acts*, Baker Exegetical Commentary on the New Testament (Grand Rapids, MI: Baker Academic, 2007), 542.
13. Gaventa, *Acts*, 240.
14. Robertson, *Acts*, 265.

11. La familia floreciente

1. Carle C. Zimmerman, *Family and Civilization* (New York: Harper & Brothers, 1947), 125–26, 130, 134.
2. Zimmerman, *Family and Civilization*, 238.
3. Zimmerman, *Family and Civilization*, 801.
4. Zimmerman, *Family and Civilization*, 806.
5. Thom Wolf, "Lifecode: An Examination of the Shape, the Nature, and the Usage of the Oikoscode, a Replicative Nonformal Learning Pattern of Ethical Education for Leadership and Community Groups" (PhD diss., Andrews University, 2010), https://dx.doi.org/10.32597/dissertations/1555.
6. A. Skevington Wood et al., *Ephesians–Philemon*, vol. 11, The Expositor's Bible Commentary, ed. Frank E. Gaebelein (Grand Rapids, MI: Zondervan, 1978), 395.
7. William D. Mounce, *Pastoral Epistles*, vol. 46, Word Biblical Commentary (Nashville: Thomas Nelson, 2000), 471.
8. Thomas C. Oden, *First and Second Timothy and Titus*, Interpretación: A Bible Commentary for Teaching and Preaching (Louisville: John Knox, 1989), 29.
9. W. Hulitt Gloer, *1 & 2 Timothy–Titus*, Smith & Helwys Bible Commentary (Macon, GA: Smyth & Helwys, 2010), 221.

10. Gloer, *1 & 2 Timothy–Titus*, 221.
11. Gloer, *1 & 2 Timothy–Titus*.
12. Oden, *First and Second Timothy and Titus*, 28.
13. Gloer, *1 & 2 Timothy–Titus*, 221.
14. Mounce, *Pastoral Epistles*, 468.
15. Gloer, *1 & 2 Timothy–Titus*, 225–26.
16. Walter L. Liefeld, *1 & 2 Timothy, Titus*, The NIV Application Commentary (Grand Rapids, MI: Zondervan, 1999), 225.
17. Liefeld, *1 & 2 Timothy, Titus*, 228.
18. Oden, *First and Second Timothy and Titus*, 28–29.
19. Oden, *First and Second Timothy and Titus*, 29.
20. Oden, *First and Second Timothy and Titus*, 30.
21. Oden, *First and Second Timothy and Titus*.
22. Jouette M. Bassler, *1 Timothy, 2 Timothy, Titus*, Abingdon New Testament Commentaries (Nashville: Abingdon, 1996), 129.
23. Luke Timothy Johnson, *The First and Second Letters to Timothy*, The Anchor Yale Bible Commentaries (New York: Doubleday, 2001), 342.
24. Johnson, *First and Second Letters to Timothy*, 343.
25. Johnson, *First and Second Letters to Timothy*.
26. Wolf, "Lifecode," 19.

12. La familia próspera

1. Russ Dilday, "How Did We Get There?" *Buckner Today* (Winter 2012): 30.
2. Albert L. Reyes, *Hope Now: Peace, Healing, and Justice When the Kingdom Comes Near* (Birmingham: Iron Stream, 2019), 134.
3. Dilday, "How Did We Get There?" 30.
4. Buckner Internacional, *Move: The 2021 Buckner Annual Report*, 8.
5. Dilday, "How Did We Get There?" 29.
6. Dilday, "How Did We Get There?" 30.
7. Dilday, "How Did We Get There?"
8. Véase "About Strengthening Families and The Protective Factors Framework", Center for the Study of Social Policy, https://cssp.org/resource/about-strengthening-families-and-the-protective-factors-framework/.

9. Para un enfoque holístico de la transformación comunitaria, véase Alexandra Rice, "A Purposeful Strategy Transforms Atlanta Neighborhood and Schools", *Education Week* 31, no. 3, 12–13.
10. "Buckner Family Hope Centers: Together We Can Keep Children and Families Intact", a Buckner Development Brochure (2016).
11. Kimberly Allen y Nichole L. Huff, "Family Coaching: An Emerging Family Science Field", *Family Relations, National Council on Family Relations* 63, no. 5 (diciembre de 2014): 569–82.
12. Allen and Huff, "Family Coaching".
13. Kathleen Strottman, "The State of Adoption", presentado a la Junta Directiva de Buckner Internacional, 25 de enero de 2018.
14. Jedd Medefind, "The State of Child Welfare in the United States", presentado a la Junta Directiva de Buckner Internacional, 24 de enero de 2019.

13. La familia renovada

1. James Britton Cranfill y J. L. Walker, *R. C. Buckner's Life of Faith and Works: Comprising the Story of the Career of the Preacher, Editor, Presiding Officer, Philanthropist, and Founder of Buckner Orphans Home*, 2ª ed. (Dallas: Buckner Orphans Home, 1996), 85–91.
2. Scott Collins, "Buckner Awarded USAID Grant for Work in Guatemala", Buckner, 9 de septiembre de 2013, https://www.buckner.org/blog/buckner-awarded-usaid-grant-for-work-in-guatemala.
3. Collins, "Buckner Awarded USAID Grant".
4. Collins, "Buckner Awarded USAID Grant".
5. John Hall, "USAID Grant Progresses for Buckner Foster Care in Guatemala", Buckner, 2 de enero de 2014, https://www.buckner.org/blog/usaid-grant-progresses-for-buckner-foster-care-in-guatemala.
6. Hall, "USAID Grant Progresses for Buckner Foster Care in Guatemala".
7. Scott Collins, "Lost and Found: Baby Sara's Joyful Return Home", Buckner, 10 de enero de 2015, https://www.buckner.org/blog/lost-and-found-baby-saras-joyful-return-home.
8. Russ Dilday, "Gone: Kidnapped at Birth", Buckner, 16 de marzo de 2015, https://www.buckner.org/blog/gone-kidnapped-at-birth.

9. Lauren Sturdy, "Marked by Love: Bringing Valeria Home", Buckner, 14 de mayo de 2015, https://www.buckner.org/blog/marked-by-love-bringing-valeria-home.
10. Albert Reyes, "From the President: Buckner Nation", Buckner, 28 de mayo de 2015, https://www.buckner.org/blog/from-the-president-buckner-nation.
11. "Buckner International, Fostering Hope Guatemala: Finding Solutions for Children in Crisis", The Fostering Hope Guatemala Report 2013–2015.
12. Albert York, "Final Evaluation, USAID Grant", comunicación electrónico, octubre de 2015.
13. Reyes, "From the President: Buckner Nation".
14. Véase www.bebglobal.org para más información.
15. Thom Wolf, "Development and Its Implications for the Indian Social System: A WV3 Case Study of Jotirao Phule", *Comparative Civilizations Review* vol. 74, no. 74, article 4, (2016), https://scholarsarchive.byu.edu/ccr/vol74/iss74/4.

14. La esperanza familiar

1. James Britton Cranfill y J. L. Walker, *R. C. Buckner's Life of Faith and Works: Comprising the Story of the Career of the Preacher, Editor, Presiding Officer, Philanthropist, and Founder of the Buckner Orphans Home*, 2nd ed. (Dallas, Texas: Buckner Orphans Home, 1996), 7–10.
2. Cranfill and Walker, *R. C. Buckner's Life of Faith and Works*, 26.
3. Cranfill and Walker, *R. C. Buckner's Life of Faith and Works*, 31.
4. Cranfill and Walker, *R. C. Buckner's Life of Faith and Works*, 35.
5. David Cross, entrevista telefónica con el autor, 27 de abril de 2023. El señor Cross es el historiador eclesiástico de la Primera Iglesia Bautista de Albany.
6. Cranfill y Walker, *R. C. Buckner's Life of Faith and Works*, 36–43.
7. Cranfill and Walker, *R. C. Buckner's Life of Faith and Works*, 43.
8. Cranfill and Walker, *R. C. Buckner's Life of Faith and Works*, 85–86.
9. Jerre Graves Simmons, ed., *Buckner Memoirs: The Orphan Chronicles* (Dallas: Nortex, 2000), vii.
10. Simmons, *Buckner Memoirs*.

11. Harry Leon McBeth, *Texas Baptists: A Sesquicentennial History* (Dallas: Baptistway, 1998), 138.
12. Karen O'Dell Bullock, *Homeward Bound: The Heart and Heritage of Buckner* (Dallas: Buckner Internacional, 2009), 60.
13. Bullock, *Homeward Bound*, 100–129.
14. Bullock, *Homeward Bound*, 150.
15. Bullock, *Homeward Bound*, 160.
16. Bullock, *Homeward Bound*, 166–67.
17. Bullock, *Homeward Bound*, 207–38.
18. Paul Collier, *Exodus: How Migration Is Changing Our World* (New York: Oxford University Press, 2013), 11–16.
19. Stephen L. Klineberg, *Prophetic City: Houston on the Cusp of a Changing America* (New York: Simon and Schuster, 2020), 167.
20. Stephen Klineberg, "Prophetic City: Houston at the Cusp of a Changing America, Tracking Public Responses to the Economic and Demographic Transformations Through Forty-One Years of Survey Research" (ponencia presentada en el Retiro de Liderazgo en Buckner Internacional, 6 de octubre de 2022).
21. Elijah Brown, "Six Winds of Change from the Future" (discurso ante el Consejo Ejecutivo de la Alianza Mundial Bautista, Falls Church, Virginia, 7 de marzo de 2023).
22. Mauro F. Guillén, *2030: How Today's Biggest Trends Will Collide and Reshape the Future of Everything* (New York: St. Martin's, 2020), 4–10.
23. Philip Jenkins, *The Next Christendom: The Coming of Global Christianity* (New York: Oxford University Press, 2002), 2–7.

Conclusión

1. Emma Wenner, "Rick Warren Brings a New Book to Zondervan", *Publisher's Weekly*, 22 de febrero de 2023, https://www.publishersweekly.com/pw/by-topic/industry-news/religion/article/91593-rick-warren-brings-a-new-book-to-zondervan.html.

ACERCA DEL AUTOR

Albert L. Reyes es el sexto presidente y director ejecutivo de Buckner Internacional y nativo de Corpus Christi, Texas. Llegó a ser presidente de los Servicios Infantiles y Familiares Buckner, Inc., en 2007, presidente de Buckner Internacional en 2010 y presidente y director ejecutivo de Buckner Internacional en 2012. Antes de servir en Buckner Internacional, se desempeñó como sexto presidente de la Universidad Bautista de las Américas. Su experiencia de liderazgo durante los últimos treinta años incluye la gestión de servicios de telecomunicaciones, capellanía militar, ministerio pastoral, presidente de universidad y liderazgo ejecutivo en Buckner Internacional.

Albert se graduó con una licenciatura en administración de negocios de la Universidad Angelo State, una maestría en divinidad y un doctorado en ministerio en misiología del Seminario Teológico Bautista Southwestern y un doctorado en filosofía en liderazgo de la Universidad Andrews. Ha participado en cursos de gestión ejecutiva en Harvard Kennedy School of Government y en estudios postdoctorales en el Oxford Centre for Mission Studies de Oxford, Inglaterra.

Se desempeñó como presidente de la Convención General Bautista de Texas en 2004; vicepresidente de la North American Baptist Fellowship, una fraternidad regional de la Alianza Mundial Bautista; y actualmente sirve como vicepresidente de la Alianza Mundial Bautista, en representación de los bautistas de los Estados Unidos de América. Es miembro de las juntas directivas de la Alianza Cristiana para Huérfanos, la Conferencia Nacional Hispana de Liderazgo Cristiano y el Stark College and Seminary. Es autor de *The Jesus Agenda: Becoming an Agent of Redemption* (*La agenda de Jesús: convirtiéndose en agente de* redención) y *Hope Now: Peace, Healing, and Justice When the Kingdom Comes Near* (*Esperanza Hoy: Paz, sanidad y justicia cuando el reino se acerca*), ambos publicados en inglés y español. Albert y su esposa, Belinda, tienen tres hijos adultos, Joshua, David, y Thomas, y son miembros de la Iglesia Bautista Park Cities en Dallas.

www.ingramcontent.com/pod-product-compliance
Lightning Source LLC
Chambersburg PA
CBHW070530090426
42735CB00013B/2936